André Müller

INTERVIEWS

Mit Fotos und Collagen
von Joseph Gallus Rittenberg

Hoffmann und Campe

CIP-Kurztitelaufnahme der Deutschen Bibliothek

Interviews / André Müller. Mit Ariane Mnouchkine . . . –
Hamburg : Hoffmann und Campe, 1982.
ISBN 3-455-08710-8
NE: Müller, André [Mitverf.]

Fotos von Joseph Gallus Rittenberg, München
Umschlaggestaltung: Peter Albers
Gesetzt aus der Optima
Satz: Alfred Utesch GmbH, Hamburg
Druck- und Bindung: Richterdruck, Würzburg
Printed in Germany

INHALT

Vorwort

Zwei der in diesem Buch vereinigten Interviews haben Schlagzeilen gemacht, jenes mit dem Filmregisseur Werner Schroeter, weil dieser vorschlug, man solle dem Kanzlerkandidaten Franz Josef Strauß »ein kleines Bömbchen in Form einer Weißwurst zu essen geben«, und jenes mit dem Schweizer Dramatiker Friedrich Dürrenmatt, weil darin einige abträgliche Bemerkungen über namhafte Schriftsteller fielen, unter anderem die Behauptung, Günter Grass sei »einfach zu wenig intelligent, um so dicke Bücher zu schreiben«. In beiden Fällen waren die Äußerungen, die den Eklat bewirkten, eher nebensächliche, für den Gesamtzusammenhang des Interviews unwichtige Sätze. Die Reaktionen zeigten, nach welchem Prinzip die Medien heute funktionieren. Es sind Vervielfältigungsapparate zur Beschleunigung der allgemeinen Verblödung. Ein einziger Satz, herausgerissen aus einem Gespräch, das diesem Satz überhaupt erst seinen Sinn gibt, wurde über Monate hinweg zum Thema der deutschen Presse, von der anspruchsvollen Wochenzeitung bis zum Augsburger Provinzblatt. Wenn ich je die Illusion gehabt hätte, man könne mit Journalismus oder überhaupt mit Schreibtischarbeit das Nachdenken fördern, spätestens nach diesen Erfahrungen hätte ich sie verlieren müssen. Den Zeitungsherstellern kommt es nicht darauf an, über die Wirklichkeit zu berichten. Sie brauchen Skandale. In den Schubladen der Feuilletonredaktionen liegen vorgefertigte Nachrufe für alle möglichen Toten, obwohl sie noch leben. In der abendlichen Schlagzeilenkonferenz einer Tageszeitung wird es, falls bis dahin nichts für die Titelseite genügend Sensationelles passiert ist, als Erlösung empfunden, wenn in letzter Sekunde doch noch ein Attentat oder ein Erdbeben oder wenigstens ein Sexualmord bekannt wird. Die Bestürzung, mit der ein Journalist derartige Ereignisse dann zu Papier bringt, kann nur gespielt sein. Die dem Journalismus zwangsläufig eigene Geisteshaltung ist der Zynismus, ganz egal, welche politische Richtung er einschlägt. Im Fall

Schroeter entrüsteten sich die einen über die angebliche Aufhetzung zu Mord und Gewalttat, die anderen mokierten sich über diese Entrüstung. Am Ende erreichten beide dasselbe: die vollständige Diskriminierung eines wehrlosen Menschen. Man muß sich nur ansehen, welch verbaler Wust dem SPIEGEL[1] zu Schroeter einfiel, auch wenn das mit jener listigen Distanzierung gemacht ist, die sagen soll, nicht man selbst, sondern andere hätten ja diese Einstufung vorgenommen. Da ist der Regisseur eine »Abnormität«, die sich »nach Herzens- und Lendenlust auskotzt«, ein »Parasit«, ein »Entarteter«, ein »Schmarotzer«, ein »narzistischer Wortheld«, ein »Egomane«, ein »Ketzer«, ganz abgesehen von den genüßlich zitierten Verunglimpfungen aus anderen, Schroeter feindlichen Blättern. Als die Sottisen Friedrich Dürrenmatts über Presseagenturen die Runde machten, rief der SPIEGEL-Redakteur Rainer Weber mich an und bedankte sich für die ihm in einer an Berichtenswertem armen Woche sehr gelegen kommenden Sätze, mit denen er unter dem Titel »Dürrenmatts Kollegenschelte« gleich mehrere Spalten füllte.[2] Als Lieferant der Affäre war ich ein willkommener Partner. Mir blieb nur die Wahl, mich dem Spiel zu verweigern oder es mitzuspielen. Ich habe mich für das zweite entschieden. Natürlich bilde ich mir ein, indem ich die Spielregeln durchschaue, der Gefahr, selbst zur Marionette zu werden, entgehen zu können. Aber wahrscheinlich ist auch das nur ein Selbstbetrug, um meinen Beruf nicht aufgeben zu müssen.
(Juni 1981)

[1] Ausgabe vom 2. Juni 1980, Seiten 210 bis 211
[2] Ausgabe vom 29. Dezember 1980, Seite 77

Mein Interview mit Ariane Mnouchkine dauerte nicht länger als ein paar Sätze. Die hier beschriebene Vorgeschichte zu diesen Sätzen ist bisher von keiner Zeitschrift veröffentlicht worden. Zwar hatte Benjamin Henrichs, Kulturredakteur der ZEIT, für die ich die Theaterregisseurin besuchte, eine Menge Interessantes herausgelesen, so zum Beispiel, daß die Mnouchkine ganz im Gegensatz zu ihren ständigen Beteuerungen ihre Kunst für »sakrosankt« hält, aber das, so schrieb Henrichs, sei für ihn keine berichtenswerte Erkenntnis: »Ich erfahre in Ihrem Aufsatz, was ich schon vorher wußte, daß man allen Äußerungen von Theaterkünstlern, das Publikum und dessen Mitspiel betreffend, mißtrauen muß.« Was Henrichs weiß, das wissen, so meint er, auch seine Leser: ein fataler, vielleicht durch zu viel Feuilletonismus entstandener Trugschluß. Immerhin bot der durch die Ablehnung des Artikels ausgelöste Briefwechsel Gelegenheit, die mit meiner Arbeit verfolgte Absicht besser verständlich zu machen. Henrichs: »Was sagt Ihre Affäre mit Ariane Mnouchkine über die Einzigartigkeit dieser Frau?« Ich: »Über die Einzigartigkeit der Mnouchkine sagt der Artikel nichts, weil er ja gerade zeigt, daß sie einzigartig nicht ist.« Henrichs: »Ich finde, Sie dramatisieren Ihre unglückliche und unheimliche Begegnung zu einem Lehrstück, das es nicht ist.« Ich: »Also wenn eine Unheimlichkeit nicht dramatisch genug ist, was dann ist dramatisch? Lehrstücke sind selten dramatisch und nie meine Absicht gewesen. Mein Ziel ist die unterhaltsame Irritation, nicht das Belehren.« Am 5. Februar 1980 kam Ariane Mnouchkine nach München und gab zusammen mit Simone Signoret und dem Regisseur Patrice Chereau eine Pressekonferenz zur Unterstützung einer Veranstaltung für tschechische Dissidenten. Ich ging auf sie zu und fragte, ob vielleicht jetzt ein Interview möglich wäre. Sie antwortete, ihre Wut über mich sei immer noch unverändert. Aber sie sagte es schon wieder mit genau jenem unpassenden Lächeln, das ich ihr in Avignon, im Juni 1979, zumindest für ein paar Stunden genommen hatte.

Aus dem Fernsehen kannte ich nur dieses Lächeln. In den Interviews, die offenbar ohne Schwierigkeit von ihr zu bekommen waren, gab es kaum einen Moment, in dem ihr Gesicht irgend etwas anderes zeigte als die stereotype Maske lächelnder Verbindlichkeit. Oft stand das Lächeln in keinem Zusammenhang mit dem, was sie sagte. Es bezog sich nicht auf den Inhalt der Worte, es war schon da, bevor Worte überhaupt fielen. Es war, wie ich jetzt weiß, Ausdruck einer Verschlossenheit, die, da sie sich als Offenheit ausgibt, viel undurchdringlicher ist als beispielsweise die Verschlossenheit eines Rudolf Noelte oder Fritz Kortner, die sich den Medien immer verweigert haben.
Auf dem Theaterfestival in Avignon gastierte Ariane Mnouchkine zehn Tage lang mit »Mephisto«, nach dem gleichnamigen Roman von Klaus Mann. In dieser Aufführung gibt es eine Szene, in der der Schauspieler Christian Collin, maskiert als Hitler, beim Haschen nach Fliegen den Nazigruß »Heil Hitler« entdeckt. Es ist, von Kritikern vielfach bejubelt, ein hinreißender Einfall, und er entstand, wie alles bei der Mnouchkine, aus der Improvisation mit den Schauspielern der Truppe.
Ich fuhr nach Avignon, um mit ihr über diese Szene zu sprechen und, ausgehend von dieser Szene, über das ganze Stück, in dem ja von der Faszination des Bösen die Rede sein soll, von der Verführbarkeit durch das auf den ersten Blick Schöne, das sich dann, viel zu spät, als Absturz in die Vernichtung entpuppte. Gustaf Gründgens, im Roman und im Stück Hendrik Höfgen, hat, während Deutschland zugrunde ging, schönstes Theater gemacht. Er hat mit dem Nationalsozialismus paktiert, um unbehelligt seiner Idee von großem Theater nachgehen zu können. Das ist es, was die Mnouchkine ihm vorwirft, mehr noch: Sie hat aus ihm einen mittelmäßigen, ruhmsüchtigen Kriecher gemacht, so wie aus Hitler einen Fliegenfänger. In einem Pariser Interview verglich sie den deutschen Faschismus mit einem Gestank nach »Pisse und Scheiße«. Der Kern meines Gespräches mit ihr wäre die Frage gewesen, ob man der Monstrosität des nationalsozialistischen Alptraums, der ja eben kein Traum, sondern pure Wirklichkeit war, mit solchen

Verkleinerungen gerecht werden könne und ob sie, die Französin mit englischer Mutter und russischem Vater, Deutschland als eine Ansammlung von Fäkalien-Fetischisten betrachte, die sich von einem Stück Scheiße, das Hitler hieß, habe betören lassen.

Aber es ist zu dieser Frage dann nicht gekommen. Es war nicht möglich gewesen, mich bei Ariane Mnouchkine anzumelden. Niemand in München und Paris wußte oder wollte sagen, wo sie in Avignon wohnte. Als ich auf dem sandigen Vorplatz der Lagerhalle im »Parc Champfleury«, in der die Aufführung stattfand, auf sie zuging, ahnte sie zunächst nicht, wer ich war und was ich von ihr wollte. Dann sagte ich »Journalist« und »Deutschland« und »Interview«, und da war nun gleich dieses Lächeln, das ich schon kannte, und dann der Satz: »Rufen Sie mich übermorgen um elf Uhr im Hotel Excelsior an.« Ich hatte sofort den Gedanken, daß das ein Nein war und daß ich, um ein Ja zu bekommen, das Lächeln zerstören mußte.

Das Stück »Mephisto« spielt abwechselnd auf zwei einander gegenüberliegenden Bühnen, zwischen denen auf Klappstühlen die Zuschauer sitzen. Auf der einen Bühne sieht man Privat- und Berufsleben des Schauspielers Höfgen: Bilder aus der Biografie eines perversen Karrieristen; auf der anderen werden Szenen aus dem antifaschistischen Kabarett »Der Sturmvogel« gezeigt, darunter auch jene Hampelmann-Persiflage auf Hitler. Da ein Teil des Publikums in den Sitzreihen nicht Platz fand, setzten oder stellten sich einige auf das anfangs noch im Dunkel liegende Podium für die Kabarett-Einblendungen. So auch ich. Dann plötzlich: der Bühnenwechsel. Aufgescheucht huschen die Zuschauer aus dem Scheinwerferlicht ins Dunkel des Saales. Ich jedoch bleibe stehen und bin von diesem Moment an etwa zwölf Minuten lang nicht Zuschauer und nicht Journalist, sondern Mitspieler, Akteur.

Wenn ich heute versuche, rückblickend mein Stehenbleiben, das Folgen hatte, zu analysieren, kann ich noch immer nur Mutmaßungen anstellen. Natürlich wollte ich Ariane Mnouchkine auf mich aufmerksam machen. Sie hatte, als ich ihr vor der

Vorstellung erklären wollte, wer ich sei und was mich an ihr interessiere, nur gelächelt und abgewinkt und mich auf übermorgen vertröstet. Nun, da ich mitten unter ihren Schauspielern stand, ohne Kostüm und Maske, *mußte* sie auf mich blicken. Mich ihr aufzuzwingen, war aber nicht mein Motiv gewesen. Eine Provokation in dieser Form hatte ich nicht geplant, sondern ganz einfach den Moment der Flucht von der Bühne verpaßt. Mir fehlt jener Reflex, der andere Menschen, soweit sie nicht Schauspieler sind, ganz automatisch aus dem Licht in die Finsternis treibt. Als aber erst einmal der Augenblick meines rechtzeitigen Abgangs versäumt war und das Spiel schon begann, wäre alles, was ich getan hätte, also auch das mühsame Hinabsteigen von der Bühne, auf die ich nicht gehörte, ein viel mehr auffälliger Vorgang gewesen als mein Verharren. Denn mühsam, wenn nicht unmöglich, wäre dieses Hinabsteigen bestimmt gewesen, da ich ja die Raumverhältnisse der Bühne nicht kannte: zum Unterschied von den Schauspielern, die monatelang darauf geprobt und jeden Schritt eingeübt hatten.
Also blieb ich regungslos an einen Pfosten gelehnt und dachte an nichts anderes als daran, keinesfalls den Versuch irgendeiner Geste oder mimischen Eskapade zu machen. Meinen Gesichtsausdruck stellte ich mir vor als Ausdruck von Trauer und Einsamkeit und Verzweiflung. Denn so fühlte ich mich. Während wenige Meter von mir entfernt Schauspieler, die einander kannten und aufeinander eingespielt waren, einen grellen Sketch absolvierten, kannte ich niemand und hatte keinen Partner für meinen Auftritt.
Dennoch war ich, wie sich herausstellte, nicht wegzudenken. Das Spiel war gestört. Einer der Darsteller unterbrach seine Rolle, wandte sich an mich und fragte französisch, was ich hier wolle. Ohne zu überlegen, antwortete ich: »Sprechen Sie deutsch?« Die Folge: Unruhe im Saal, Gekicher, einige Pfiffe. Eine Kulisse wurde herabgelassen, hinter der ich verschwand. Erneutes Gelächter, Zurufe von unten, Beifallsgeklatsche. Ariane Mnouchkine stand am Rande der Bühne und machte mir Zeichen. Ihr Gesicht war mein Zielpunkt. Vorsichtig, um nicht

zu stolpern, tappte ich auf sie zu. Sie nahm meine Hand und half mir über die Stufen, die von der Bühne führten. Dann lief sie, mich hinter sich zerrend, durch einen Nebenausgang in eine Halle, in der die Garderoben der Schauspieler aufgebaut waren. Ich fragte, wohin sie mich bringe. Sie antwortete: »Ich gebe Ihnen Ihr Geld zurück.« Da geschah wieder etwas, was vielleicht ein falscher Reflex ist, eine mir eigene Abnormität. Ich habe die Eigenschaft, auf Worte wörtlich zu reagieren. Ich denke nicht darüber nach, was jemand mit dem, was er sagt, in Wirklichkeit meinen könnte. Ich sagte: »Gezahlt habe ich nichts«, drehte mich um und ging zurück auf die Bühne. Hinter mir her: die ihres Lächelns beraubte Regisseuse.
Bei ihrem zweiten Versuch, mich von der Bühne zu holen, hatte sie zwei männliche Ensemblemitglieder als Hilfe. Auch ein Anfang von Gewalt, eine kleine Rangelei, ereignete sich. Was aber den Ausschlag gab, war Ariane Mnouchkines Zusage: »Ich werde, wenn Sie herunterkommen, mit Ihnen sprechen.« Aus keinem anderen Grund war ich nach Frankreich gefahren. Also stieg ich wieder ins Dunkel, verließ mit ihr das Theater und wartete, was sie mir sagen würde. Das Lächeln, das sie noch einmal versuchte, stürzte, kaum angefangen, ins Bodenlose. Sie nahm mit sanftem Griff meine Hände und sagte: »Sie sind konfus. Sie sind krank. Und Sie wollen Journalist sein?«
Alles, was sie jetzt tat, jeden Satz, den sie sprach, empfand ich als Antwort auf eine meiner für das Interview vorbereiteten Fragen. Ich hatte sie fragen wollen, ob ihre therapeutischen Fähigkeiten dem Zusammenhalt ihrer Theatertruppe zugute kämen. Sie hat ja, wie überall nachzulesen, in Oxford und Paris Psychologie studiert und eine Zeitlang mit dem Gedanken gespielt, das als Beruf auszuüben. Ihre psychologische Begabung im Umgang mit Menschen ist das Fundament ihrer unangefochtenen Führungsposition in der Gruppe. Kein anderes Theaterkollektiv dieser Größenordnung hat so lange so gut funktioniert wie das »Théâtre du Soleil«, das seit über dreizehn Jahren zwar nicht ohne Krisen, aber doch in produktiver Eintracht besteht. Einer deutschen Tageszeitung gegenüber

erklärte die Mnouchkine, sie könne sich gut vorstellen, etwas anderes als Theater zu machen, aber sie werde, solange die Gruppe sie brauche, nicht gehen. Ich halte das für eine kokette Bemerkung. Ohne Ariane Mnouchkine gäbe es das »Théâtre du Soleil« nicht, und ohne sie ist es auch in Zukunft nicht denkbar. Sie gebiert die Ideen, inszeniert, schreibt neuerdings auch die Stücke, und sie allein ist es auch, die letzten Endes Schwierigkeiten aus dem Weg räumt. Keiner ihrer Schauspieler, deren Improvisationstalent so gerühmt wird, war in der Lage, sich mit meinem unverhofften Erscheinen auf der Bühne wirklich auseinanderzusetzen. Als ich die Mnouchkine fragte, ob es im Ensemble niemanden gebe, der ihr eine solche Aufgabe abnehmen könne, sah sie mich an, als hätte ich einen völlig abwegigen Gedanken geäußert.

Dabei hatte sich doch im Grunde nichts anderes abgespielt als genau das, was sie seit Jahren als einen der Kernpunkte ihrer Theaterarbeit bezeichnet: die Einbeziehung des Publikums in das Geschehen auf der Bühne. Mir geht es hier nicht darum, Wortklauberei zu betreiben. Natürlich weiß ich, daß mit solchen programmatischen Sätzen nicht gemeint war, die Zuschauer dazu einzuladen, sich auf der Bühne niederzulassen und dort haufenweise Verwirrung zu stiften. Aber es muß doch erlaubt sein, die Zielsetzungen der bedeutendsten Theaterleiterin, die es im Augenblick gibt, einmal ganz wörtlich zu nehmen. Sie hat ja oft genug formuliert, worauf es ihr ankommt: Das alte Theater, das Theater des Worts, wo die Schauspieler in Kostümen ihren Text liefern, sei tot. In direktem Kontakt mit dem Publikum wolle sie ihre Erfahrungen machen. »Création collective« nannte sie das Zusammenwirken von Zuschauern und Spielern. Sie hat das alles bis heute nicht widerrufen, wenn auch in ihrer Arbeit eine totale Kehrtwendung vollzogen.

In der »Mephisto«-Aufführung beschränkt sich die Aktivität des Publikums auf das geräuschvolle Umklappen der Stühle, um sich der jeweils bespielten Bühne zuwenden zu können. In den Revolutionsstücken »1789« und »1793« hat es noch mit den Darstellern singen, sie anreden und in Diskussionen verwickeln dürfen. In der Inszenierung »L'Age d'or« waren die Zuschauer dazu angehalten, hinter den wandernden Schauplätzen herzulaufen. Der Euphorie über solches Mitmachen lag der Irrtum zugrunde, die sichtbare Bewegtheit des Theaterpublikums sei schon der Beweis einer Anteilnahme, die eine konventionelle Inszenierung, vor der die Besucher stillsitzen müssen, niemals hervorrufen könne. In Wirklichkeit war auch bei Ariane Mnouchkine, wie in jedem herkömmlichen Theater, einzig und allein die Qualität der Aufführung ausschlaggebend. Das Publikum spielte den Part, den die Regisseurin ihm zugeteilt hatte. Es hatte nicht mehr und nicht weniger Freiheit als das Publikum eines x-beliebigen Stadttheaters, in dem schon ein Räuspern als peinlich empfunden und das Kommen und Gehen in die Pausen verlegt wird.

Wenn jemand, wie ich in Avignon, über die für das Publikum vorgesehene Rolle hinausgeht, reagiert Ariane Mnouchkine wie jeder andere von seinem Werk besessene Künstler: Sie reagiert panisch. Immer wieder, mit einer an Irrwitz grenzenden Beharrlichkeit, wiederholte sie mir gegenüber den Satz, sie lasse sich ihr Stück nicht zerstören. Daß nicht zerstörerischer Ehrgeiz, sondern erklärbare Umstände mein Verweilen auf der Bühne verursacht hatten, wollte oder konnte sie nicht begreifen. Mein Erstaunen darüber, wie sie über die destruktive Energie des Nationalsozialismus habe ein Stück schreiben können, wenn sie schon angesichts der vergleichsweise harmlosen Störung durch einen Reporter derart aus der Fassung gerate, behandelte sie wieder nur als Krankheitssymptom eines psychisch Verwirrten. Mit mütterlichem Händedruck lud sie mich ein, das Gespräch fortzusetzen, wenn ich wieder bei Verstand sei.

Ein Interview konnte das nicht mehr werden. Aber auch das Scheitern hat seine Gesetze. Ich kam zum verabredeten Termin in das Hotel, in dem Ariane Mnouchkine wohnte. Sie kam zwei Stunden später. Das erste, was sie sagte, war, daß sie nichts sagen wolle. Trotzdem setzte sie sich und rückte sogar ihren Stuhl zurecht, als wolle sie es sich für eine längere Unterhaltung gemütlich machen. Ich begann sofort mit den Fragen. Mein

Ausgangspunkt war, wie geplant, die Kabarettszene mit Hitler. Es ist eine sehr komische, sehr zum Lachen auffordernde Szene. Ich weiß nicht, ob das Lächerlichmachen oder, wie die Mnouchkine es nannte, »Denunzieren« einer Person zu deren psychologischem Verständnis beiträgt. Ich habe da meine Zweifel. Ich fragte: »Halten Sie Hitler für ein Ungeheuer, ein Monstrum, oder können Sie sich vorstellen, ihn als Mensch zu begreifen?« »Er war kein Ungeheuer«, gab sie zur Antwort, »aber er war ein Mann.«
Der Satz wäre eigentlich der Beginn einer Auseinandersetzung über das Männliche und Weibliche im Menschen gewesen, was ja ein Lieblingsthema der Mnouchkine ist. In einem Interview mit der Zeitschrift ›Theater heute‹ hat sie, ohne das näher erläutern zu wollen, behauptet, Kreativität sei immer weiblich. Ich fragte sie, ob sie dementsprechend die Destruktivität als etwas nur Männliches und also Hitler als die Verkörperung reinsten Mann-Seins betrachte. Folgender kurzer Wortwechsel entspann sich:
ARIANE MNOUCHKINE: »Ich interessiere mich nicht für das Maskuline oder Feminine an Hitler.«
FRAGE: »Aber Sie haben doch gerade gesagt, das Entscheidende an ihm sei gewesen, daß er ein Mann war?«
MNOUCHKINE: »Ich habe gesagt, daß ich keine Fragen beantworten möchte.«
»Trotzdem haben Sie es getan.«
MNOUCHKINE: »Bitte, ich möchte jetzt gehen.«
ICH: »Wer hält Sie auf?«
Plötzlich war da wieder, vollkommen unerklärlich, ihr Lächeln. Sie stand auf und streckte mir ihre Hand entgegen. Ich war aber durch das Lächeln so irritiert, daß ich nicht sofort reagieren konnte. Ich nahm die Hand nicht, und so sind wir ohne Abschied auseinandergegangen.

KONSTANTIN WECKER

Aus dem Interview mit Konstantin Wecker hätte, wäre ich dazu bereit gewesen, so etwas wie Kumpanei werden können. Der Liedermacher lud mich ein, ihm bei seiner Lieblingsbeschäftigung, dem Flippern, Gesellschaft zu leisten. Überhaupt hat er mich, obwohl wir einander bis dahin nicht kannten, überraschend vertraulich behandelt. Schon nach wenigen Sätzen war das »Du« da. Ich habe jedoch bei der Niederschrift das unserem tatsächlichen Verhältnis angemessenere »Sie« beibehalten. Eine Erleichterung war Weckers Vertraulichkeit allemal. Immer dann, wenn ich keine Fragen mehr wußte, hat er sich bereitwillig dazu überreden lassen, eines seiner Gedichte auf Band zu sprechen, so daß ich mich für weitere Themen neu sammeln konnte. Auch von seiner später öffentlich eingestandenen Kokainsucht war damals, im September 1979, bereits die Rede. Ich fragte ihn, ob ihn das Schreiben berausche. Wecker: »Ich hab' Schreibräusche erlebt, da hab' ich in zwei Stunden zwölf Schreibmaschinenseiten geschrieben. Das war wahnsinnig. Ich will immer an Rausch haben, eigentlich.« Auch durch Drogen? »Ja, auch durch Drogen, weil ich halt so uferlos bin.« In der ZEIT, die das Interview, um einige Passagen gekürzt, publizierte, fehlte die Stelle. Auch Weckers Vorliebe für das Pissen und die Musik von Mahler war nicht mehr unterzubringen. Wecker: »Besoffen sein und dabei pissen, das ist das Tollste.« Und: »Wenn ich Gustav Mahler höre, hab' ich manchmal das Gefühl, ich bin ewig. Da gab es einen Moment, da hab' ich mit einem Freund die zweite Sinfonie von Mahler gehört, und da hab' ich wörtlich gesagt, wenn du mir jetzt ein Messer in die Brust rennst, ist's mir egal.« Wecker, Jahrgang 1947, wohnte damals in Schwabing. Unser Gespräch dauerte knapp drei Stunden. Zweimal entschuldigte sich der Sänger. Er komme gleich wieder, er müsse pinkeln.

In der von Ihrer Plattenfirma verbreiteten Biografie vergleicht man Sie mit Wolkenbruch und Hagelschauer. Da ist von Wahnsinnsdämmerung und Kraft und Sinnlichkeit die Rede.

Fühlen Sie sich diesem Image gewachsen?

KONSTANTIN WECKER: Ich hab' im Laufe meines Lebens gemerkt, daß ich ein Mensch bin, der anscheinend mit etwas mehr Energie begabt ist als andere Menschen, und daß ich in der Lage bin, Energie abzugeben in den Punkten, wo ich meine Besessenheit spüre. Ich hab' in mir irgend so eine Motorik. Das war schon immer so, seit meiner Kindheit. Ich hab' mich zum Beispiel schon immer in Gesprächen selber auf Trip bringen können. Ich hab' mich selbst angetörnt, rein verbal. Als ich zum erstenmal von zu Hause ausreißen wollte, bin ich mit meinem Freund ins Café gegangen, und da haben wir uns rein durch das Reden... also wir haben damals dauernd über Trakl geredet, sind mit einem Trakl-Band unterm Arm rumgelaufen und haben davon geredet, daß wir Poeten unter der Brücke sein wollen. Da hat eine einzige Stunde genügt, daß sich für uns die Wirklichkeit so verschoben hatte, daß wir es wirklich gemacht haben und ausgerissen sind von zu Hause. Ein Leben als Clochard mehr oder weniger, das war mein höchstes Ziel in meiner Schulzeit.

Haben Sie da auch schon gedichtet?

WECKER: Ja, dauernd.

Was war der Inhalt dieser Gedichte?

WECKER: Wie ich angefangen hab' mit dem Dichten, das war so mit zwölf oder dreizehn, da war das eine reine Eichendorff-Geschichte. Später bin ich dann auf den Trakl gekommen, und danach kam eigentlich meine schlimmste Phase, da hab' ich unheimlich schwülstige Sachen geschrieben.

Und dann kam Rilke?

WECKER: Ja, der Rilke hat mir wahnsinnig geholfen. Von dem hab' ich das Handwerk gelernt, das ich für meine Lieder dann brauchen konnte, also die rhythmische Form des Reims und der Strophe und solche Sachen. Zwei, drei Jahre hab' ich den Rilke kopiert bis zum Geht-nicht-mehr. Das ist eine richtige Rilke-Manie gewesen.

Wie kam es, daß Sie schon so früh solche Gedichte lasen?

WECKER: Durch mein Elternhaus. Ich bin zur Musik gekommen durch meinen Vater, der Opernsänger war, und zur Literatur durch meine Mutter, die war ein reiner Gedicht-Mensch. Das hat mich sofort angezogen. Ich weiß noch, wie wir in Garmisch-Partenkirchen auf Urlaub waren, da bin ich immer allein spazierengegangen, und da hab' ich mit dem Eichendorff so viel im Busch g'habt, also der hat mich damals ständig begleitet.

Wann sind Sie zum erstenmal von daheim ausgerissen?

WECKER: Mit vierzehn.

Was war der Grund?

WECKER: Da war kein direkter Grund. Ich hab' nie einen Haß gehabt auf meine Eltern.

War Ihnen fad?

WECKER: Ja, mir war fad. Ich glaub', das war der Hauptgrund. Ich wollte irgendwas Spannenderes erleben als diese Schulgeschichten. Aber es war noch was anderes. Ich war ja damals relativ isoliert. Ich hab' zwar Freunde gehabt, aber das waren immer nur einzelne Freunde, ich hatte nie eine Clique. Aber in meiner Umgebung gab es sehr viele Cliquen, also die Pfadfinder und so weiter, da hab' ich nie mitmachen können, weil ich am Tag zwei, drei Stunden Klavier gespielt hab', und zwar gern gespielt hab', man hat mich nie zum Klavier hinprügeln müssen, und da haben mich die anderen halt beneidet wegen meiner Sonderstellung, weil ich ein Musiker war und in der Schule immer so der kleine Star war. Aber auf der anderen Seite hab' ich auch die anderen um bestimmte Sachen beneidet. Es gab da welche, die durften schon alles, was ich nicht durfte. Die durften schon mit vierzehn nach Schwabing und haben ihre ausg'laugten Jeans g'habt und haben Weiber g'habt, was ich damals noch nicht gehabt hab'. Weiber durfte ich von meiner Mutter aus eigentlich nie wirklich haben. Erst mit achtzehn, neunzehn hab' ich dann so richtig losg'legt. Ich war ja ein Spätentwickler.

Körperlich?

WECKER: Nein, aber im Kopf, da war ich sehr kindlich. Ich hatte bis zu meiner Gefängnis-Geschichte, also mit neunzehn, eine Naivität, die eigentlich die Naivität eines Vierzehnjährigen war und die ich in bestimmten Sachen heute noch habe.

Was für eine Gefängnis-Geschichte?
WECKER: Ich hab' mit meinem Freund den Tresor der Pferderennbahn in Riem ausgeraubt. Mit dem Geld, das waren 30 000 Mark, sind wir nach Bremen gefahren. Ich kann mich noch an Sprüche erinnern, wo wir gesagt haben, wenn sie uns erwischen, gehn wir halt ein halbes Jahr in den Knast, und nachher machen wir weiter. Ich wollte damals das Leben eines Kriminellen führen.
Als Alternative zur Langeweile?
WECKER: Ja, als Alternative zur Langeweile.
Das erinnert mich an den Film von Fassbinder, »Die dritte Generation«, wo ein paar junge Leute auch mehr oder weniger aus Langeweile beschließen, Terroristen zu werden. Offenbar gibt es für so eine Abenteuerlust heutzutage nur noch zwei Möglichkeiten: Entweder man wird Künstler, oder man wird Verbrecher.
WECKER: So was Ähnliches hat mein Vater auch g'sagt, wie er mich dann im Gefängnis besucht hat. Er hat gesagt: Du hast was angestellt, aber das ist ganz egal, zwischen Künstlern und Verbrechern ist eh kein so großer Unterschied. Und dann hat er nie mehr über die Sache gesprochen. Ich hab' gegen meinen Vater nie kämpfen müssen, weil ich ihn immer nur hab' bewundern können.
Hätten Sie gegen ihn kämpfen müssen, wäre Ihnen vielleicht nicht so fad gewesen.
WECKER: Das weiß ich nicht. Ich bin dagegen, all diese Sachen immer so psychologisch analysieren zu müssen. Ich glaub', es ist eine Sucht, seit es die Psychologie gibt, alles darauf zurückzuführen. Früher hätte man das mystifiziert meinetwegen, da hätt' man gesagt, der Junge ist besessen oder irgend so was. Aber dann ist der Freud gekommen, und da hat man endlich was g'habt, wo man alles hat hineinpacken können. Dagegen wehre ich mich.
Aber irgendwie muß es doch mit Ihren Eltern was zu tun gehabt haben, daß Sie so oft von zu Hause davongerannt sind.
WECKER: Ich hab' den Verdacht, daß die übergroße Liebe

meiner Mutter mich zu sehr eingeengt hat. Ich war ja das einzige Kind und ab einem gewissen Moment für die Eltern überhaupt das einzige auf der Welt. Da hat sich eine Liebe entwickelt, die mich zunächst unbewußt, aber dann immer bewußter unglaublich beengt hat.

Auf Ihrer ersten Langspielplatte, den »sadopoetischen Gesängen«, gibt es einige ziemlich makabre Texte. Da schicken Sie Ihrer Geliebten einen abgehackten Arm nach Paris, gehen mit einer Toten ins Bett und besingen sich selbst als Leiche. Hatten Sie damals eine Todessehnsucht?

WECKER: Im Gegenteil. Ich hab' ja furchtbare Angst vor dem Tod. Je mehr ich leben will, desto größer wird meine Angst vor dem Sterben. Ich merke das an meiner Flugangst. Vor einem Jahr, als mich der Erfolg zu überrollen anfing und ich kreative Impotenzängste gekriegt hab', da war ich wirklich so weit, daß ich keine Flugangst mehr hatte. Da ist mir plötzlich alles so gleichgültig geworden, daß ich mir gesagt hab', wenn ich jetzt runterfalle, ist es mir auch wurscht. Erst jetzt wieder, seit ich mich entschlossen hab' auszubrechen, eine Zeitlang keine Konzerte zu geben, ist auch die Angst wieder da.

Ist es für Sie ein Problem, mit einer so... ich will nicht sagen kaputten, aber doch maroden Psyche äußerlich so gesund und kräftig zu wirken?

WECKER: Das war immer mein Problem Frauen gegenüber. Männer haben da immer ein besseres Gefühl g'habt, das ist ganz eigenartig. Da war ich wahrscheinlich auch ehrlicher und hatte weniger Posen. Es war immer ein Problem für mich, daß man mir wegen meines Aussehens keine Sensibilität zugetraut hat. Da gab's viele, die noch nach stundenlangen Gesprächen gesagt haben: Was denn? Wieso denn? Du bist ja a Holzfäller oder a Fleischer oder so was. Wenn ich dann gesagt hab', daß ich Klavier spiel', haben die gesagt, haha, das gibt's nicht. Ich mußte immer beweisen, daß ich anders bin als ich ausschau'.

In manchen Ihrer Texte machen Sie auf mich einen fast paranoiden Eindruck...

WECKER: Ich würde mich eher als schizophren bezeichnen.

Na, jedenfalls ist da immer jemand, der sich wehren muß, der gejagt wird und sich auflehnt gegen irgendwelche nicht näher definierte Instanzen. Fühlen Sie sich umstellt von Feinden?
WECKER: Das ist nicht ganz leicht zu erklären. In meinen neuen Gedichten ist das schon aufgearbeitet, was Sie jetzt sagen. In der Phase, in der meine sogenannten politischen Lieder entstanden, also »Frieden im Land« und diese Sachen, da war das noch ziemlich unreflektiert. Ich bin aber absolut der Meinung, daß es keinen Sinn hat, sich auf Feindbilder einzuschießen. Das will ich unbedingt klarstellen. Wenn mich etwas am Leben hindert, dann kann das nur ich sein.
In Ihren politischen Liedern, mit denen Sie Ihren Durchbruch in die großen Konzertsäle hatten, hört sich das aber so an, als würden Sie gegen den Staat, also die Bundesrepublik Deutschland und ihre Verfassungsschützer, angehen. Da bekommt man durchaus den Eindruck, als wollten Sie die staatliche Ordnung zerschlagen, in der wir leben.
WECKER: Die politische Einordnung, die mir da plötzlich passiert ist, ist mir zuwider. Ich bin ja nicht jemand, der irgendwelche politischen Lösungen vorschlägt oder Lebenshilfe anbietet. Ich wehre mich nicht gegen irgendein bestimmtes politisches System, vom Kapitalismus bis hin zum Kommunismus, weil ich in einem ganz religiösen, buddhistischen Sinne überzeugt bin, daß es ein bestimmtes System als Lösung nicht gibt. Ich verlange das Akzeptieren des Chaos, so wie der Asiate das kann. Der hat keine Angst vor dem Chaos. Was mich aufregt, ist diese europäische Sucht, alles in irgendwelche Ordnungen bringen zu müssen, woraus dann so eine Grundangst entsteht, gerade auch diese scheißdeutsche Angst, daß man sich nicht traut, eigene moralische Maßstäbe zu setzen, sondern sich die Maßstäbe immer von anderswo herholt.
Hatten Sie diese Angst nie?
WECKER: Doch, in sehr hohem Maße. Gerade weil ich selbst immer moralische Hemmungen hatte, kämpfe ich ja so an dagegen. In der Zeit, in der ich den Einbruch machte, war ich in einer Phase, wo ich alle Werte umwerten, also jede Form von

schlechtem Gewissen aus mir herauspressen wollte, auch ganz bewußt Böses tun wollte, alles umstürzen wollte. Da ist mir dann der Genet sehr gelegen gekommen, der sagt, böse ist nicht der Verbrecher, sondern der, der es schafft, seinen besten Freund zu verraten. Das hab' ich dann auch probiert, aber so richtig ist es mir nicht gelungen. Ich war ja ein bis zur Trottelhaftigkeit gutmütiger Mensch, aber ich hab' mich gewehrt gegen diese Gutmütigkeit.

Wer hat Ihnen denn so viel schlechtes Gewissen eingejagt, daß Sie sich nur mit solchen Kraftakten davon befreien konnten?

WECKER: Zunächst war das eine ziemlich katholisch angehauchte Geschichte. Ich bin ja in Bayern zur Schule gegangen. Wir haben vor dem Unterricht beten müssen. Die Lehrer waren schlimmer als Mönche. Bis auf einen einzigen waren das lauter Typen, für die die Allmacht der Kirche eine unumstößliche Tatsache war. Später, in meiner Studentenzeit, waren es dann die Marxisten, die mir ein schlechtes Gewissen eingepflanzt haben. Die haben gesagt: Wenn du dein Leben nicht nach marxistischen Maßstäben aufbaust, dann bist du ein schlechter Mensch, dann bist du eine fiese Ratte. Das hat mir sehr zu schaffen gemacht. Heute weiß ich, daß ich damals lauter Freunde um mich gehabt hab', die mich aus irgendwelchen Gründen beneidet haben. Das war wahrscheinlich eine ganz simple Schwanzgeschichte, weil ich oberflächlich einen ganz guten Erfolg bei Frauen gehabt hab' und eine größere Selbstverständlichkeit in meinen Bewegungen, also im Auftreten. Das war etwas, was natürlich Haß erzeugt hat. Da hat man dann versucht, mich kaputtzumachen, indem man gesagt hat, daß ich ein unanalytischer Mensch und ein dummer Hund bin. Daraus ist dann entstanden, daß ich mir gedacht hab', ich lasse mir von diesen Intellektuellen meine viel natürlichere Lebensform, meine Sinnlichkeit nicht mehr nehmen. Heute ist es so, daß ich überhaupt keine intellektuellen Freunde mehr habe.

Hatten Sie auch mit intellektuellen Frauen diese Schwierigkeiten?

WECKER: Das kann man wohl sagen. Ich hab' ja deshalb

jahrelang mit einem Mann zusammengelebt. Da dachte ich schon, ich sei schwul, dabei ist das vollkommen falsch, ich bin es nicht. Ich hab' in letzter Zeit erst gemerkt, wie gut ich eigentlich mit Frauen umgehen kann. Intellektuelle Frauen sind auf mich nie gestanden. Der ideale Mann-Typ für die Studentinnen, das war der Kleine, Verhuschte und Schmale. Ich hab' halt meine Chancen in den Schwabinger Kneipen g'habt bei den Verkäuferinnen, die breite Schultern und einen starken Mann haben wollten. Ich war ja damals noch durchtrainiert, hab' ja Bodybuilding gemacht und Karate, bin immer ein Riesensportler gewesen, das lief ganz konform mit dem Singen, weil ich ja Humanist bin und diese athenischen Ideen im Kopf gehabt hab', mens sana in corpore sano und solche Geschichten. Die Scheiße ist nur, daß die Frauen das gar nicht mögen, die stehen ja gar nicht auf Muskeln, sondern wer dir hinterherläuft, das sind die kleinen Jungs, die dich bewundern, oder die Männer, die im Schwimmbad auf dich zugehen und sagen: Sauber gell, hast an guaten Bizeps! Das ist ja ganz selten, daß eine Frau da mal hinlangt.

Fühlen Sie sich erotisch animiert, wenn Sie auf der Bühne vor so vielen Menschen singen?

WECKER: Ja, ungeheuer. Das konnten meine Freundinnen nie begreifen, daß ich sie nicht mitgenommen hab' in meine Konzerte. Ich hab' das Gefühl, ich muß bei so einem Konzert für alle Frauen da sein, die unten sitzen. Die Tatsache, daß mich da eine Menge Frauen anschauen, die mir gefallen, das erotisiert mich unheimlich.

Der Erfolg hat sich bei Ihnen relativ spät eingestellt. Jahrelang haben Sie in Kneipen und Bars auftreten müssen. Haben Sie darunter gelitten?

WECKER: Nein, fast gar nicht. Ich hab' mich durch meine anfängliche Erfolglosigkeit nicht irritieren lassen. Ich war ja zehn Jahre lang finanziell a ganz arme Sau. Aber ich hab' dann immer irgendwas gemacht, einen Versicherungsbetrug oder so was. Ich wär' ein ganz guter Geschäftsmann geworden, weil ich ein sehr risikofreudiger Mensch bin und weil mir meine ökonomische Situation letzten Endes egal ist. Also es macht mir nichts aus, viel zu verlieren, deshalb kann ich auch viel gewinnen. Daß ich durch meine Lieder jemals zu Geld kommen könnte, hab' ich niemals geglaubt. Ich hab' schon gedacht, daß ich eine gewisse Anerkennung bekommen würde, aber Geld: nein.

Wie hoch ist heute Ihre Gage pro Auftritt?

WECKER: Mit den Technikern und allem Drum und Dran bekommen wir 10 000 Mark pro Abend.

Als der Erfolg dann endlich da war, haben Sie erklärt, daß Sie ihn gar nicht wollen, und angekündigt, ein Jahr lang nicht aufzutreten. Was stört Sie?

WECKER: Mich stören gewisse Begleiterscheinungen des Erfolges. Je mehr du bekannt bist, desto weniger Scheiße kannst dir erlauben, weil du ja immer auf was fixiert wirst, und dann kommt plötzlich die Überlegung: Darf ich das überhaupt noch machen? Ein typisches Beispiel: Während unserer letzten Tournee sind wir in irgend so einer Kleinstadt in eine Hotelbar gegangen, unheimlich besoffen, und sind auf die Tanzfläche und haben wie die letzten Rocker die Leut' angepöbelt. Da sind auch ein paar so Vertretertypen gewesen, die mich sowieso reizen, auch wenn sie ganz ruhig sind, und plötzlich hatte ich den Gedanken: Halt dich zurück, Presse und so weiter. Der Gedanke hat mich dermaßen geärgert, da hab' ich dann erst recht zugeschlagen. Das war natürlich ein Blödsinn, und ich bin auch gar nicht stolz drauf, aber ist ja wurscht, der Saulus ist ja auch zum Paulus geworden. Man braucht gewisse emotionale Erlebnisdinge, um sich läutern zu können.

Haben Sie Angst, Ihre Naivität zu verlieren, der Sie ja zu einem guten Teil Ihre Karriere verdanken?

WECKER: Sagen wir so: Ich hab' eine furchtbare Angst, zu päpstlich zu werden. Das ist mir in meinem Leben immer wieder passiert, daß ich mir zu gescheit vorkomm', also daß ich sag', ich weiß eh schon alles, so wie während der Studentenrevolte 1968, als ich allen Rechten gegenüber gedacht hab', ich hätte die Weisheit gepachtet. Ich hab' Angst davor, daß meine

Selbstsicherheit in bezug auf das philosophische Erfassen der Welt zu groß wird, weil mich diese Selbstsicherheit lähmen würde.
Also, da kann ich Sie aber beruhigen. Ich sehe keine Gefahr, daß Sie durch zu vieles Nachdenken in eine Lähmung geraten.
WECKER: Ja, das stimmt. Denken tu ich eigentlich nie. Das ist lustig. Ich kann gar nicht denken. Ich kann nur etwas erfahren durch das Schreiben oder das Reden. Ich hab' immer einen Block und einen Bleistift dabei, oder ich spreche laut zu mir selber. Ich kann nicht nur so dasitzen und denken. Können Sie sich in einen Stuhl setzen und einfach so nachdenken, ohne alles?
Na, ich würde dann wahrscheinlich darüber nachdenken, daß ich mich hingesetzt habe, um nachzudenken. Das Denken geschieht ja ganz zwangsläufig. Das sucht man sich ja nicht aus.
WECKER: Bei mir ist das anders. Ich kann zum Beispiel vier Stunden lang flippern, da denk' ich an gar nichts, da bin ich vollkommen ein Flipperer und sonst nichts. Oder ich fahr' in den Süden, da kann ich wochenlang in der Sonne flacken und braun werden, also mich ganz in so eine körperliche Ausflipperei hineinfallen lassen. Das betreib' ich mit einer unglaublichen Intensität. Oder ich geh' aufs Oktoberfest und sauf' mir einen Rausch an.
Wenn man Ihnen so zuhört, kann man gar nicht verstehen, warum Sie in Ihren Liedern dauernd das Leben beschwören, wo Sie doch eh ein so genußfähiger Mensch sind.
WECKER: Ich bin halt nie zufrieden mit dem, was ich erreicht hab'. Ich hab' Angst davor, statisch zu werden, mich nicht zu entwickeln und so etwas wie ein Politiker oder ein Hochschulprofessor oder irgend so ein Scheißer zu werden. Politiker und Hochschulprofessoren sind Menschen, gegen die ich grundsätzlich einen Widerwillen empfinde. Ich hab' immer den Wunsch, noch weiter zu kommen im Sinne von Weisheit. Es gibt da einen Satz, der vielleicht anrüchig klingt, aber so ist das: Ich möchte ein Engel werden. Ich hab' wirklich vor, in meinem nächsten

Leben ein Engel zu werden, und ich weiß, daß ich dafür noch sehr viel tun muß.
Als was würden Sie sich denn im Moment bezeichnen?
WECKER: Das weiß ich nicht. Ich weiß nur, daß ich auf einer höheren Bewußtseinsstufe stehe als andere Leute.
Ich würde sagen: Im Augenblick sind Sie ein erfolgreicher Liedermacher.
WECKER: Nein, bin ich nicht. Ich bin ein Mensch, der eine etwas größere Ahnung von Menschlichkeit hat als andere Menschen.
Wie können Sie es in der Showbranche überhaupt aushalten als Mensch und zukünftiger Engel?
WECKER: Gar nicht. Ich distanziere mich von der Branche. Ich war gerade auf der Funkausstellung in Berlin und hab' mit der Branche überhaupt nichts zu tun g'habt. Ich kümmere mich einfach nicht drum. Meine Platten nehmen wir in unserem eigenen Studio auf, in Eching bei München, die werden bloß abgeliefert, und Manager brauche ich keinen, weil ich das selber mache.
Verzeihen Sie die Frage: Warum singen Sie überhaupt noch?
WECKER: Weil ich noch nicht so weit bin mit der Weisheit, daß ich den ganzen Tag in der Sonn' liegen könnte. Aber ich möcht' das schon schaffen, eines Tages auch das Medium Kunst nicht mehr nötig zu haben.

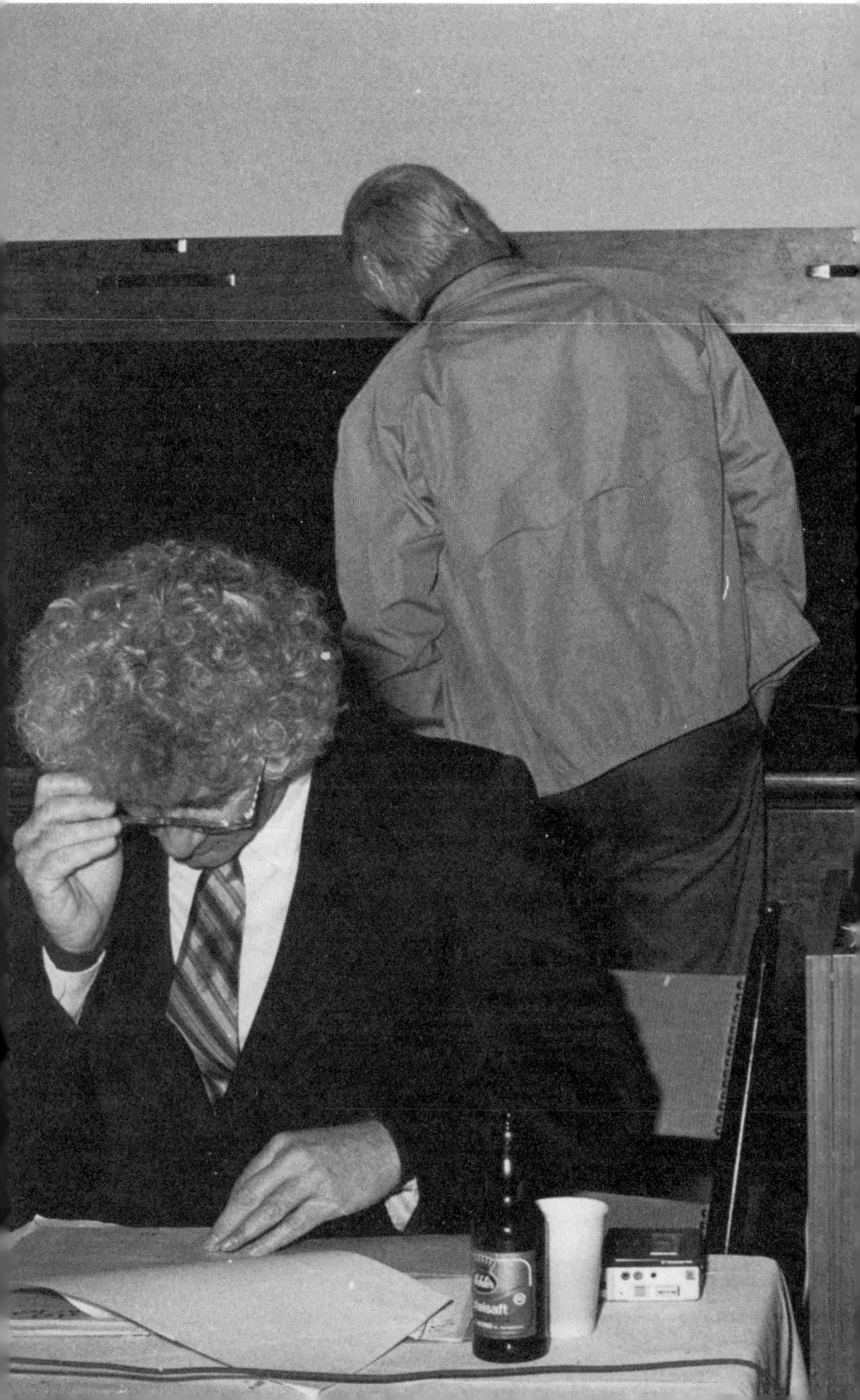

ARTHUR JANOV

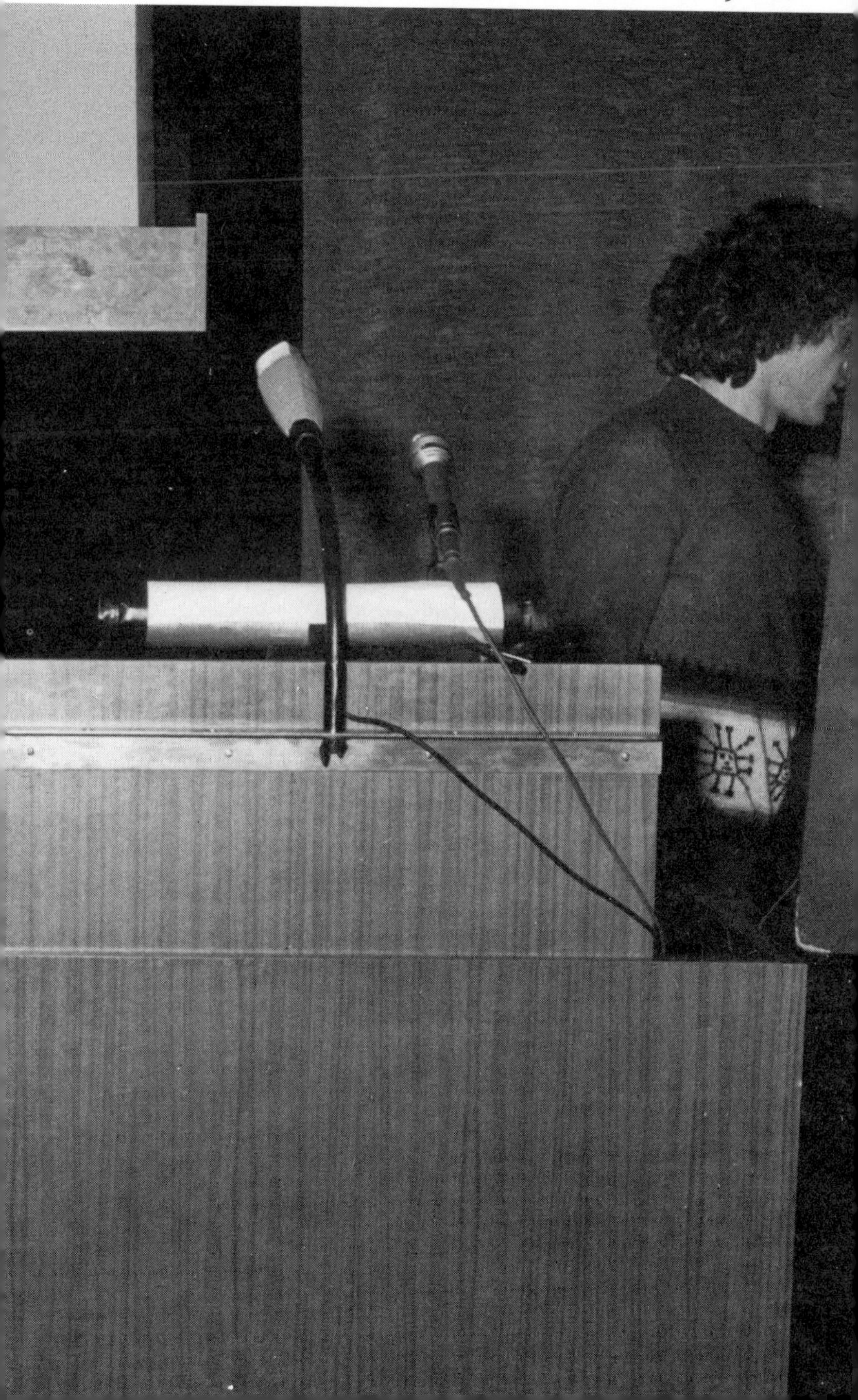

Auf keines meiner Interviews waren die Zuschriften so zahlreich wie auf jenes mit dem amerikanischen Psychotherapeuten und Autor des Buches »Der Urschrei«, Arthur Janov, der sich anläßlich eines psychologischen Seminars im Januar 1980 für einige Tage in München aufhielt. Schon seine zweite Antwort war, wie ich erst heute weiß, eine Lüge. Auf meine Frage, wer die Verantwortung trage für die Folgen seiner in Fachkreisen heftig umstrittenen Heilmethode, erwiderte Janov, diese Frage stelle sich gar nicht. Die Wahrheit ist, daß die Frage nach der Verantwortung den größten Teil jenes Vertrages ausmacht, den jeder, der zu Janov in Behandlung will, unterschreiben muß, um in eines seiner Institute aufgenommen zu werden. Im März 1981 schickte mir der Patient Ivan Bystrican, der nach fast einjährigem Aufenthalt in Janovs Institut in Los Angeles die Therapie vorzeitig abbrach, eine Fotokopie dieses Vertrages. Was darin steht, ist für mich die Erklärung, weshalb Janov auf viele meiner Fragen mit dem Satz reagierte, er könne nicht sprechen, er habe Schnupfen. In Punkt zwei des in Form einer Geschäftsvereinbarung gehaltenen Schriftstücks verpflichtet sich der Bewerber zu absolutem Gehorsam gegenüber sämtlichen Anordnungen der Therapeuten. Die Paragraphen fünf bis sieben umfassen eine genaue Aufstellung jener Risiken, die der Patient im Falle einer Behandlung auf sich nimmt und die ganz allein er auch zu tragen habe. Zu diesen Risiken, so der Vertragstext, gehöre es, daß der Kranke von der bereits begonnenen Therapie nach Gutdünken der Institutsleitung wieder ausgeschlossen und nach Hause geschickt werden könne. Als Beispiele für die Gründe eines solchen Ausschlusses werden angeführt: Ungehorsam, die Entdeckung einer anfangs nicht bemerkten Psychose und der Versuch des Patienten, bei einem nicht nach Janovs Methode praktizierenden Therapeuten Hilfe zu finden. Ob eine Psychose vorliegt, das bestimmt wiederum einzig und allein das Institut. Die Folgen des Therapieabbruchs aber habe der davon Betroffene selbst zu tragen. Auf jede Art von Schadenersatz wird von vornherein schriftlich verzichtet. Der Behandlungstarif beträgt 7200 Dollar. Davon bekommt der Patient schon nach zehn Monaten, auch wenn die Behandlung keinen Erfolg hat, nichts mehr zurück. 600 Dollar werden selbst dann einbehalten, wenn die Therapie aus irgendwelchen zu spät festgestellten Gründen erst gar nicht versucht wird. In Paragraph sechs des Vertrages gibt der Bewerber seine Zustimmung, auch von nicht mit einer Lizenz ausgestatteten Therapeuten behandelt zu werden. Ivan Bystrican konnte es im nachhinein kaum noch fassen, das alles unterschrieben zu haben. Sein zehn Seiten langer Bericht über die Erfahrungen in Los Angeles enthält auch eine detaillierte Beschreibung von vier Selbstmorden, die sich 1980 in Zusammenhang mit Janovs Behandlungsmethode ereignet haben. Als ich den Therapeuten im Interview nach solchen Vorkommnissen, von denen ich gerüchteweise schon damals wußte, befragen wollte, entschuldigte er sich wieder mit seinem Schnupfen. Obwohl unter solchen Bedingungen ein kontroverser Disput kaum entstehen konnte, ist es mir, wie die vielen Leserbriefe auf das in der ZEIT veröffentlichte Gespräch beweisen, offenbar doch gelungen, Zweifel zu wecken. Eine Diplomingenieurin aus Darmstadt machte darauf aufmerksam, daß nicht Janov, sondern lange vor ihm Wilhelm Reich die Idee zur Primärtherapie gehabt und experimentell ausprobiert habe. Nur habe Reich im Gegensatz zu Janov aufgrund der psychischen Risiken von ihrer praktischen Anwendung wieder Abstand genommen. Eher belustigend war eine Zuschrift aus Lüneburg, in der eine Leserin an mich appellierte, jene Personen, die in der ZEIT Heiratsannoncen aufgeben, einmal genauer überprüfen zu lassen. Sie sei jedesmal, wenn sie auf eine Annonce geantwortet habe, über die Reaktionen entsetzt gewesen. Da ich, wie mein Interview zeige, für »psychisch-soziale Sachen ein Interesse habe«, müsse ich mir doch auch einmal über die Heiratsanzeigen meine Gedanken machen. Auf Arthur Janov selbst hatte der Abdruck des Interviews anscheinend keine Wirkung. Weder von ihm noch von einem seiner Assistenten bekam ich Briefe. Er hatte sich ja schon bei unserer Begegnung in München durch meine Einwände nicht irritieren lassen. Wichtiger als das Interview war ihm ein bevorstehender

Skiurlaub in den österreichischen Alpen, zu dem er tags darauf aufbrach. Über das Skifahren hätte ich mit ihm ein ganz offenherziges Gespräch führen können. Verschnupft war er immer nur dann, wenn ich seinen Optimismus hinsichtlich der Resultate seiner Behandlungsmethode nicht teilen wollte.

Sie erheben den nicht geringen Anspruch, Ihre Therapie sei absolut die einzige, mit der Neurosen geheilt werden können.
ARTHUR JANOV: Ja, ich sage, die Neurose ist eine Krankheit des Fühlens. Wer gelernt hat, richtig zu fühlen, der wird sich nicht länger neurotisch verhalten. Die Methode, das zu erreichen, ist denkbar einfach. Wir bringen den Patienten dazu, seine in früher Kindheit unausgelebten Schmerzen nachträglich loszuwerden: nicht wie in herkömmlichen Therapien, wo sie ihm nur erklärt oder bewußt gemacht werden. Wir lassen ihn diese Urschmerzen fühlen. Einen gewissen Zeitraum vor Beginn der Behandlung darf er mit niemandem sprechen, keinen Alkohol trinken, weder rauchen noch fernsehen, noch Medikamente nehmen. Auf diese Weise wird sein Abwehrsystem so geschwächt, daß er die verdrängten Gefühle nicht mehr zurückhält. Er verwandelt sich in das Baby, das er war, als die Neurose entstand. Wenn das primitiv klingt, dann haben Sie richtig gehört. Es ist primitiv.
Und es ist ein ziemlich massiver Eingriff. Wer trägt die Verantwortung für die Folgen?
JANOV: Die Frage nach der Verantwortung stellt sich gar nicht. Das Baby, das da weint und schreit und um Liebe bettelt, ist ein Bündel aus Bedürfnissen. Da diese niemals befriedigt wurden, hat sich so viel Schmerz angesammelt, daß es früher oder später daran gestorben wäre, hätte der Mensch nicht die Möglichkeit, sich mit Hilfe des Gehirns ein System der Abwehr zu schaffen. Um den unerträglichen Schmerz nicht fühlen zu müssen, hört er ganz auf zu fühlen. An die Stelle der unterdrückten Gefühle treten psychosomatische Erscheinungen, verbunden mit Handlungen wie Rauchen, Homosexuelität, Aggressivität, das Erfin-

den seltsamer Ideen und so weiter. Der Neurotiker leidet ständig, und das Verrückte ist: Er weiß es meist gar nicht.

Damit er draufkommt, gibt es jetzt also Sie und Ihre Bücher in Millionenauflagen. Was aber soll zum Beispiel ein Münchner Neurotiker machen, der dank Ihnen erkannt hat, daß er schwer krank ist, und gleichzeitig lesen muß, daß er einzig und allein durch Ihre Methode, die bislang lediglich in Los Angeles und New York praktiziert wird, geheilt werden könnte? Was sind die Voraussetzungen, um zur Behandlung zugelassen zu werden?

JANOV: Die Voraussetzungen sind eine zumindest teilweise Beherrschung der englischen Sprache, Ehrlichkeit, Intelligenz und ein gewisses Moralempfinden.

Sie vergessen die Kosten. 14000 Mark sind allein für die Therapie zu bezahlen. Hinzu kommen die Spesen für Reise und Unterkunft. Das ist ja alles nicht inbegriffen. Außerdem muß der Patient, wie Sie schreiben, mindestens fünfzehn Wochen Urlaub bekommen, weil er während der Anfangsphase der Behandlung keinen Beruf ausüben darf. Das bedeutet, daß er zunächst einmal mit möglicherweise neurotischen Mitteln sehr viel Geld sparen muß, um dann die Chance zu haben, bei Ihnen gesund zu werden.

JANOV: Sie sprechen einen Punkt an, den auch ich sehr bedaure. Wir haben versucht, die Krankenkassen für unsere Idee zu gewinnen, haben europäischen Regierungen, wie zum Beispiel Schweden und Frankreich, unsere Therapie angeboten. Aber es ist bis jetzt nirgends zu einer Übereinkunft gekommen. Also wir sind ein Privatunternehmen. Wir leben in keinem sozialistischen Land. Das sind die Fakten. Aber wir haben einige Freiplätze für Neger.

Glauben Sie, daß man Sie in einem sozialistischen Land finanziell unterstützen würde?

JANOV: Ich habe mich danach nicht erkundigt.

Das halte ich für eine naive Antwort. Sie wissen genau, daß man in sozialistischen Ländern ein solches Ausmaß an psychischer Erkrankung gar nicht zugeben würde, weil das ja als Armuts-

zeugnis für das System aufgefaßt werden könnte... Wie viele Patienten haben Sie bisher geheilt entlassen?
JANOV: Seit Bestehen unseres Instituts, also in den letzten zehn Jahren, über dreitausend. Die Erfolgsquote ist hoch. Neun von zehn werden gesund, falls sie die Behandlung nicht vorzeitig beenden. Aber der Heilungsprozeß ist mit der Therapie noch nicht abgeschlossen. Man kann sagen, daß ein Patient viereinhalb bis fünf Jahre nach seinem ersten Urschmerz-Erlebnis wirklich gesund ist.
Trotzdem haben Sie bereits 1970, als Sie das Institut erst gerade gegründet hatten, in Ihrem Buch »Der Urschrei« und noch ausführlicher dann 1972 in »Revolution der Psyche« über Resultate berichtet. Da heißt es, Menschen, die vorher todunglücklich waren, werden frei und zufrieden, leben länger, wenn auch recht ambitionslos, ohne Erfolgsdruck und Angstgefühle. Kurzum, eine Art Neugeburt wird versprochen und, falls sich die ganze Menschheit Ihrer Therapie unterzöge, eine Welt ohne Hunger und Kriege, fast möchte ich sagen: das Paradies auf Erden.
JANOV: Die Resultate, die ich beschrieben habe, sind wissenschaftlich beweisbar. Ich schreibe nur, was ich mit eigenen Augen gesehen habe.
Eines der wesentlichsten Ergebnisse Ihrer Methode ist, daß der Mensch aufhört, für die Realität irgendwelche Symbole zu setzen. Er hat keine symbolischen Träume, keine symbolischen Vorstellungen. Er läßt alles so, wie es ist, ohne den Drang, es in irgendeiner Weise umformen oder verwandeln zu wollen. Führt das nicht letzten Endes zum Verlust jeglicher kreativen Begabung?
JANOV: Ich gehe davon aus, daß das Leben des Neurotikers ein einziger symbolischer Kampf um die Liebe ist, die ihm die Eltern niemals gegeben haben. Alles, was er tut, hat hier seinen Ursprung. Wenn er den Schmerz über das Fehlen dieser Liebe einmal gefühlt hat, muß er sich nicht mehr symbolisch verhalten. Aber das bedeutet nicht, daß er dann nicht mehr kreativ ist. Nehmen Sie zum Beispiel van Gogh, dessen Bilder

ganz aus seiner Neurose entstanden. Der hätte nach der Primärtherapie sicherlich nicht mehr seine chaotischen Himmel und Landschaften gemalt, aber er wäre trotzdem ein Maler geblieben.
Das ist bestenfalls eine Vermutung, die Sie nicht nachprüfen können. Haben Sie Erfahrungen mit Künstlern, die von Ihnen behandelt wurden?
JANOV: Ja, viele. Ich könnte Ihnen eine ganze Reihe von Musikern und Schauspielern aufzählen, die nach der Behandlung ihr Talent noch viel stärker zum Ausdruck brachten, John Lennon[1] zum Beispiel, dessen heutige Musik ich für weitaus genialer halte als das, was er vorher gemacht hat. Der Filmregisseur Ingmar Bergman, der unser Institut in Los Angeles mehrmals besucht und sich Videoaufzeichnungen angeschaut hat, war enorm fasziniert von dem, was er da sehen konnte. Er sagte, eine solche Intensität, wie wir sie aus unseren Patienten herausholen, habe er bei seinen Schauspielern niemals erreichen können.
Aber gerade Ingmar Bergmans frühe Filme leben doch sehr stark von der Symbolik, also, wenn ich Ihre Terminologie jetzt verwende, von der Umwandlung des Urschmerzes.
JANOV: Bergman sagte uns, alle seine Filme, von den frühen symbolischen bis zu den weniger symbolischen heute, seien für ihn eine auf viele Jahre verlängerte Therapie gewesen.
Eben. Das bestätigt doch meine Bedenken. Denn hätte es in den fünfziger Jahren Ihre Therapie schon gegeben und wäre Bergman bei Ihnen seinen Schmerz losgeworden, hätte er seine Filme nicht machen können.
JANOV: Er hätte eben andere Filme gemacht, weniger metaphysische Filme. Wir haben festgestellt, daß nach erfolgreicher Behandlung die Menschen aufhören zu kämpfen. Sie stellen auch nicht mehr die Frage nach dem Sinn ihres Lebens. Das Leben selbst ist ihnen genug. Sie haben gelernt, real zu empfinden. Sie sind ganz einfach entspannt, das ist alles.

[1] Fiel am 8. Dezember 1980 einem Mordanschlag zum Opfer.

Sind Sie damit einverstanden, wenn ich sage, der Sinn, den Sie Ihrem Leben gegeben haben, ist es, für die Verbreitung Ihrer Erfindung zu kämpfen?
JANOV: Ich habe etwas gefunden, und ich biete es an.
Und Sie hoffen, so schreiben Sie, damit die Menschheit vor ihrem Untergang bewahren zu können.
JANOV: Ich hoffe, daß wir damit zu einer Welt kommen können, in der die Menschen zueinander freundlich und nett sind. Wahrscheinlich ist das eine neurotische Hoffnung. Perfekt ist niemand. Sie dürfen nicht vergessen, daß Sie in mir immer noch einen Ex-Neurotiker vor sich haben. Daß jemand total normal wird, ist nicht zu erreichen.
Aber dann müßten Sie, wenn Sie sich konsequent verhielten, Ihren Beruf aufgeben, denn genau das ist es, was Sie den konventionellen Therapeuten zum Vorwurf machen: daß die ihre eigenen Neurosen den Patienten aufladen.
JANOV: Es gibt graduelle Unterschiede. Wenn jemand relativ frei ist von Urschmerz, dann kann er schon ein guter Therapeut sein. Man darf nicht erwarten, daß jemand vollkommen frei wird von diesen Schmerzen.
Haben auch Sie noch manchmal Urschmerz-Gefühle?
JANOV: Unzählige, dauernd.
Wann zuletzt?
JANOV: Als mein Hund starb. Da ich als Kind von meinen Eltern keine Liebe bekommen habe, also Eltern praktisch gar nicht vorhanden waren, habe ich mein ganzes Liebesbedürfnis auf einen Hund projiziert, den man mir damals zum Geschenk gemacht hatte. Später, als neurotischer Erwachsener, habe ich mir dann wieder einen Hund angeschafft. Als der jetzt starb, sind all die Schmerzen, die sich in meiner Kindheit angehäuft hatten, wieder heraufgekommen. Also ich litt nicht unter dem, was tatsächlich passiert war, sondern unter der Verlassenheit, die ich als Kind beim Tod meines ersten Hundes empfunden hatte.
Ist Ihnen die These bekannt, daß sich in manchen Menschen eine Sucht nach solchen Urerlebnissen aufbaut, so daß die

dann ständig diese Erlebnisse haben, obwohl die psychische Grundlage dafür gar nicht mehr da ist?

JANOV: Ja, das stimmt, so etwas gibt es, und es ist schwer, solche simulierten Erlebnisse von den echten zu unterscheiden. Man kann es aber anhand von physiologischen Messungen feststellen. Besonders bei ehemaligen Waisenkindern haben wir beobachtet, daß sie Primärerlebnisse produzieren, um aus der Therapie, die sie als ihr Zuhause betrachten, nicht entlassen zu werden. Sobald wir dahinterkommen, schicken wir sie zur Arbeit.

Mehrere Ihrer Patienten berichten, daß sie sich nach Abschluß der Therapie in ihrer nach wie vor kranken Umgebung sehr einsam fühlen. Manche können mit ihren Ehepartnern nicht mehr zusammenleben, andere verlassen ihre erlernten Berufe, weil sie erkennen, daß die Motivationen dafür neurotische waren. Besteht da nicht die Gefahr, die Neurose gegen etwas einzutauschen, was vielleicht schlimmer ist: völlige Isolierung?

JANOV: Diese Gefahr besteht nicht, weil es ja inzwischen genug andere gibt, die ebenfalls die Primärtherapie hinter sich haben. Sie sollten sehen, wie kontaktfreudig die sind untereinander!

Ja, untereinander. Das heißt also, daß da so eine Art Sekte von Gleichgesinnten entsteht: genau das, was Sie immer vermeiden wollten.

JANOV: Nein. Es ist ja nicht so, daß die, die unsere Therapie gemacht haben, mit Neurotikern überhaupt nicht mehr umgehen können. Nur weiß eben ein Geheilter, wer krank ist, wer nicht, weil er ja die Symptome oft genug in der Behandlung erlebt hat. Er geht zum Beispiel auf eine Cocktailparty, und dort sind auch einige Neurotiker eingeladen, da wird er sich dann eben verschieden fühlen. Aber das bedeutet nicht, daß er sich schlecht fühlt.

Schlecht nicht, aber doch irgendwie einsam oder den anderen überlegen. Man kann sich doch mit einem Menschen, den man nur noch als ein Bündel von neurotischen Symptomen empfindet, nicht mehr auf gleicher Ebene unterhalten.

JANOV: Das ist richtig. Daß sich ein Patient, der nach der Therapie nach Zürich, Paris oder München, also in seine alte Umgebung, zurückkehrt, dort isoliert fühlt, das ist absolut richtig. Deshalb ist es ja unser Bestreben, auch in Europa Institute zu gründen. Aber wir haben das Geld nicht. Man muß die Regierungen, also die Bürokratie, die ja an sich gar kein Interesse hat am Wohlergehen der Leute, dazu zwingen, die Sache wichtig zu nehmen. Das geht nur, wenn von genügend Menschen so viel Druck ausgeübt wird, daß die politischen Parteien es als taktisch vorteilhaft ansehen, unsere Heilmethode zu unterstützen. Deshalb mache ich auch jetzt dieses Interview, damit Sie mit Ihren publizistischen Möglichkeiten Ihre Regierung davon überzeugen, wie wichtig es ist, in Ihrem Land die Primärtherapie einzuführen. Was ich den Deutschen und der deutschen Regierung zu sagen habe, ist, daß wir eine Methode gefunden haben, mit der eine ungeheure Menge von Problemen, das Problem des Alkoholismus, der Drogensucht, der Kriminalität, der wachsenden Selbstmordraten, mit einem Schlag gelöst werden könnte. Sobald mir die Regierung irgendeines deutschen Bundeslandes die nötigen Mittel zur Verfügung stellt, werde ich hier sofort mit der Arbeit beginnen. Ich warte auf Angebote. Das können Sie schreiben.
Würde ich mir jetzt die Erkenntnisse aus Ihren Büchern zu eigen machen, müßte ich sagen: Sie wollen meine neurotisch bedingte Kampfeslust dazu benutzen, für Ihre Idee Reklame zu machen. Ich fürchte, dafür werde ich mich nicht einspannen lassen. Vielleicht hängt diese Zurückhaltung damit zusammen, daß man in Deutschland so schlechte Erfahrungen mit Leuten gemacht hat, die sich als Heilsbringer gebärden und nichts anderes neben sich gelten lassen.
JANOV: Der Vorwurf, daß ich für mich eine Monopolstellung in Anspruch nehme, ist mir schon oft gemacht worden. Aber dieser Anspruch hat seine Gründe. Die Primärtherapie ist eine Methode, durch die die Patienten innerhalb weniger Minuten in einen wahnsinnsähnlichen Zustand geraten. Man kann sagen, sie sind tatsächlich verrückt, während sie ihre Urerlebnisse

haben. In den Händen falsch oder halb ausgebildeter Leute könnte das katastrophale Folgen haben. Unter Umständen führt es zum Selbstmord. Jemand, der, bevor er zu uns kommt, in einer anderen Therapie war, hat fünfzig Prozent weniger Chancen, gesund zu werden, als jemand, der gleich kommt. Das ist erwiesen.

Ich spreche jetzt gar nicht so sehr von Ihrem Alleinvertretungsanspruch in bezug auf psychiatrische Heilmethoden. Zumindest in Ihren Büchern sind Sie ja über diesen Bereich weit hinausgegangen. Da wird ja schlechterdings alles, was das Leben der Menschen ausmacht, als neurotisch bezeichnet. Das reicht von Nägelbeißen bis zu jeglicher Art von Erfolgsstreben, religiöser Überzeugung oder philosophischem Ehrgeiz. Für Sie ist ja schon das bloße Bemühen um Transzendenz ein Symptom der Neurose.

JANOV: Daß religiöse Systeme neurotisch sind, habe doch ich nicht erfunden, sondern das haben wir anhand von therapeutischen Erfahrungen feststellen können. Das ist eine Begleiterscheinung. Aber das Entscheidende ist, daß wir etwas gefunden haben, womit sämtliche Auswirkungen von Neurosen, Depression, Streß, Impotenz, Asthma, Migräne und so weiter in einem einzigen Heilungsvorgang beseitigt werden. Ich bin Arzt und Wissenschaftler, nicht Philosoph. Ich wäre, glaube ich, der schlechteste Philosoph, den Sie sich vorstellen können.

Schade, daß Sie das nicht geschrieben haben. Überhaupt drücken Sie sich in diesem Interview viel vorsichtiger aus als in dem, was Sie schreiben.

JANOV: Da müssen Sie eine schlechte Übersetzung gelesen haben.

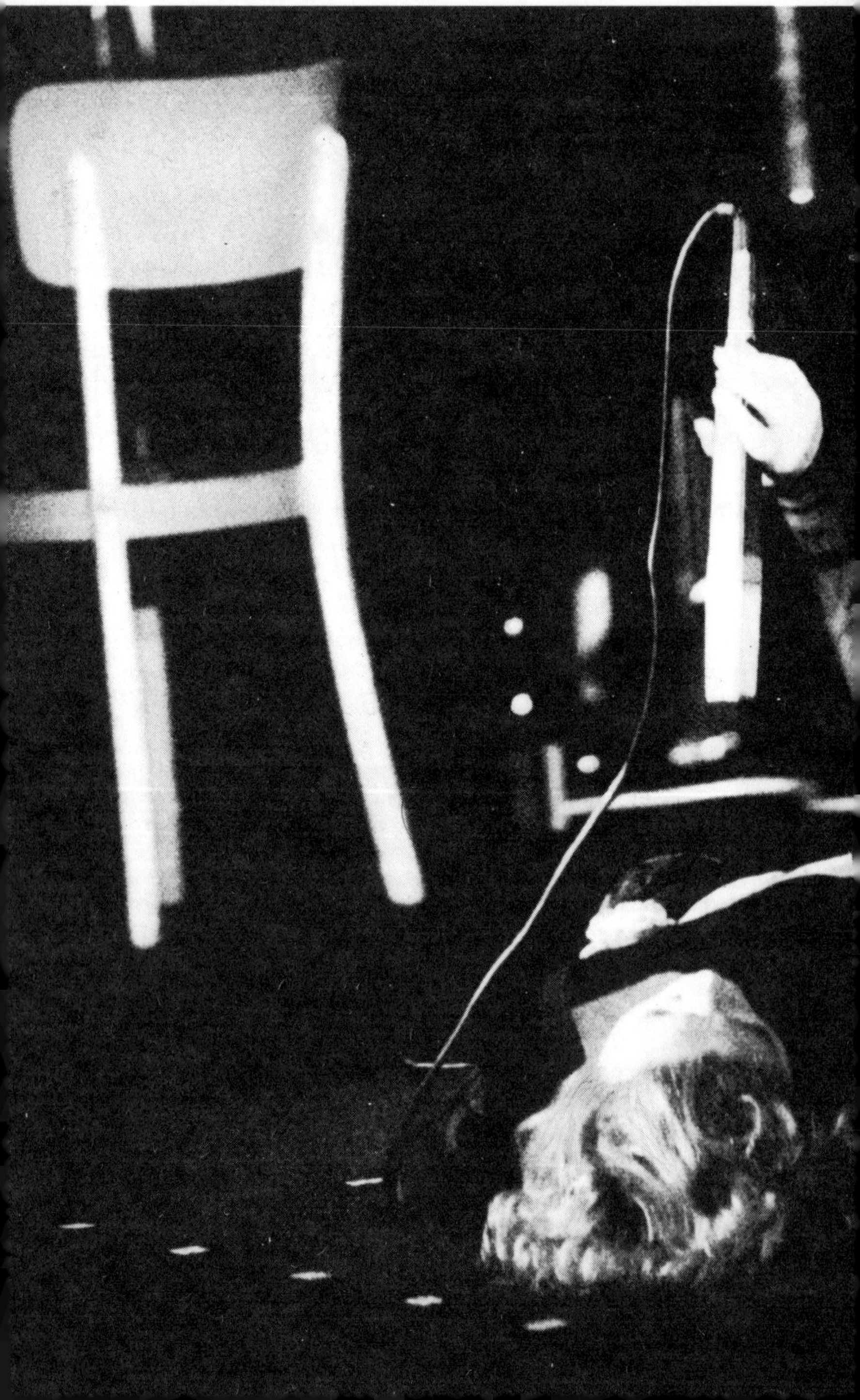

Mit Ingrid Caven bin ich seit mehreren Jahren befreundet. Die im Interview verwendete Anrede mit »Sie« war eine nur vorübergehend benutzte Gesprächsform, um mir die nötige Distanz zu erleichtern. Ein Abrutschen ins Private war dennoch nicht zu vermeiden. Als auch noch die Eltern der Chansonsängerin kamen, entwickelte sich das Gespräch vollends zu einer Privatunterhaltung. Die Mutter erzählte, schon von früh auf sei ihre Tochter außergewöhnlich herrschsüchtig gewesen. Den Vater habe sie buchstäblich »niedergeknebelt«. Eine besonders häufig angewandte Methode, sich durchzusetzen, sei es gewesen, Ohnmachtsanfälle zu simulieren. Die Wurzel für diesen Eigensinn, der sich dann später in künstlerischen Ehrgeiz verwandelt habe, liege wahrscheinlich in der Tatsache, daß Ingrid eigentlich gar nicht hätte zur Welt kommen sollen. Ärzte und Bekannte hatten der durch eine Fehlgeburt geschwächten Mutter geraten, abtreiben zu lassen. Sozusagen aus Trotz habe sie das Kind aber nun erst recht haben wollen. Für die Veröffentlichung des Interviews in der ZEIT am 11. Januar 1980 habe ich die intimeren Mitteilungen weitgehend ausgeklammert. Auch von der kurzen Ehe Ingrid Cavens mit dem Filmregisseur Rainer Werner Fassbinder war darin nur insoweit die Rede, als sie für die berufliche Karriere der Künstlerin Folgen hatte. Für das Scheitern dieser Ehe gab die Caven als Grund an, sie habe sich auch Fassbinder gegenüber bewußt renitent verhalten: »Ich habe mich bemüht, ihm auf den Wecker zu fallen, und ich hab' es ja auch geschafft, Gott sei Dank.«

In Paris feiert man Sie als neue Piaf und zweite Marlene Dietrich ...[1]

INGRID CAVEN: Ja und in Berlin als Lilian Harvey.

Ist das nicht blöd, wenn einem, bevor man noch richtig da ist, schon solche Etiketten aufgeklebt werden?

[1] 1978 hatte Ingrid Caven ihr Pariser Debüt in dem ehemaligen Stripteaselokal »Le Pigall's«.

CAVEN: Ich bin ja selbst schuld dran. Ich provoziere das ja. Ich spiel' unheimlich gern andere Leute. Schon als Kind hab' ich Rollen gespielt, um Aufmerksamkeit zu erregen. Das war meine Art, mich bemerkbar zu machen: als Rumpelstilzchen oder Fee oder Prinzessin. Ich hatte immer das Gefühl, mir hört keiner zu, da hab' ich dann so fremde Sätze genommen aus Märchen oder hab' Klavier gespielt oder gesungen. Meine Schwester[2] und ich, wir haben unser Zimmer verdunkelt und zu den Platten der Callas gesungen ... was heißt gesungen! Geschrien haben wir, daß die Scheiben klirrten.

Wie haben denn Ihre Eltern das aufgenommen?

CAVEN: Ich bin schon damals als hochbegabtes Kind eingestuft worden.

Nicht als Verrückte?

CAVEN: Doch, etwas verrückt schon. Aber das wurde akzeptiert, denn irgendwie hat da ja auch eine Leistung dahintergestanden. Das war ja was Interessantes. Ich komme aus einer Familie, wo schon immer Musik gemacht wurde, das war ganz normal. Mein Vater war Zigarrenvertreter. An den Wochenenden und Feiertagen kam die Verwandtschaft, da wurde zum Tanz aufgespielt, und zwischendurch bin ich aufgetreten. Ich war immer so komisch. Die haben dann immer über mich lachen können, das gefiel mir ... Manchmal hat es mich auch wütend gemacht.

Wütend, wieso?

CAVEN: Weil das ja alles nicht ich war. Es waren ja immer die Rollen, denen man applaudiert hat. Ich hab' das doch nur gemacht, weil ich dachte, wenn ich nur ich bin, dann liebt mich keiner.

Als Notlösung sozusagen?

CAVEN: Ja, aber ich muß auch sagen, daß ich es nachträglich als etwas ganz Tolles empfinde, diese Notlösung immerhin gefunden zu haben, weil das doch etwas mit meiner Phantasie, also auch mit mir zu tun hatte. Das war ja was sehr Kreatives. Ich

[2] die Opernsängerin Trudeliese Schmidt

sehe das heute als großes Glück an, daß ich diese Möglichkeit hatte.

Vor Ihrer Karriere als Sängerin waren Sie Schauspielerin, hauptsächlich in Fassbinder-Filmen, zwei Jahre auch seine Frau...

CAVEN: Müssen wir denn darüber reden?

Müssen nicht, aber es war doch ein wichtiges Kapitel in Ihrem Leben?

CAVEN: Ja, es war wichtig, weil ich da aus nächster Nähe jemanden sehen konnte, der absolut seine eigene Struktur, seine eigenen Möglichkeiten gelebt hat, was auch zu Brutalitäten geführt hat anderen gegenüber. Aber die anderen haben das ja auch wollen. Die wären ja traurig gewesen, wenn er sie nicht gehauen hätte.

Sie meinen die Schauspieler, die er entdeckt und mit denen er viele seiner Filme gemacht hat?

CAVEN: Ja, Irm Hermann, Margit Carstensen, Hanna Schygulla... Auch ich hatte damals diese masochistische Seite, aber ich hab' mich immer wieder am eigenen Schopf herausziehen können. Mir hat es gut getan zu erleben, wie weit das bei mir gehen kann, diese Sucht, sich selbst aufzugeben. Das hat mich herausgefordert, weil es ja sehr verführerisch ist, sich jemandem mit Haut und Haar zur Verfügung zu stellen und als Gegenleistung, ich muß es leider so sagen, versorgt zu werden.

Ein typisches Frauenschicksal: Man verkauft seine Freiheit und wird dafür materiell abgesichert.

CAVEN: Das will ich nicht sagen. Wieso ist der Mann, der es nötig hat, seinen Schwanz zur Peitsche zu machen, mehr frei als die Frau, die Lust dran empfindet, sich damit auf den Kopf hauen zu lassen? Ich bezweifle diese große Freiheit der Macher. Ich hab' gesehen, wie einsam die sind und wie verhärtet. Im Grunde sind die doch froh, wenn jemand kommt, der sich nicht ihrem System unterordnet.

Da möchte ich Ihnen einmal vorlesen, was Fassbinder in einem Interview über Sie gesagt hat: »Mit der Ingrid ist es halt schwierig, weil sie so unheimlich viel Persönliches reintut, so daß dann arbeitsmäßig so unheimlich wenig herauskommt. Es kommen halt immer wieder nur Konflikte heraus und keine Figuren...«

CAVEN: Haha, das ist aber nett.

»... Es hat ihr halt nicht genügt, mit mir verheiratet zu sein, sondern sie wollte als Schauspielerin denselben Stellenwert haben, den meinetwegen Hanna Schygulla oder Margit Carstensen haben, aber den kann sie natürlich nicht haben...«

CAVEN: Nicht denselben, einen anderen wollte ich haben, sonst wär's ja gegangen. Ich hab' in den Filmen vom Rainer halt immer versucht, ein bißchen kontrapunktisch zu wirken. Meine Rollen waren nie die Opferlämmer und die Hysterikerinnen, sondern Frauen, die ziemlich stur blieben in dem, was sie waren, und so eine Art passiven Widerstand ausgestrahlt haben.

Meist waren es Nutten.

CAVEN: Ja, aber im weitesten Sinne, also eigentlich war das schon die Rolle, die ich in meinem Leben auch heute noch spiele. Sich auf die Bühne stellen, um den Leuten was vorzumachen, das hat ja auch mit Prostitution was zu tun.

Auf Ihrer eben herausgekommenen Langspielplatte »Der Abendstern« singen Sie fast ausschließlich Texte von Hans Magnus Enzensberger. Wie ist es zu dieser Verbindung gekommen?

CAVEN: Das war verrückt. Er schrieb mir, daß ihn meine erste Platte so angetörnt hätte, und schickte gleich Texte mit. Ich war zuerst etwas erschrocken und hab' sie nicht angeguckt, erst nach drei Tagen, dann wieder weggelegt, wieder angeguckt und gedacht, verdammt, wie unverschämt, weil da Sachen drinstanden, die mich gefühlsmäßig sehr stark betrafen, obwohl wir uns gar nicht kannten. Das erste, was mir einfiel, war Hitchcock. Da standen lauter so kleine Unheimlichkeiten. Man weiß nie, was wirklich vor sich geht, irgendwie wird da immer gemordet, aber wer ist der Mörder? Mich hat gereizt, daß man diese Texte ganz verschieden interpretieren konnte, daß da keine festen Antworten waren, denn das hat ja mit unserer Situation heute zu tun: Man kann keine Rezepte mehr geben, sondern höchstens die

Leute dazu bringen, sich selbst etwas auszudenken.
So wie Sie das als Kind gemacht haben?
CAVEN: Ja. Ich bin in einem Haus aufgewachsen, da hatten wir die Schornsteine des Industrieviertels direkt gegenüber, aber ich hab' mich sehr früh geweigert, das so zu sehen. Ich hab' mir diese Schlote immer als Bäume gedacht mit Himmel darüber, so daß alles sehr schön war. Ich glaub', meine früheste Leidenserfahrung war die, daß alles gar nicht so schön war, wie ich es wollte. Da hab' ich mir den Dreck einfach weggeträumt. Ich bin ja damals auch stark katholisch gewesen, weil das so schön war, die laute Musik in der Kirche, da dampfte der Weihrauch, und die Roben der Meßdiener glänzten, das war für mich großes Theater. Da hab' ich mich unheimlich hineinsteigern können, in diesen morbiden Genuß an der Schönheit.
Wie hat Enzensberger reagiert, als er hörte, auf welche Weise Sie seine Texte singen?
CAVEN: Er hat gesagt: Sie machen ja alles gegen den Strich.
Vielleicht war es ihm etwas zu künstlich.
CAVEN: Kann sein, aber das stört mich nicht. Ich kann ja diese Texte nicht einfach so runterdudeln. Ich möchte schon, daß man merkt, daß das, was da oben auf der Bühne steht, eine Kunstfigur ist, die Schönheit verkörpert, den Traum von Schönheit. Ich hab' einfach nicht das Recht, so zu tun, als wüßte ich nicht, wie man schöne Sachen herstellt. Was ist schon künstlich? Und was natürlich? Ich fände es einen Witz, wenn ich mich da in demselben Kleid hinstellen würde, das ich zum Frühstück anhabe. Das macht ja nicht einmal eine Blume. Die sieht auch am Abend ganz anders aus als am Morgen. Kunst hat immer etwas mit Stilisierung und mit Ästhetik zu tun, denn es ist ja eine geformte Sache. Das ist schon alles gehoben in eine Unwirklichkeit.
Sigmund Freud definiert Kunst als ein Rauschmittel, das der Mensch nötig hat, um die Welt, so wie sie ist, überhaupt aushalten zu können.
CAVEN: So kann man es sagen.
Das heißt also, die Kunst ändert nichts, sie ist nur dazu da, das Leiden zu lindern?

CAVEN: Ja, leider, nur das. Das fängt ja schon damit an, daß man die Tatsache, sterben zu müssen, niemals wird ändern können. Ich akzeptiere das überhaupt nicht, ich finde es furchtbar, grauenvoll, ordinär. Aber die Kraft zu haben, sich das täglich vor Augen zu halten und trotzdem zu leben und aus dem Leben was Schönes zu machen, das ist doch ein Zeichen von Vitalität. Ich denke, daß jeder, der das einmal hineinkriegt ins Fleisch und Blut, daß er nur einmal lebt und nie wieder, daß der ein ganz anderes Zeitgefühl hat, auch ein anderes Gefühl für das, was er tut, eine ganz andere Art von Zärtlichkeit anderen Menschen und auch sich selbst gegenüber. Das ist ja ein sehr lebensbejahender Standpunkt, weil man dann nicht mehr die Chance hat zu sagen, ich hab' ja noch ein zweites oder drittes oder viertes Leben vor mir. Was mich so stört an der deutschen Wohlstandsgesellschaft, ist, daß es hier, obwohl wir jetzt diesen Luxus haben, so unlustig wurde. Da schäm' ich mich manchmal, daß wir bei all unseren Möglichkeiten im Vergleich zu anderen Völkern, die arm sind, so wenig das Leben genießen. Wieso ist unter ärmeren Leuten der direkte, spontane Kontakt oft viel stärker, physischer... ich möchte das dumme Wort bewußt hier gebrauchen: viel herzlicher als bei uns? Wieso? Können Sie mir das sagen?
Ja, weil diese Leute gar nicht so viel Platz haben, um ihre Einsamkeit ausleben zu können. Denen bleibt ja gar nichts anderes übrig, als miteinander Kontakt zu haben. Der Luxus ermöglicht es einem doch überhaupt erst, sich abzusondern und über den Tod zu philosophieren, wie wir das hier tun. Ein Slumbewohner in Kalkutta, der von früh bis spät damit beschäftigt ist, nicht zu verhungern, kann sich solche Gedanken doch gar nicht leisten, weil er dafür weder den Raum noch die Zeit hat. Der würde wahrscheinlich auch mit Ihren Liedern nichts anfangen können.
CAVEN: Dort würde ich das auch gar nicht singen. Da würde ich mich ja schämen, bei diesen armen Leuten mit meiner elitären Kunst anzukommen. Die brauchen mich gar nicht, weil die, das klingt vielleicht jetzt pervers, sowieso schon vital genug sind.

Bei Ihrem Fernsehauftritt in »Bio's Bahnhof«[3] haben Sie das, was Sie machen, als Schlager bezeichnet.
CAVEN: Dabei bleibe ich auch. Ich möchte, daß die Leute mitsingen und schunkeln zu meinen Liedern.
Das halte ich für illusionistisch, weil ja schon die Musik von Peer Raben[4] das gar nicht zuläßt. Da könnte man jetzt wieder das leidige Thema anschneiden: Was ist der Unterschied zwischen ernster und Unterhaltungsmusik?
CAVEN: Eine Wurst schneidet man an, nicht ein Thema.
Also gut, eine andere Frage: Möchten Sie Kinder haben?
CAVEN: Ja, immer noch. Erst neulich habe ich wieder überlegt, ob ich es nicht vielleicht doch noch schaffe, trotz meines Alters[5] rasch noch zwei Kinder zu kriegen.
Haben Sie den geeigneten Mann dafür schon gefunden?
CAVEN: Dazu kann ich mich im Moment nicht äußern. Mit dem Kopf weiß ich ja, daß es Quatsch ist, aber im Bauch bleibt die Sehnsucht. Ich bin ja von der Veranlagung her eine ganz sentimentale Tante mit all den kitschigen Träumen von ewiger Liebe und Unterwerfung und Glück der Familie. Ich könnte ganz leicht wegschwimmen in diesen Gefühlen.
In einem Pariser Interview haben Sie gesagt: »Ich bin ein Kind, das schreit und weint, weil es alles besitzen und die ganze Welt aufessen will.«
CAVEN: Ja, bin ich auch. Ich hab' sehr lange gebraucht, um erwachsen zu werden. Ich wollte, daß man mich akzeptiert, egal wie eklig und blöde und störend und faul und nichtsnutzig ich bin. Ich wollte immer das Baby bleiben. Aber das geht nicht, weil das keiner lang aushält. Entweder man bekommt das irgendwann in den Griff, oder man geht halt zugrunde, und das wollte ich offenbar nicht, sonst würde ich ja jetzt nicht hier sitzen.

[3] am 25. Oktober 1979
[4] Münchner Filmkomponist, Regisseur und Liedertexter. Schrieb die Musik zu fast allen von Ingrid Caven gesungenen Liedern.
[5] Ingrid Caven wurde 1938 in Saarbrücken geboren.

Hat der Erfolg einen Teil Ihrer Sehnsüchte befriedigen können?
CAVEN: Ach was, der Erfolg ändert gar nichts. Die Probleme bleiben dieselben, die Depressionen, die jahrhundertealten Gedanken, daß im Grunde alles ganz sinnlos und dumm ist. Da sitze ich dann allein in meiner Pariser Wohnung und denke, du lieber Gott, jetzt ist alles so wunderbar, du bist schön, hast Erfolg, wirst geliebt, kannst singen, bist dies und bist das, wieso ist es denn doch nicht so wunderbar? Wieso hab' ich denn auf einmal keine Lust zu irgend etwas? Und dann wird mir das alles zu blöd, und ich versuche einen zu heben, und dann wird es irgendwie schöner, und dann heb' ich noch einen und rauche ein bißchen und schluck' eine Tablette und dann noch eine, und dann find' ich es auf einmal ganz doof, auf dem Sofa zu sitzen, und dann leg' ich mich auf den Boden...
Und dann?
CAVEN: Dann klingelt es an der Tür, und irgendein Besuch kommt. Ich mach' das schon immer so, daß man mich findet.

Joseph Beuys

Mein Interview mit Joseph Beuys wurde in PENTHOUSE, wo es erschien, als »Verhör« angekündigt: eine vollkommen falsche Bezeichnung. Beuys mit Fragen zum Reden zu bringen, ist nicht nötig gewesen. Der Künstler begann, kaum war ich eingetreten, aus eigenem Antrieb zu sprechen. Meine Aufgabe war es, ihn erst einmal zum Schweigen zu bringen. Erleichtert wurde dies durch das überraschende Auftreten seiner Ehefrau Eva. Sie entschuldigte sich für die Störung, schlich durch das Zimmer und wollte schon wieder verschwinden, da fragte ich, weshalb sie sich denn entschuldige, da doch für Beuys eine Trennung von Kunst und Leben, Berufs- und Privatmensch, nicht existiere. Die nächste halbe Stunde hatten weder Beuys noch ich etwas zu sagen. Die Trennung von Kunst und Leben, so Eva, bestehe sehr wohl. Im Privatleben sei Beuys »Gott sei Dank« gar nicht der Künstler. Wäre er es, würde sie das nicht lange ertragen. Aber er sei ja ohnehin nur selten zu Hause. Auf Vergnügungen wie Tanzen gehen oder Besuche machen habe sie immer verzichten müssen. Sicher hätte sie ihren Mann gerne öfter. »Aber was nützt es, wenn ich stöhne und jammere? Da darf man als Frau nicht zu tiefsinnig werden. Da rückt man sich den Tag täglich aufs neue zurecht. Da muß man ganz nüchtern bleiben. Da denkt man sich, die Seemannsfrauen früher hatten es auch nicht leichter.« Kurz zuvor hatte Beuys mir versichert, sogar der Geschlechtsverkehr sei in seinem Kunstbegriff unterzubringen, denn: »Das Triebhafte ist ja durchaus im Willensmäßigen inbegriffen.« Nach dem Auftritt seiner Frau hat er sich zum Thema Kunst und Leben mit mehr Vorsicht geäußert. Das Interview dauerte den ganzen Nachmittag des 8. Februar 1980. Beuys empfing mich in Berufskleidung mit Filzhut. In seiner Düsseldorfer Atelierwohnung brannte die viel beschriebene rote Lampe, was bedeutet: Das Genie ist auf Sendung. Mehrmals unterbrachen Telefonanrufe die Unterhaltung. Mein Vorschlag, die Telefonate auf die Zeit nach unserem Gespräch zu verlegen, stieß auf wenig Verständnis. Beuys: »Ich muß doch mit den Leuten in Verbindung bleiben.«

Brauchen Sie nicht manchmal die Einsamkeit, um in Ruhe nachdenken zu können?

JOSEPH BEUYS: Ich versuche, dieses Nachdenken, das ja wirklich sehr wichtig ist, im allgemeinen mit anderen zusammen zu machen. Sie wissen vielleicht, daß ich auch verschiedene Organisationen gestartet habe, die Freie Internationale Universität zum Beispiel, da stehe ich in kontinuierlichem Kontakt mit anderen Menschen.

Woher, glauben Sie, kommt die verbreitete Vorstellung, der Künstler sei ein Mensch, der die Einsamkeit braucht, um schaffen zu können?

BEUYS: Ich glaube, es ist ein sehr bürgerlicher Kunstbegriff, der so etwas transportiert, also der den Künstler zum Einsamen stempelt. Man möchte ihn sich wahrscheinlich mit einer solchen These vom Leibe halten. Diese Sache vom einsamen Künstler geht nicht so sehr vom Künstler selbst aus, sondern resultiert aus einem Verdrängungseffekt, daß man sich den Künstler vom Leib halten möchte, weil er ja in der Regel Dinge vorstellt, die sich gegen die üblichen Denkgewohnheiten richten. Ich könnte mir vorstellen, daß das gesellschaftsanalytisch aus einer Verdrängung herkommt. Andererseits muß man aber auch sagen, daß viele Künstler diese Einsamkeit, also den sogenannten Elfenbeinturm, sogar lieben und die Kunst als einen isolierten Bereich betrachten gegenüber den Fragen, die die Gesellschaft anliefert. Es gibt doch eine ganze Reihe von Künstlern, die sich da ziemlich zu Hause fühlen.

Gut. Aber abgesehen von so einem freiwilligen Rückzug ergibt sich doch auch die Notwendigkeit, sich von äußeren Einflüssen fernzuhalten, um zu eigenständigen Resultaten zu kommen.

BEUYS: Ja, das stimmt, das ist nötig. Aber das braucht nicht sehr lange zu dauern. Es gibt Notwendigkeiten, da ist man aus der Konstellation heraus ... ja, sagen wir ruhig einmal einsam.

Wann hat es in Ihrem Leben solche Konstellationen gegeben?

BEUYS: Das ist sicherlich öfter gewesen. Sie spielen jetzt an auf die Krisenphase, die ich zwischen 1954 und 1958 erlebte, die ist ja bekannt, darüber habe ich ja schon mehrmals geredet, aber einsam im eigentlichen Sinne war das ja auch nicht, denn ich habe ja gearbeitet, nur eben nicht künstlerisch gearbeitet, ich habe mich mit landwirtschaftlicher Arbeit beschäftigt, das ist ja das Gebiet, aus dem ich eigentlich komme, die Landwirtschaft. Ich habe mich regeneriert, also mich durch eine andersgeartete Arbeit wieder erholt und in dieser Erholung auch weitergehende Prinzipien für meine künstlerische Arbeit entwickelt, so daß man sagen kann, solche Krisensituationen sind ja sehr wichtig und außerdem auch gar nichts Besonderes. Jeder Mensch durchläuft solche Krisen. Etwas Besonderes ist es bei mir nur dadurch geworden, daß ich in dieser Zeit meinen Kunstbegriff neu gefaßt und erweitert habe. Ich habe von da an das ganze Leben, auch das Sprechen und Denken, als Kunst betrachtet.

Vorher haben Sie sich einigermaßen in konventionellen Bahnen gehalten, haben gezeichnet, gemalt, waren als Bildhauer tätig.

BEUYS: Ja, und dann hatte ich plötzlich ganz große Bedenken gegenüber dem, was ich machte. Da war ein Gefühl, daß ich alles ganz falsch angepackt hatte. Das blieb alles irgendwo stecken und ging nicht weiter. Ich war in allerhöchstem Maße an ein Ende gekommen, auch körperlich. Ich bin ja regelrecht krank geworden. Auch Liebesgeschichten kamen dazu. Es kommen ja dann immer 375 Sachen auf einmal zusammen, die zu so einer Krise führen. Da fragt man sich dann: Warum lebt man überhaupt noch?

Haben Sie versucht, sich das Leben zu nehmen?

BEUYS: Ich habe nichts mehr zu mir genommen, keine Flüssigkeit, keine Nahrung, bis zu dem Punkt, wo ich praktisch tot war. Da haben mich dann Freunde gefunden, die hatten schon monatelang nach mir gesucht, aber ich war an einer Stelle gewesen, wo mich niemand vermutet hatte. Da haben die dann einfach die Tür aufgebrochen.

Heißt das: Sie sind gegen Ihren Willen gerettet worden?

BEUYS: Das weiß ich nicht. Ich war ja immerhin noch am Leben. Ich habe zwar nichts gegessen. Aber das war ja kein Selbstmord. Verhungern, das geht nicht.

Hat es solche Krisensituationen auch später wieder gegeben?
BEUYS: Von dem Punkt an, wo ich geheiratet habe, das war 1959, bis heute hat es das eigentlich nicht mehr gegeben. Es hat wohl schwere Zeiten gegeben, auch Krankheitsfälle, Unfälle und so weiter. In Kleve bin ich während der Arbeit von einem Gerüst abgestürzt und habe dann ziemlich schwierige Operationen durchmachen müssen. Aber psychische Krisen hat es nach meiner Heirat nicht mehr gegeben.
Daraus könnte man schließen, daß wie in so vielen Ehen Ihre Frau als psychischer Stabilisator gewirkt hat.
BEUYS: Möglicherweise.
Nach einer Mitteilung der Schriftstellerin Stella Baum, der Sie eine Zeitlang recht nahestanden, haben Sie sich einmal ziemlich abfällig über Frauen geäußert. Da heißt es, Frauen seien zur Herstellung von Kunst nicht geeignet.
BEUYS. Ach was, das war so eine Bemerkung, das kann durchaus sein, daß ich das mal gesagt habe, weil die Stella irgendwas gemacht hat, was mir nicht paßte, da habe ich ihr das vielleicht persönlich gesagt, aber das war auf den besonderen Fall bezogen, also keine grundsätzliche Äußerung über die Kunst von Frauen. Im Gegenteil. Ich bin doch der Meinung, daß Frauen viel besser in der Lage sind, Kunst zu machen, als Männer. Nur muß man dann eben schon den erweiterten Kunstbegriff haben, nicht den traditionellen, der ja tatsächlich meistens durch die Männer bedient wird.
Sie meinen das Herstellen von Werken?
BEUYS: Ja, das Herstellen von Werken, das ist ja immer eher eine Männersache gewesen. Aber der erweiterte Kunstbegriff, wie ich ihn verstehe, der spielt sich ja viel mehr ab im sozialen Geschehen, und da hat die Frau, ich möchte fast sagen, die Führungsrolle.
Das ist natürlich ein kluger Schachzug, den Kunstbegriff auf den sozialen Bereich anzuwenden, also beispielsweise zu sagen, Kindererziehung und Krankenfürsorge sei Kunst, und dann der Frau in diesem Bereich die Führungsrolle zu lassen.
BEUYS: Ich meine doch mit sozialem Geschehen nicht bloß die

Kindererziehung. Das geht doch hinein in sämtliche Bereiche zwischenmenschlichen Lebens.
Ihren Ruhm verdanken Sie aber nicht Ihrem sozialen Wirken, sondern den Werken, die Sie geschaffen haben.
BEUYS: Mit so etwas wie Ruhm habe ich doch überhaupt nie gerechnet. Wenn ich auch nur eine Sekunde daran gedacht hätte, berühmt zu werden, wäre ich es bestimmt nicht geworden, denn dann hätte ich ja spekulativ darüber nachdenken müssen, wie man so etwas anstellt. Ich war doch nachweislich schon über vierzig, als ich zum erstenmal an die Öffentlichkeit ging mit meinen Sachen, was aber nicht heißt, daß ich vorher im stillen Kämmerlein gearbeitet habe. Ich habe schon immer im Freundeskreis wild diskutiert, auch schon während der Militärzeit, also ich habe schon immer das Gespräch als die einzige Möglichkeit angesehen, die Maschine in Gang zu halten. Nehmen wir mal an, man würde die Welt wie ein Fahrzeug betrachten, dann habe ich das Reden seit jeher als die einzige Energie angesehen, damit es überhaupt weiterfährt, auch über Abgründe hinweg, die sich auftun.
Das Reden hat aber doch nur eine begrenzte Wirkung. Sie können ja nicht mit Millionen Menschen Gespräche führen, außer Sie benutzen die Medien. In die läßt man Sie aber erst, wenn Sie berühmt sind, und berühmt sind Sie geworden, weil Sie das nach den Wertvorstellungen unserer Leistungsgesellschaft imponierende Kunststück zuwege brachten, für ein Stück Fett oder Filz oder zwei verrostete Leichenbetten mehrere hunderttausend Mark zu kassieren.
BEUYS: Das stimmt doch gar nicht, daß ich das kassiere. Sie überschätzen meine Einnahmen bei weitem, wenn Sie meinen, daß ich viel Geld verdiene. Die größte Arbeit, die ich jetzt in New York ausgestellt habe, diese große Talgplastik, an der habe ich keinen Pfennig verdient. Das ist so entstanden, daß man in Münster an mich herantrat und sagte, ich solle da eine größere Sache machen, da habe ich dann diese Fettskulptur vorgeschlagen, aber als ich die Unkosten berechnet hatte, also die Menge an tierischen Fetten und so weiter, was man ja übrigens heute

alles wegschmeißt, wo man Schmierseife draus macht und solche Sachen, da ergab sich eine Größenordnung, da wären so ungefähr 700 000 Mark nötig gewesen, und da haben die sofort gesagt, nein, das können sie nicht bezahlen. Ich hatte mich aber schon so eingearbeitet in diese Sache, daß ich mir sagte, jetzt mußt du mal sehen, ob du nicht einen Geldgeber findest, der dir das Material zahlt, um dann die Arbeit umsonst zu bekommen. Ich habe diesen Geldgeber gefunden, einen Bauunternehmer, dem gehört jetzt die Arbeit, aber ich habe dafür überhaupt nichts bekommen. Da machen sich die Leute Vorstellungen, als wenn ich wer weiß was verdiene, und in Wirklichkeit verdiene ich überhaupt nichts.

Das ist ja gerade das Schlimme, daß an Ihnen die Kunsthändler, also ausgerechnet jene Leute, die den von Ihnen abgelehnten Kapitalismus verkörpern, so viel verdienen.

BEUYS: Aber das ist doch immer so. Das ist der Marktmechanismus. Über das Prinzip des Kunstmarktes komme ich ja auch dann nicht hinweg, wenn ich meine Sachen selber verkaufe, wenn ich also hier etwas habe, und es kommt jemand zur Tür rein und sagt, das hätte er gerne, und ich geb's ihm... schon geht es los.

Sie könnten ja einen Vertrag mit ihm machen, der ihm verbietet, die Sache an jemand anderen zu verkaufen.

BEUYS: Das hielte ich für einen unlebendigen Vorgang, das wirkt nicht dynamisch, denn man weiß doch, die Sachen werden von einer Hand zur andern getragen. Also das wäre gegen das Leben.

Ja, gegen das kapitalistische Leben, also eigentlich völlig in Ihrem Sinne. Sie sagen doch dauernd, Sie wollen keinen Kapitalismus.

BEUYS: Nein, will ich nicht. Aber ich kann's ja nicht ändern. Die Leute versuchen eben Geld rauszuholen aus allem. Es ist doch so, daß diese Dinge, die heute in irgendwelchen Museen landen, schon bei etlichen Vorbesitzern gewesen waren, im allgemeinen sind es sechs oder sieben. Das heißt also, da gibt es Leute, die vielleicht für zehn Mark 1950 oder '52 etwas erworben haben, und heute ist das auf einmal 25 000 Mark wert. Ja, ärgert Sie denn das nicht?

BEUYS: Nein, das ärgert mich überhaupt nicht. Das ist doch bei Briefmarken genauso. Das ist ganz einfach der Marktmechanismus in einer kapitalistischen Wirtschaft. Neuerdings wird ja auch schon mit meinen abgetragenen Hüten gehandelt. Ich stehe dem mit Humor gegenüber. Ich wußte, daß es anders nicht geht, solange dieses System existiert. Ich wußte das vorher.

Kurz und gut, Sie funktionieren besser als jeder andere in genau jenem System, das Sie in Ihren Reden und Schriften dauernd bekämpfen. Sie sind ein Opfer dieses Systems geworden.

BEUYS: Nicht mehr als Sie.

Das nicht, aber spektakulärer.

BEUYS: Na gut, okay, spektakulärer.

Und trotzdem ist Ihre Hoffnung, das System verändern zu können, immer noch ungebrochen?

BEUYS: Ich brauch' gar keine Hoffnung. Mit dem Begriff Hoffnung arbeite ich überhaupt nicht. Das ist für mich etwas Irrationales. Ich kann es mir leisten, auf Hoffnung total zu verzichten, weil ich in jeder Ecke der Wirklichkeit sehe, daß man sie in was Positives verwandeln könnte, also ich sehe die Möglichkeiten, und zwar nicht als Täuschung, sondern ganz objektiv. Ich sehe, daß, wenn man das oder jenes so oder so machen würde, der ganze Apparat, also der ganze Organismus, zum Leben käme, sich regenerieren könnte, ganz neue Prinzipien zur Diskussion gestellt werden könnten, eine neue Gesellschaftsordnung beginnen könnte, eine völlig andere menschliche Zukunft.

Die Möglichkeiten sehe ich auch, aber ich sehe nicht, daß von ihnen Gebrauch gemacht würde. Das hoffe ich höchstens.

BEUYS: Wie man es nennt, ist ja gleich. Meinetwegen können Sie es auch Hoffnung nennen. Nur hat dieser Begriff heute für mich so eine passive Seite bekommen. Ursprünglich, im Mittelalter, waren ja Glaube, Liebe, Hoffnung Erkenntnisorgane des Menschen. Heute ist Hoffnung zu so einer merkwürdigen Einstellung geworden: Na ja, es wird schon irgendwie gehen, von irgendwo wird die Rettung schon kommen, also so eine Art Fatalismus, anstatt mit aktiver Arbeit an die Probleme der Menschen heranzugehen, deren Lösung ja nur in Gang kommt, wenn man zunächst mal darüber nachdenkt. Also bleiben wir mal einfach beim Denken, aus dem doch eigentlich die Kraft und Freiheit im Menschen herkommt. Ich bin ja jemand, der den Gedanken im ganz bildnerischen Sinne als eine Plastik bezeichnet. Ein Mensch, der denkt, ist schon mal kreativ. Mein Ziel ist, die Menschen zur Kreativität anzuregen.

Das geht aber doch nur, wenn man sie mit der Realität, so wie sie ist, konfrontiert und sagt: So, jetzt denkt euch mal etwas aus. Was ich an Ihnen beobachte, ist, daß Sie zu allen Fragen immer auch gleich die Lösungen wissen. Eine Ratlosigkeit habe ich an Ihnen noch nie feststellen können. Also Sie haben zu allen Problemen schon die Rezepte, was dazu führt, daß Sie so eine Art Leitfigur werden, der gewisse Leute dann ziemlich passiv Gefolgschaft leisten.

BEUYS: Das wäre in der Tat fatal, denn Gefolgschaft würde bedeuten, daß die Leute Anhänger wären, die immer hinterherlaufen hinter einem, der sie anführt.

Aber das passiert doch?

BEUYS: Das passiert gelegentlich, aber das kann nicht sehr lange gutgehen, denn die Anhänger werden sehr schnell erfahren, daß sie eben Anhänger sind. Meine Lebenserfahrung ist, daß es gelegentlich solche Abhängigkeit im Sinne einer Anhängerschaft gibt, daß die aber nach kurzer Zeit doch erkannt wird und daß sich die Menschen, jedenfalls die meisten, dann zu ihrem eigenen Leben aufmachen, oft sogar in der Weise, daß sie zu Gegnern werden.

Gegnerschaft ist ja nur die andere Seite derselben Sache. Ob Anhänger oder Gegner, jedenfalls sind immer Sie der Kristallisationspunkt. Man ist entweder gegen Sie oder für Sie. Mit selbständigem Denken hat das wenig zu tun.

BEUYS: Na gut, in der gegenwärtigen Situation ist es noch so, daß sich Lager bilden, das ist richtig, das artikuliert sich in der Gegenwart tatsächlich noch zu wenig aus den Menschen selber heraus, aus ihrem eigenen Standpunkt oder Gesichtspunkt, aus ihrer eigenen Beschreibung dessen, wie es sein müßte. Aber das ist ja nicht nur bei mir so, so ist es überall. Es gibt viele Menschen, die gegen Franz Josef Strauß sind, und viele, die dafür sind, also da gibt es sogenannte politische Führer, an denen sich die Volksmeinung aufreibt. Aber mein Beitrag geht ja gerade auf das Selbsttätigwerden der Menschen. Ich will ja gerade das Gegenteil von dem, was Sie mir da unterstellen. Daß das noch nicht in Gang kommt und die ganze Szenerie sich verändert, das liegt eben daran, daß es nicht möglich ist, in einem so kleinen Stückchen Jahrhundert die ganze Sache herumzureißen. Das braucht Zeit. Wenn die Menschen zweihundert Jahre in der falschen Richtung, also im Sinne von Gefolgschaft, erzogen werden, dann kann man nicht erwarten, daß die Selbsttätigkeit im Denken und Handeln so rasch um sich greift. Vielleicht ist es in der Gegenwart wirklich noch nötig, daß sich die Menschen an einer physischen Erscheinung festhalten, also daß sie zum Beispiel sagen: der Mann mit dem Hut, und mein körperliches Auftreten als das Wichtigere ansehen gegenüber meinen Ideen.

Das könnten Sie leicht vermeiden, indem Sie sich weniger auffällig kleiden. Sind Sie als Kind eher ein Außenseiter gewesen oder jemand, der um sich eine Clique hatte?

BEUYS: Ich glaube, ich war sowohl Außenseiter als auch immer mitten zwischen den andern. Ich habe mich, sagen wir mal, nie abseits gehalten, schon als Kind nicht. Ich hatte um mich herum immer große Gruppen von Kindern, aber nicht als Führer, sondern ich verkörperte so einen bestimmten Typus. Ich war sehr hart im Nehmen und hatte deshalb den Spitznamen »Panzer«. Wenn irgendwas war, dann schoben die mich nach vorne. Sie müssen bedenken, es war ja die Zeit, wo sich diese ganzen Kämpfe zwischen den Parteien abgespielt haben. Da gab es die Kommunisten, den Stahlhelm, die Nationalen, die Hitlerleute, die Kirchenanhänger. Die Kinder sahen die Großen diesen Blödsinn machen und machten es dann auf dem Schulhof im Kleinen.

Haben Sich auch Ihre Eltern an diesen Parteikämpfen beteiligt?
BEUYS: Nein, meine Eltern waren, kann man sagen, politisch nicht interessiert. Ich hab' eigentlich nie richtig herausfinden können, was mein Vater gewählt hat. Er war ein sehr humorvoller Mensch und hatte an allem was rumzumäkeln. Er konnte über alle Sachen, ob von rechts oder links, seine Witzchen machen.
In Ihrer Autobiografie schreiben Sie, Sie seien damals mit einem Wanderstab als Hirte, umgeben von einer imaginären Herde, umhergezogen. Hat Ihr Vater das auch komisch gefunden?
BEUYS: Ich denke, er hat das als eine sehr positive Sache betrachtet, obschon ich das natürlich in aller Heimlichkeit machte. Also ich war überhaupt ziemlich weitab von meinen Eltern und bin selten mit ihnen zusammengewesen. Meistens lebte ich bei anderen Leuten.
Viele Ihrer späteren Plastiken, die Fett- und Filzobjekte, auch die »Honigpumpe« auf der Kasseler documenta, haben Sie als Symbole zwischenmenschlicher Wärme beziehungsweise als Signale für das Fehlen dieser Wärme bezeichnet. Kommt das aus einem Mangel an emotionaler Zuwendung in Ihrer Kindheit?
BEUYS: Nicht in der Form, wie das ein Psychiater vermuten würde. Ich habe diese ganze Kälte nicht in meinem Elternhaus, sondern in der Zeit überhaupt, also wie damals die Menschen waren, zu spüren bekommen, obwohl es ja nach außen hin eine sehr erhitzte Zeit war. Es war ja das Zeitalter des Expressionismus. Die Leute brüllten leicht, waren ungeheuer leicht zu erregen, schlugen ein aufeinander. Auch in meiner Familie hat es das häufig gegeben, weniger zwischen den Eltern, aber zwischen den Tanten und Onkeln. Da herrschte ein geradezu expressionistischer Ausdruck. Das hätte man also äußerlich für durchaus erhitzt halten können. Es war aber trotzdem eine, sagen wir mal, anschleichende Kälte in der Zeit selbst. Die spürte man, und die hat mich wahrscheinlich beeinflußt.
Bei Kriegsausbruch haben Sie sich freiwillig zur Luftwaffe gemeldet. Was waren die Gründe?

BEUYS: Erstens einmal ganz allgemein ein Interesse an technischen Dingen, zweitens hat wohl auch Abenteuerlust eine Rolle gespielt.
Wollten Sie den Heldentod sterben?
BEUYS: Nein, ich wollte auf jeden Fall überleben.
Warum sind Sie dann ausgerechnet zur Luftwaffe gegangen, wo doch die Überlebenschancen vergleichsweise gering sind?
BEUYS: Ich wollte eben das Risiko und trotzdem überleben, wie heute ja auch noch, also etwas machen, was eine radikale Außenposition darstellt, und trotzdem siegen, sich durchsetzen mit einer Sache, wo man meint, man hätte die richtige Entscheidung getroffen. Ich bin auch heute noch der Meinung, daß es eine vernünftige Entscheidung war, mich damals freiwillig gemeldet zu haben. Manche, die heute alles so hochnäsig besser wissen, sagen ja, diese nationalen Triebe, die hochgekommen sind im Nationalsozialismus, die wären jetzt überwunden, also die setzen sich auf das hohe Roß und sagen: Wie konntest du damals nur in die Hitlerarmee hineingehen? Ich sehe das völlig anders.
Wie?
BEUYS: Na, ich sehe es erst einmal als ein Gefühl der Zugehörigkeit und Solidarität mit meinen Altersgenossen. Ich wollte eben mit denen das gleiche Schicksal teilen. Ich wollte keine Extrawurst haben, nicht so eine feige, pazifistische Haltung einnehmen. Ich bin schon immer grundsätzlich gegen jedes Emigrantentum aufgetreten. Ich wollte mitten in der Scheiße drinstehen, in der auch die anderen standen. Also ich halte meine damalige Entscheidung auch heute noch für moralisch richtig.
Kannten Sie denn damals die Hintergründe des Krieges, in den Sie da zogen?
BEUYS: Ich wußte natürlich, daß alles ein Ergebnis des Versailler Vertrags war. Das war mir klar, daß dieser Vertrag ein Unding war für Europa und ganz speziell auch für Deutschland, aber es war mir natürlich auch nur in der Form klar, wie es mir beigebracht wurde durch meine Lehrer, die ich verehrte, auch

noch heute verehre. Das waren alles ehemalige Offiziere, die hatten alle irgendwo ein Bein ab oder die Hand, was weiß ich, die waren schwer angeschlagen, seelisch, psychisch und körperlich. Dadurch waren sie natürlich für uns Kinder als Vorbilder sehr gut geeignet, denn Sie wissen ja, Kinder haben eine Menge Vorstellungskräfte, auch Devotions- und Verehrungskräfte. Also da war immer was los, wenn die von ihren Kriegsabenteuern erzählten.
Würden Sie zustimmen, wenn ich Sie als einen Kämpfer bezeichne, der es schwer aushält, stillsitzen zu müssen?
BEUYS: Ich habe sehr lange und oft stillsitzen müssen zwischen den Einsätzen während der Kämpfe. Es war ja nicht so, als hätte man da nun andauernd ballern können. Da gab es ja große Pausen. Da wartete man entweder in einem Erdloch oder einem Zelt oder einer Pferdebaracke. Eigentliche wartete man ja immer. Das Soldatentum ist ja im Grunde ein einziges Warten, bis es dann losgeht.
Dann aber ist es eine Art von Befreiung?
BEUYS: Na ja, eine Befreiung vom Warten, aber es ist nicht eine Befreiung im Sinne der menschlichen Freiheit. Man ist ja da hineingestellt in einen Zusammenhang, wo man sich überlegen muß: Will ich nun untergehen oder weiterleben?
Sie hätten sich ja erst gar nicht in einem solchen Maße für den Krieg engagieren müssen.
BEUYS: Ja, aber das kam eben für mich nicht in Frage. Das ist ein Kameradschaftsbegriff. Deswegen bin ich ja auch bis zum letzten Kriegstag bei meinen Kameraden geblieben.
Dieser Kameradschaftsbegriff ist ja heute sehr angeschlagen durch die Auswüchse, die er gebracht hat. Da ist doch ein furchtbarer Blödsinn herausgekommen?
BEUYS: So habe ich das niemals erlebt. Ich bin in das Leben gegangen. Der Krieg, das bedeutete für mich: Leben. Ich wollte nicht in dieser Todeszone zu Hause bleiben. Ich habe gesagt: Ich will dasselbe Schicksal haben wie meine Altersgenossen. Ich sah keinen ethischen oder moralischen Grund, mit irgendwelchen Tricks, die man hätte in Gang setzen können, zu Hause zu

bleiben. Da ist so etwas im Spiel gewesen wie: auf Gedeih und Verderben zusammenhalten.

Haben Sie Bomben geworfen?

BEUYS: Ja natürlich, das war ja nicht zu vermeiden.

Also gab es da Tote?

BEUYS: Städte wie die Amerikaner oder die Engländer haben wir nie angegriffen, sondern nur taktische Ziele, Flakstellungen, Kriegsschiffe, Brückenköpfe. Aber daß es da Tote gegeben hat, ist wohl wahrscheinlich. Trotzdem möchte ich hier betonen: In die Zivilbevölkerung oder marschierende Truppen haben wir niemals hineingeschossen. Wenn wir einzelne Russen gesehen haben, sind wir mit der Maschine hinaufgegangen. Ich glaube, das war eine Moral, die innerhalb einer solchen Waffengattung wie ein ungeschriebenes Gesetz da war. Man hätte ja sehr leicht einen Tiefangriff machen können auf marschierende Russen. Wir haben sie manchmal so nahe gesehen, daß wir sie von der Toilette, also vom Donnerbalken, hätten wegschießen können. Aber das gab's nicht. Zumindest, soweit ich Augenzeuge war, hat es das nicht gegeben, das muß ich wirklich mit aller Wahrheit hier sagen, auch nicht Frauen gegenüber. Da mag es wohl Vergewaltigungen an anderen Orten gegeben haben, aber dort, wo ich war, hat es das nicht gegeben. Die wirklichen Greueltaten sind am Schreibtisch begangen worden.

Sie sind insgesamt fünfmal verwundet worden und haben dafür das schwarze, dann das goldene Verwundetenabzeichen bekommen. Sind Sie da stolz gewesen?

BEUYS: Das kann man nicht sagen. Solche Sachen wurden zwar mit einem untergründigen Stolz angenommen, aber es wurde ja auch sehr viel ironisches Zeug darüber geredet. Diese Sachen bekamen ja alle möglichen Namen. Die hießen »Dödel« oder »Spiegelei«. Die wurden doch immer so ironisch umschrieben. Das wurde doch alles gar nicht so ernst genommen.

Was fühlten Sie, als Sie nach Ende des Krieges das wahre Ausmaß der Scheußlichkeiten erfuhren?

BEUYS: Das war ein Schock, mit Sicherheit, und zwar irreversibel.

War es eher Wut oder Trauer?
BEUYS: Eigentlich Trauer, allerdings nicht gepaart mit Resignation, sondern ich begann sofort mit der Suche nach einem Ansatz, das Ganze im großen Stil wiedergutzumachen. Damals war es ja besonders nötig, die Möglichkeit des Menschen zum Guten zu sehen. Ohne Idealismus, wie Sie es nennen würden, wäre man da gar nicht zurechtgekommen. Eigentlich ist dieser Schock nach Ende des Krieges mein Urerlebnis, mein Grunderlebnis, was dazu geführt hat, daß ich überhaupt begonnen habe, mich mit der Kunst auseinanderzusetzen, also mich im Sinne eines radikalen Neubeginns wieder zu orientieren. Ich hatte ja vor dem Krieg Naturwissenschaften studiert, und nun faßte ich den Entschluß, aus diesem materialistischen Wissenschaftsbereich auszubrechen und es mit einer umfassenderen Disziplin zu versuchen, von der ich damals, wenn auch zunächst nur gefühlsmäßig, meinte, sie könnte wieder menschlichere Begriffe in den Mittelpunkt rücken. Das war eine Empfindung. Ich habe damals sicher mehr aus einer Empfindung heraus diese Entscheidung getroffen, weil ich ja die ganze Katastrophe vor mir sah, auch sehr viel gelesen hatte. Also das ergab sich aus einer Innerlichkeit, einem Gefühl, das ich hatte.
Spielten auch Schuldgefühle eine gewisse Rolle?
BEUYS: Nicht Schuldgefühle. Ich fühlte mich verantwortlich, aber Schuldgefühle hatte ich keine. Ich muß da einen Unterschied machen, so daß ich durchaus sagen kann, ich bin schuldig, auch heute, aber Schuldgefühle habe ich keine, denn die könnte ich mir gar nicht leisten, weil sie mich hindern würden, die Sache voranzutreiben. Schuldgefühle haben ja immer eine lähmende Wirkung.
In Ihrer Biografie wird mit einer geradezu penetranten Hartnäkkigkeit ein bestimmtes Erlebnis, das Sie 1942, bei Ihrem letzten Absturz auf der Krim, gehabt haben sollen, als Schlüsselerlebnis für Ihr gesamtes Kunstschaffen beschrieben. Da sind Sie von Tartaren gefunden, mit Fett eingeschmiert und in Filz verpackt worden. Andernfalls wären Sie vermutlich erfroren. Besteht tatsächlich ein so direkter Zusammenhang zwischen

diesem Ereignis und den Materialien, die Sie bevorzugt für Ihre Objekte und Aktionen verwenden?

BEUYS: Nein, überhaupt nicht. Da habe ich irgendeinmal in einem Katalog zu einer Ausstellung so eine Lebensgeschichte von mir gegeben, und dann hat es einer vom anderen abgeschrieben, und auf einmal gab es da diese Geschichte. Daß ich bei Tartaren war und daß die mich in Filzdecken gewickelt und mit Käse und Milch eingeschmiert haben, das mag schon stimmen, aber ich habe mich nicht deshalb für die Fett- und Filzobjekte entschieden, weil die mich damals mit diesen Stoffen behandelt hatten. Das ist ja ganz theoretisch entstanden. Es gibt doch diese Theorie der Skulptur, die ich aufgestellt habe, wo also das Fett chaotisch auftritt und, mit Wärme bearbeitet, dann wegfließt oder bewegt wird durch irgendwelche Aktionen wie in dieser berühmten Wiener Aktion, wo es dann in den Ecken des Raumes landet. Ich wollte mit diesem Material eine Aussage machen über das, was in dem Begriff Plastik drinsteckt, weil ich diesen Begriff auf seine Grundbestandteile bringen und nicht einfach so übernehmen wollte. Die Leute sprachen dauernd von Skulptur, aber keiner wußte, was überhaupt damit gemeint war. Da habe ich dann den Satz von Ad Reinhardt, diesem amerikanischen Maler, sehr wichtig genommen, der, als man ihn fragte, was eine Skulptur sei, gesagt hat: Eine Skulptur ist etwas, worüber man stolpert, wenn man im Museum von einem Gemälde zurücktritt. Also für den war Skulptur eine negative Aussparung im Raum und sonst gar nichts. Da wollte ich diese Sache einmal durchleuchten und auf ihre Grundkräfte hin analysieren, und daraus ist dann der Aktionscharakter mit dem Fett und dem Filz entstanden: der Filz als Isolator, um gewisse Prinzipien voneinander zu trennen und gesondert, wie in einem Laboratorium, betrachten zu können.

Ist Ihnen klar, daß, abgesehen von einer winzigen Minderheit, die Leute, die mit Ihren Sachen in Berührung kommen, das vollkommen anders auffassen? Die denken, wenn sie in ihrem Widerwillen überhaupt noch was denken, bei Fett an das Bratenfett, das sie zum Kochen verwenden, und bei Filz an Pantoffeln.

BEUYS: Deshalb habe ich ja immer sehr großen Wert drauf gelegt, so etwas nicht bloß als Bild in Erscheinung treten zu lassen, sondern der wichtigere Teil meiner Aktionen waren ja die oft nächtelang andauernden Diskussionen, warum ich dieses und jenes Material da verwendet hatte. Außerdem ist ja unendlich viel darüber geschrieben worden.
Trotzdem halte ich es für illusionär, wenn Sie meinen, damit breite Schichten der Bevölkerung erreichen zu können, abgesehen davon, daß Sie ja bei Ihren Ausstellungen für Gespräche gar nicht mehr da sind. Sie sollten hören, was da für Ausdrücke verwendet werden. »Entartete Kunst« ist noch ein relativ sanftes Beispiel.
BEUYS: Ich bin doch zunächst einmal gar nicht so sehr durch meine Objekte bekannt geworden, sondern dadurch, daß ich politische Aktionen gestartet habe, daß mich der Minister in Düsseldorf aus der Akademie hinauswarf und ich sieben Jahre gegen ihn prozessiert und den Prozeß dann gewonnen habe, daß ich also mitten in seine Staatseinrichtung meine Freie Internationale Universität hineingestellt habe und eine große Anzahl von Leuten, also sagen wir Tausende, dann zu der Auffassung kamen, der Beuys, der hat sich tatsächlich auf der Universität durchgesetzt gegen den Numerus clausus und sich eingesetzt für seine Studenten. Wer sonst tut denn so was? Ich lebe doch zunächst für die Tausende, nicht für die Millionen, von denen Sie vielleicht reden.
Ja gut, dann sollten Sie Ihren Wirkungsgrad auf die paar Tausend beschränken. Sie sind aber inzwischen längst für Millionen zu einem Begriff geworden, nämlich zum Inbegriff dessen, was moderne Kunst ist, und diese Millionen stehen Ihnen ziemlich verständnislos gegenüber. Die Kluft zwischen dem, was das Volk für Kunst hält, und dem, was auf dem Kunstmarkt heute Höchstpreise erzielt, ist doch enorm.
BEUYS: Richtig. Diese Kluft ist größer denn je. Aber was heißt das? Das heißt, wir haben heute dasselbe Prinzip, das den Ersten und Zweiten Weltkrieg erzeugt hat und möglicherweise auch den dritten hervorruft. Deshalb ist es doch gerade so wichtig,

daß ich einen Kunstbegriff schaffe, der wenigstens versucht, die Gesellschaft auf völlig neue Füße zu stellen. Glauben Sie denn, daß meine Trauer nach dem Krieg, von der wir vorhin gesprochen haben, nicht noch viel größer wurde, als ich diesen ganzen Adenauer-Scheiß dann erleben mußte, also gesehen habe, daß da alles im Sinne des vorigen Jahrhunderts wieder aufgebaut wurde?

Ich glaube Ihnen ja Ihre Verzweiflung. Aber ich sehe auch, daß ein Fließbandarbeiter gar nicht die Möglichkeit und die Zeit hat, sich mit Ihren Vorschlägen auseinanderzusetzen. Der reagiert doch nur aggressiv, wenn man ihm ein paar Filzplatten hinstellt und sagt, das sei jetzt genausoviel wert wie ein Rembrandt.

BEUYS: Na okay, die Zeit, um das begreifen zu können, die werde ich ihm beschaffen, indem ich zum Beispiel das Schul- und Hochschulwesen aus der Unternehmerschaft des Staates befreie. Denn dann werden ganz neue menschliche Fähigkeiten zutage treten. Ich weiß doch auch, daß die Situation im Augenblick so ist, wie Sie sie beschreiben: erschreckend. Ein Wunder, wenn's anders wäre. Dahin sind wir gekommen. Und wissen Sie, was der Grund ist? Der Grund ist, daß die Menschen sehr unqualifiziert ihre eigenen Schwierigkeiten auf die Arbeitsergebnisse anderer Menschen herunterschütten. Das geht nicht nur mir so. Wenn sich heute einer ein Auto kauft, dann wird er vom Nachbarn genauso begeifert. Also ich bin da in keiner anderen Situation als wir alle zusammen. Ich beziehe mich vollkommen ein in all diese Schwierigkeiten, und ich kann an dieser Stelle nur wieder sagen: Ich bin schuldig an dieser Sache, und zwar so lange schuldig, solange ich nachlasse, eine Alternative zu setzen gegen diesen Untergangstrend, diese Destruktion aller Werte. Ich hab' doch gewußt, als ich mit meinen Ausstellungen anfing, daß das diesen Verlauf nehmen würde, daß diese ganze Scheiße herauseitern würde. Sie wird herauseitern wie eine unbewältigte Vergangenheit, könnte man sagen, die ja in uns allen drinsteckt, ich beziehe mich da immer mit ein. Ich stelle mich nicht außerhalb dieser Schwierigkeiten. Ich muß aber auch sagen, daß gerade die, die da »entartete

Kunst« hinschreiben und solche Sachen, noch geistvoller sind als die Herren Universitätsprofessoren. Denn warum melden die sich überhaupt nicht? Warum sitzen die alle immer nur da und schreiben Bücher? Wenn die Schwierigkeiten der Menschen zur Diskussion stehen, halten die doch alle die Schnauze, weil sie feige sind und konformistisch, aber nennen sich Wissenschaftler! Ich muß in diesem Zusammenhang sogar Leute nennen, die ich sonst schätze, wie Habermas beispielsweise. Wer hat sich denn gemeldet, als die Schwierigkeiten mit dem Numerus clausus auftraten? Niemand! Diese Professoren sind doch noch viel primitiver als die Leute, die sich da über meine Objekte erregen. Die sogenannten Kulturträger, die an den Schulen und Hochschulen heute die führenden Positionen haben, sind in der Mehrzahl dem Verfall ihrer Intelligenz preisgegeben, und zwar unwiderruflich, während solche Regungen, die sich in diesen Naziformulierungen äußern, nicht als unwiderruflich dastehen, sondern da kann man noch aufbauen. Man müßte diese Leute nur einmal wegbekommen von ihrem Nützlichkeitsdenken. Das hat ja schon mit Kant angefangen. Da tritt ja diese Trennung schon auf, das Ding an sich und all diese Fragen, das wird da alles auseinandergerissen. Es gibt nicht mehr diesen Einklang zwischen Mensch und Natur wie bei den Griechen, und das führt natürlich in eine Einseitigkeit des Glaubens an die materiellen Werte, also in den Materialismus. Da ist es kein Wunder, wenn die Menschen dann anfangen, nur noch nützlichkeitsbezogen zu denken, also sagen: Was nützt mir das? Was soll's? Was soll es bedeuten? Ist nicht mein Bier!

Na, das Bier eines Fabrikarbeiters, der von früh bis spät schuften muß, damit er das Geld für seine Familie heranschafft, ist es ja wirklich nicht, sich in der Münchner Städtischen Galerie Ihr Leichenbetten-Objekt anzuschauen.

BEUYS: Eben! Sein Bier ist es nicht, weil er so angelegt wurde, daß es sein Bier gar nicht sein kann. Deshalb gebe ich ihm ja meinen erweiterten Kunstbegriff, damit er sich bewußt wird, was er da überhaupt macht in seiner Arbeit. Es wissen ja heute schon viele, daß ich ihnen auch die nötige Freizeit besorgen

werde, denn mein Kunstbegriff richtet sich doch ganz gezielt auch auf die Veränderung des Arbeitsbegriffes. Also, dieser Fabrikarbeiter könnte doch sagen: So, jetzt solidarisiere ich mich nur noch mit Kunst, weil mir der Beuys erklärt hat, daß nur mit dieser Sache die ganze Scheiße, in der ich hier stehe, in Bewegung gebracht werden könnte. Meinen Sie vielleicht, es wäre die Aufgabe eines erweiterten Kunstbegriffes, diese Scheißbetten da ins Museum zu stellen? Die sind doch höchstens ein Zwischenträger, damit sich die Diskussion immer wieder erhitzt an dieser Frage, damit offenbar wird, daß es kein anderes Mittel gibt als die Kunst, um die Verhältnisse, in denen wir stehen, zu verändern, also den Mann von seiner Fließbandabhängigkeit zu befreien und ihm einen Arbeitsplatz zu geben, der aus der Einseitigkeit rausführt.
Nun mal konkret gefragt: Was soll dieser Arbeiter machen, um herauszukommen aus seiner Misere?
BEUYS: Er soll nicht mehr SPD oder CDU, sondern die Grünen wählen, für die ich bei der nächsten Bundestagswahl kandidiere.[1]
Wie wollen Sie denn, falls Sie tatsächlich gewählt werden sollten, diesen Job überhaupt ausfüllen? Da hätten Sie doch für was anderes gar keine Zeit mehr.
BEUYS: Ich stelle mich ja zunächst mal nur zur Verfügung während des Wahlkampfs. Weiter denke ich gar nicht. Ich kann mich ja in die Bresche stellen und auch ruhig kandidieren und dann nach kurzer Zeit wieder rausgehen. Ich kann doch, wenn ich gewählt bin, sagen, ich gehe wieder zurück an meine Arbeit. Es gibt ja Möglichkeiten des Austauschs. Die Grünen wollen sowieso nicht, daß da vier Jahre derselbe drinsitzt. Das sind doch alles ganz neue Strukturen. Zunächst kommt es mal darauf an, daß man die Sache ein bißchen nach vorn bringt. Was dann geschehen soll, kann man ja neu überlegen. Ich bin gar nicht so unpraktisch, wie viele meinen. Ich denke die Sachen manchmal

[1] Gemeint ist die Bundestagswahl 1980. Beuys erreichte nicht die für ein Mandat notwendige Anzahl der Stimmen.

in sehr großen Bögen, aber eigentlich denke ich nur von einem Tag auf den andern.

Ich habe den Verdacht, Sie denken überhaupt nur aus Lust am Gedankenaustausch. Das Diskutieren mit Ihnen ist ja ein geradezu epikureischer Vorgang. Die Folgen sind Ihnen offenbar gar nicht so wichtig.

BEUYS: Moment mal, nein, so ist es nicht. Ich rede doch nicht um des Redens willen. Aber ich weiß natürlich auch, daß man an so eine Sache strategisch herangeht. Ich kann doch zunächst mal ruhig kandidieren. Deshalb bin ich doch noch lang nicht gewählt. Nichts im Leben ist wichtiger als Taktik. Taktik, Strategie, Form, Lösung, Plan, Organisation, das sind alles Dinge, die für die Kunst eine ganz große Wichtigkeit haben, für die Herstellung einer Skulptur oder Plastik.

Von ihrer ursprünglichen Bedeutung her sind es Begriffe, die vor allem im militärischen Bereich eine Rolle spielen.

BEUYS: Ja, aber so kriegerisch dürfen Sie das in meinem Fall nicht betrachten. Das geht bei mir nämlich viel netter. Ich weiß genau, wenn der eine Weg nicht funktioniert, dann gehe ich einen andern. Ich habe schon immer gesagt: Ich bin ein Hase. Ich laufe durch eine Furche, und wenn sie mich kriegen wollen, habe ich, ohne viel nachzudenken, im Kopf schon eine andere Furche.

Und zuletzt vergraben Sie sich in der Erde. Da kann Sie dann überhaupt keiner mehr finden.

BEUYS: Mit der Erde bin ich sowieso längst verschmolzen.

Für den Fall, daß Ihnen Ihre Ausflüchte doch nicht gelingen sollten, sitzt also im deutschen Parlament demnächst ein Hase?

BEUYS: Ich hab' doch vor vielen Jahren sowieso schon eine Partei für Tiere gegründet. Das ist die größte Partei, die es gibt. Die Gründungsdokumente können Sie sich im Darmstädter Landesmuseum ansehen. Es gibt ja Leute, die sagen, das sei ein Unsinn. Aber die werden noch staunen. Elefanten mischen schon seit langem in der Politik mit, auch Hasen, die lassen sich nicht mehr diese menschliche Sterilität vor die Nase spritzen, die schlagen allmählich zurück, diese Leute, und zwar gewaltig.

Leute?
BEUYS: Sie können auch Engel sagen.
Soll ich das jetzt noch ernst nehmen, oder machen Sie Scherze?
BEUYS: Ich mache überhaupt keine Scherze, auch nicht, wenn ich lache, denn dieses Lachen kommt daher, daß ich im Grunde das Problem längst beim Schwanz gepackt habe. Es gibt keine Chance mehr für destruktive Strukturen. Der Kapitalismus ist irreversibel im Abbau. Diese Apokalypse ist längst im Gange, und dann werden wir eine ganz neue Weltordnung haben. Wenn es da Leute gibt, die auf den Weltuntergang warten, dann warten die ganz vergeblich, weil *ich* den verhindern werde. So ist das, und das ist keineswegs überheblich, sondern nur logisch.
Ich laß mich ja gerne von Ihnen retten. Ich hoffe doch genauso wie Sie, daß die Welt einmal gut wird.
BEUYS: Jetzt kommen Sie mir wieder mit Ihrer Hoffnung! Wenn ich baden gehe, und das Wasser ist vor mir, dann brauche ich doch keine Hoffnung, um Wasser zu haben, sondern dann gehe ich einfach hinein in das Wasser.
Das Wasser ist ja nicht die Lösung für die Probleme, über die wir hier reden. Ins Wasser gehe ich auch ganz ohne Hoffnung.
BEUYS: Aber es muß doch Lösungen geben, Herrgott Sakrament! Wenn ich zum Schreiner gehe und bestelle mir einen Stuhl, dann muß der Stuhl eine Lösung für das Sitzen darstellen. Ist er keine Lösung, dann haue ich ihn dem Schreiner über den Schädel.
Die Lösung für das Sitzen muß ja kein Stuhl sein. Sie können sich ja auch auf den Boden setzen.
BEUYS: Sie verstoßen andauernd gegen die Logik der Dinge. Sie sind ganz unwirklich, leben in einer ganz unwirklichen Welt, zaubern sich da in Ihren Vorstellungen etwas zusammen, was mit der Realität überhaupt nichts zu tun hat. Wie wollen Sie denn ohne Lösungen überhaupt leben? Ob das jetzt Lösungen sind für den Vergaser beim Auto, für das Sitzen, für die Organisation des Schul- und Hochschulwesens, für das Bankwesen, den Kunstbegriff, den Demokratiebegriff oder den

Geldbegriff. Wenn man methodisch an ein Problem herankommen will, braucht man doch immer irgendwelche Lösungsmodelle, also ein Gestaltungsprinzip im Organisieren, das dann im höchsten Maße ein künstlerisches Prinzip ist. Das kann doch nicht dort enden, wo Maler bloß Bilder malen oder Bildhauer aus Ton etwas kneten, das muß doch eine Sache sein, die für die Menschen in ihrer Gesamtheit eine Lösung darstellt. Wenn ich nicht überzeugt davon wäre, für die Kunst beziehungsweise im Sinne des erweiterten Kunstbegriffs: für das Leben eine Lösung gefunden zu haben, dann würde ich meine Sachen doch in den Eimer schmeißen und würde nicht wagen, das ganze Zeug nach New York ins Guggenheim-Museum transportieren zu lassen. Also es kann sich immer nur um Lösungen handeln, aber diese Lösungen liefern sehr viele Menschen. Ich bin ja nicht der einzige, der Lösungen herstellt. Meine Nachbarin produziert Lösungen. Die Gemüsefrau produziert Lösungen. Ich bin doch nicht jemand, der seine Lösungen anderen aufzwingt. Ich mache ein Angebot, das ist alles. Mein Ausgangspunkt ist ja gerade die Selbstbestimmung des Menschen.
Aber die endet doch spätestens dort, wo der Mensch aufhört zu leben. Also da ist eine Grenze. Seinen Tod kann der Mensch nicht bestimmen.
BEUYS: Also jetzt wird's chaotisch. Jetzt müssen Sie sich in aller Liebe gesagt sein lassen: Sie sind vollkommen unrealistisch. Der Tod ist doch keine Grenze. Der Tod ist das Leben. Ich sehe doch im Tod die einzige Möglichkeit, um überhaupt über das Leben eine Aussage machen zu können. Sonst müßte ich doch von der alten, darwinistischen Vorstellung ausgehen, daß mit dem Tod alles aus ist. In Wirklichkeit ist es aber doch so, daß im Sinne des Organikers das Leben mit dem Tod überhaupt anfängt. Da gibt es ja genügend Leute, die sich mit dieser Rätselfrage des Lebens beschäftigt haben, wie Lorenz Oken oder Goethe oder Caspar David Friedrich oder der deutsche Idealismus.
Das waren ja alles sehr gläubige Menschen.
BEUYS: Ja, gläubig bin ich doch auch. Das muß ja nicht in Erscheinung treten, indem ich den Papst verehre oder irgendei-

ner Konfession angehöre.
Halten Sie sich für unsterblich in Ihren Werken?
BEUYS: Ach was, Blödsinn!
Der amerikanische Maler Edward Kienholz hat unlängst den Wunsch geäußert, er möchte, daß man seine Sachen verbrennt, wenn er tot ist.
BEUYS: Das sagt der doch nur, weil er raffiniert genug ist zu wissen, daß die Sachen ohnehin alle vom Konservator erhalten werden. Was sollen denn solche Äußerungen? Die halte ich geradezu für frivol, denn dann dürfte er ja überhaupt nichts verkaufen, sondern müßte alles bei sich versammeln und, wenn er abkratzt, schnell noch einen Benzinkanister darüberschütten und ein Streichholz anzünden.
Also bleibt etwas übrig?
BEUYS: Ja, meinetwegen, wenn es nicht bis dahin verrottet oder von den Menschen zufolge einer plötzlichen Umpolung ihrer Vorstellungen irgendwohin gekippt wird, dann bleibt was erhalten.
Manche würden ja schon heute Ihre Sachen am liebsten zum Sperrmüll werfen.
BEUYS: Was ist das für eine Bezeichnung: Sperrmüll?
Das ist Abfall, der zu groß ist, als daß man ihn in eine Mülltonne hineinwerfen könnte.
BEUYS: Die Leute von der Müllabfuhr sind sowieso meine besten Freunde.

WERNER SCHROETER

In meinem Interview mit dem Theater- und Filmregisseur Werner Schroeter steht der berühmte Satz über das »kleine Bömbchen in Form einer Weißwurst«, das man, so Schroeters Empfehlung, Franz Josef Strauß auftischen sollte, damit er zerplatze. Strauß, damals noch Kanzlerkandidat, empfand das als öffentlichen Aufruf, ihn zu ermorden. Gelegenheit, sich zu wehren, bot sich in Augsburg. Dort sollte Schroeter die Oper »Salome« von Richard Strauss inszenieren. Die bayerischen Minister Tandler und Jaumann bedrängten das Augsburger Stadtparlament, die Auflösung des Regievertrags durchzusetzen. Die Lokalzeitungen veröffentlichten Teile des Interviews und die daraufhin prompt einströmenden Leserbriefe, in denen allerdings nicht so sehr Schroeters Attacke auf Strauß, sondern seine Homosexualität als Waffe herhielt. Der Augsburger Bürger Heinz Otto Lembach bat die städtische Polizei, ihm eine Leibwache zu stellen, denn, so Lembach im STERN: »Besteht nicht die Möglichkeit, daß der schwule Schroeter mich tötet, um sich sexuell zu befriedigen?« Gleich zweimal berichtete der SPIEGEL über die zum politischen Skandal aufgebauschte Affäre. Nun konnte auch die ZEIT, die das Interview völlig arglos anläßlich der Auszeichnung Schroeters mit dem »Goldenen Bären« der Berliner Filmfestspiele abgedruckt hatte, nicht länger schweigen. In einem seitenlangen Artikel versuchte der Theaterkritiker Benjamin Henrichs die peinliche Sache in ein milderes Licht zu rücken. Sicher, so Henrichs, seien Schroeters Äußerungen geschmacklos, aber man müsse doch sehen, daß sich dahinter nicht Mordgelüste, sondern eine literarische Absicht verberge: »Was als ernste Selbstdarstellung beginnt, verwandelt sich im letzten Teil des Interviews unaufhaltsam ins Surreale, aus dem autobiographischen Text wird ein phantastisch-literarischer.« Der obskure Satz veranlaßte die Zeitschrift LEKTÜRE, bei mir anzufragen, ob nicht auch ich, als Autor des Textes, mich dazu äußern möchte. Der Verdacht, ich hätte Schroeter dazu angestiftet, das deutsche Volk, soweit es die ZEIT liest, zum Mord an Strauß anzustiften, war nicht von der Hand zu weisen. Aber wer der wahre Anstifter war, das spielte am Ende gar keine

Rolle. Schroeter durfte in Augsburg nicht inszenieren. Franz Josef Strauß ist trotzdem nicht Kanzler geworden. Als ich während einer Pressekonferenz im Augsburger Stadttheater einen Kollegen fragte, was wohl geschähe, falls sich herausstellen sollte, daß Schroeter den Satz so gar nicht gesagt hat, kam nur ein Achselzucken. »Ja, glauben Sie«, antwortete der Mann voller Staunen, »daß das noch irgend jemanden interessieren würde? Die Wirkung ist da, die Ursache ohne Bedeutung.« Das Interview begann am Morgen des 9. März 1980 in einem Hotelzimmer in Paris. Werner Schroeter war noch in Unterhose. Da ich die für das Gespräch nötige Konzentration zwischen Stuhl und Bett nicht herstellen konnte, schlug ich ihm das Café »Le Select« am Boulevard Montparnasse vor. Den Abend verbrachten wir im Restaurant »La Coupole« direkt gegenüber.

Ist es für Sie ein wichtiges Erlebnis, den Goldenen Bären bekommen zu haben?
WERNER SCHROETER: Ich hab' mich gefreut, aber ich finde, ich hätte das Tier schon viel früher bekommen müssen. Wichtig nenne ich Erlebnisse, die mich in irgendeiner Weise verwandelt haben. Der Bär hat mich nicht verwandelt, noch nicht.
Was hat Sie verwandelt?
SCHROETER: Der Tod meiner Mutter zum Beispiel oder die Tatsache, daß ich als Kind von meinen Mitschülern dauernd verprügelt wurde. Ich war immer schon jemand, der irrsinnig viele Aggressionen auf sich zog. Wahrscheinlich hängt das damit zusammen, daß ich ein entschlosseneres Wesen hatte als andere Leute. So was erregt ja nicht nur Bewunderung, sondern auch Haßgefühle.
Haben Sie eine Erklärung für diese Entschlossenheit, die einem ja nicht in die Wiege gelegt wird?
SCHROETER: Das hat mit meiner Erziehung zu tun. Ich bin ziemlich frei, um nicht zu sagen verwildert erzogen worden. Mein Vater war Ingenieur und Erfinder. Meine Eltern waren künstlerisch sehr interessierte Leute. Der entscheidende Einfluß

aber ist von meiner Großmutter ausgegangen. Die hatte als Mädchen den Drang zur Bühne, aber mit siebzehn heiratete sie einen dicken, cholerischen Anwalt, da hat sie ihren Lebenstraum aufgeben müssen. Nur die Sehnsucht blieb, die mußte ich dann erfüllen. Die Großmutter hat mit meinem Bruder und mir immerzu Märchen gespielt. Ich erinnere mich an eine wahnwitzige Aufführung, da saß ich als Prinzessin auf einem Glasberg, und mein Bruder als Prinz mußte mich da herunterholen. Der Berg bestand aus ein paar übereinandergestellten Stühlen, und ein Bügelbrett diente als Anlauf. Oder wir sind mit der Großmutter spazierengegangen, während sie mit ihrer wahnsinnigen Phantasie andauernd Geschichten erzählt hat, bis wir dann auf dem Friedhof ankamen, wo wir Picknick machten auf dem Grab meiner Urgroßeltern. Das waren ziemlich verrückte Sachen, und mit dieser Verrücktheit bin ich dann in die Schule gegangen, was natürlich die anderen Schüler, die viel verklemmter waren, provoziert hat. Die haben mich dann mit Steinen beschmissen oder mir zerdrückte Bananen in die Tasche gesteckt. Einmal haben sie mir einen Eimer voll Pisse über den Kopf geschüttet.

Wie sind Sie denn mit solchen Erfahrungen fertiggeworden?

SCHROETER: Ich hab' mich zurückgezogen. Ich glaub', das war die Zeit, wo ich angefangen hab', ein sehr intensives Eigenleben außerhalb der Schule und des Tages zu führen, also anfing zu lesen, nachts wach zu bleiben, mich abzusetzen von dieser Tagwelt. Aber das Problem blieb natürlich, und mir war klar, daß ich das lösen mußte, und da hab' ich eben beschlossen, daß ich ins Ausland gehe, das hat mir sehr wohlgetan, und dann bin ich zurückgekommen, da war ich sechzehn oder siebzehn, und da war es dann auf einmal so, daß mir diese Verfolgungen nicht mehr passierten, sondern daß ich aufgrund gewisser intellektueller Fähigkeiten, die ich entwickelt hatte, so eine Art Vorbild war für die andern. In einer Situation, die eigentlich unerträglich ist, gibt es ja nur die zwei Möglichkeiten: Entweder man sagt, uuhuuu, jetzt muß ich sterben, weil alles so bös' ist, oder es produziert sich im Körper ein Bewußtsein des Widerstands, das dann oft auch eine gewisse Arroganz mit sich bringt. Da ich eine Tendenz zum Selbstmord nie hatte, ist für mich nur das zweite in Frage gekommen.

Haben Sie schon Kunst gemacht damals?

SCHROETER: Ich hab' Edgar Allan Poe übersetzt und Musik gehört, ununterbrochen.

Welche Musik war das?

SCHROETER: Von 1956 bis 1960 Caterina Valente, ab 1960 die Callas. Ich hatte ein Tonbandgerät und hab' alles mit der Callas aus dem Radio aufgenommen. Damals begann auch meine Liebe zur Oper. Vorher hatte ich mich für Oper überhaupt nicht interessiert. Die Callas verkörperte für mich so ein äußerstes Gefühl von Sehnsucht, gleichzeitig aber auch die Erfüllung der Sehnsucht.

Sehnsucht nach Leben?

SCHROETER: Sehnsucht, mich zu erweitern, rauszukommen aus meiner Schildkrötenschale, Sehnsucht auch, daß das Leben über seine Endlichkeit hinausgehen, also nicht in so einem zeitlich umgrenzten Karton stattfinden möge, Sehnsucht nach Unsterblichkeit meinetwegen. Ich hab' das in einem Nachruf auf die Callas später beschrieben: daß die Zeit stehenblieb, wenn sie sang, und das Hintreiben auf den Tod unterbrochen wurde für die Dauer einer glückhaften Sekunde... Aber da müßte ich ja den ganzen Bloch jetzt noch lesen, um das zu erklären, sein »Prinzip Hoffnung«.

Hoffnung ist ja nicht dasselbe wie Sehnsucht.

SCHROETER: Stimmt. Hoffnung ist was Konkretes, das hatte ich auch. In der Zeit, als meine Filme noch kein Publikum hatten und immer so kurz vor Mitternacht als elitäres Einschlafbonbon ausgestrahlt wurden, da lebte ich dauernd in der Hoffnung, weiterarbeiten zu können, ohne mein Konzept verraten zu müssen. Das war also eine ganz praktische Hoffnung, die brauch' ich jetzt nicht mehr, weil ich inzwischen Möglichkeiten gefunden habe, das Publikum so weit für meine Sachen zu interessieren, daß ich Arbeit bekomme.

Hatten Sie Geldschwierigkeiten?

SCHROETER: Ja, ununterbrochen. Als wir den »Tod der Maria Malibran« machten, da lebten wir monatelang von den 75 000 Mark, die uns das ZDF für den Film vorgestreckt hatte. Also eigentlich war das Geld für den Film, aber wir mußten davon auch noch unseren Unterhalt zahlen. Ich lebte ja damals immer mit den Leuten zusammen, mit denen ich filmte. Das war eine große Familie. Ohne Absicherung durch die Gruppe wäre so eine finanzielle Notlage gar nicht erträglich gewesen.

Brauchen Sie die Gruppe jetzt nicht mehr?

SCHROETER: Nicht so wie damals. Die Phase, wo man in Gruppen lebt, ist ein vorübergehendes Moment, das mit Jungsein zu tun hat. Da ich nicht die Illusion habe, altersmäßig stehenzubleiben wie so 'ne alternde Künstlerin, die sich auf jung schminkt, habe ich einen Weg finden müssen, auch allein durchzukommen. Das Altwerden ist ja sowieso ein Prozeß immer größerer Isolierung, als Vorbereitung auf den Tod sozusagen, der dann die endgültige, absolute Isolation ist.

Nicht für einen gläubigen Menschen, für den es ja dann erst so richtig losgeht mit Jüngstem Gericht, Himmel und Hölle, Wiedergeburt oder Auferstehung.

SCHROETER: Diese Gläubigkeit fehlt mir. Als Kind, also mit dreizehn, vierzehn, als ich ziemlich schwere Krankheiten hatte, Lungenvereiterung, offene Tuberkulose und solche Sachen, da hab' ich mir immer vorgestellt, daß, wenn ich sterbe, alle meine Freunde an meinem Bett sitzen würden. Das war ein Trost. Da hätte ich jederzeit sterben können. Heute weiß ich, daß das Sterben ein vollkommen isolierter Prozeß ist. Das ist mir vor vier Jahren beim Tod meiner Mutter deutlich geworden, wo ich erlebt hab', wie jemand ins Koma eintritt, und gesehen hab', daß das 'ne totale Ablösung ist und man nicht mehr erkennt, was um einen herum vorgeht, sondern nur noch aus konvulsivischen Reaktionen besteht, die allein im Körper stattfinden, wenn der Tod antritt, um die Vitalität wegzunehmen.

Woran ist Ihre Mutter gestorben?

SCHROETER: An Leberkrebs, sehr schnell, innerhalb von vier Wochen. Die Ärzte dachten zuerst, es sei Kreislaufschwäche oder Grippe oder dergleichen, bis endlich einer auf die Idee kam, sie zum Krebsspezialisten zu schicken, der dann festgestellt hat, daß die Krankheit schon im Endstadium war. Da haben wir sie dann nach Hause geholt, ich und mein Bruder, weil meine Mutter Krankenhäuser immer gehaßt hat, und haben sie gepflegt, bis sie tot war.

Warum lächeln Sie, wenn Sie so was erzählen?

SCHROETER: Weil das 'ne Möglichkeit ist, mich von der Sache zu distanzieren. Ironie ist doch immer ein Mittel, um was Unerträgliches auszusprechen, auch in den Filmen. Das meiste ist doch viel zu schrecklich, um es naturalistisch zu zeigen. Deshalb bleibt es aber trotzdem wahrhaftig. Das ist eine rein formale Geschichte. Wenn Sie mich vor drei Jahren über den Tod meiner Mutter ausgefragt hätten, hätte ich Ihnen eine geknallt, nicht gelächelt. Da hätte ich diese Distanz noch nicht herstellen können... Aber worauf wollen Sie denn hinaus? Interessiert Sie das wirklich?

Mich interessiert der Zusammenhang zwischen dem Tod Ihrer Mutter und dem Wandel der Stilmittel, den man nach diesem Ereignis in Ihrer Arbeit bemerken konnte. Über den ersten Film, den Sie dann machten, »Il Regno di Napoli«, haben doch alle gejubelt: Endlich nicht mehr diese hochgezüchteten Manierismen, endlich eine verständliche Handlung...

SCHROETER: Endlich ist das Puppi lieb und verkäuflich geworden. Eine Unverschämtheit! Als hätte ich jetzt erst die Möglichkeit entdeckt, eine lineare Erzählung zu machen, und als seien meine frühen Filme nur deshalb so chaotisch gewesen, weil mir noch keine erzählerische Struktur geglückt ist. Das ist doch Unsinn. Der Neapel-Film ist ja viel chaotischer als die früheren Filme, weil er viel weniger präzis ist, viel mehr so ein al fresco pasticcio. Nein, die Stilmittel haben sich überhaupt nicht verändert, das habe ich ja mit »Palermo oder Wolfsburg« bewiesen. Den Film hab' ich gleich hinten nachgefeuert, damit diese blöde Versöhnlichkeit gar nicht erst aufkommt. Was sich verändert hat, ist meine Einstellung zum Sterben. In den Sachen, die ich vor 1976 gemacht hab', im Film, auf der Bühne und auch im Leben, ist der Tod immer so als Farbfleck an der Wand dargestellt, nicht als Realität, sondern als etwas, über das ich mich lustig mache. Da stehen die Leute immer wieder auf, sterben, stehen auf...

Wie in der Oper, wenn die toten Helden vor den Vorhang treten, um die Ovationen entgegenzunehmen.

SCHROETER: Ja, das ist natürlich auch Hohn irgendwo, also eine Sache verhöhnen, die einen belastet, um sich leichter davon befreien zu können. Je ernster die Leute um mich herum das Sterben genommen haben, desto mehr hab' ich mich dagegen gewehrt in meiner Arbeit, am meisten in dem Film, den ich unmittelbar vor dem Tod meiner Mutter gemacht hab', »Flocon d'Or«, mit dem ich eine bestimmte Entwicklung zu Ende führte, so als hätte ich geahnt, was passieren würde.

In den späteren Filmen kommt der Tod auch vor, aber in anderer Weise. In »Regno di Napoli« wird die südländische Vitalität immer wieder durchbrochen durch eine Leichenkutsche, die wie ein Leitmotiv auftaucht. Der Tod ist jetzt nicht mehr eine theatralische Pose, sondern ein Bestandteil des Lebens. Morior, ergo sum. Ich bin, weil ich sterbe.

SCHROETER: Eine treffende Formulierung. Der Tod ist im Leben.

Haben Sie Angst vor dem Sterben?

SCHROETER: Immer weniger, weil ich gar keine Zeit dazu habe. Ich muß sagen, ich bin wahnsinnig glücklich, daß ich jetzt die Möglichkeit habe, so viele Sachen zu machen, also in permanenter Kreativität mich darstellen zu können, weil in solchen Situationen, bei Filmarbeiten oder Theaterproben, eine Todesangst gar nicht aufkommt. Da ist es einem dann vollkommen wurscht, was passiert. Ich hab' das früher einmal als self abandoned bezeichnet, sich selbst verlassen, aus sich herausgehen. Das ist natürlich das Tollste.

Trotzdem sagen Sie: Ich will Ruhe haben.

SCHROETER: Das ist doch klar, daß, wenn man die ganze Zeit rumzappelt, der Gedanke kommt: Mmhhh, wie schön es jetzt wäre, im Bett zu liegen, dauernd zu schlafen, auszuruhn ohne Ende.

Das klingt ja wie Todessehnsucht.
SCHROETER: Nee, ich möcht' hundert Jahre alt werden oder besser noch: hundertfünfzig. Müde bin ich ständig, lebensmüde war ich noch nie.
Trinken Sie?
SCHROETER: Was?
Schnaps zum Beispiel.
SCHROETER: Bei der Arbeit trinke ich Sekt, abends Weißwein aus Deutschland.
Haben Sie Heimweh?
SCHROETER: Oh, là là.
Soll ich das als Antwort auffassen?
SCHROETER: Also ich möchte nicht drauf verzichten, pro Jahr zwei, drei Theaterstücke zu inszenieren in Deutschland.
Um Geld zu verdienen?
SCHROETER: Erstens, um Geld zu verdienen, zweitens bin ich ja Lessing-Fan. Das wird immer schlimmer. Es hat sich bei mir ein richtiger Lessing-Fanatismus herausgebildet.
Da muß sich aber an Ihrer Einstellung etwas geändert haben. In einem früheren Interview nannten Sie die »Emilia Galotti« eine »auslaufende, abgenudelte, kaputte, verhunzte Geschichte«.
SCHROETER: Damit meinte ich, daß die Leute, die das inszenieren, immer denselben Mist daraus machen. Ich find' das deutsche Theater bis auf ganz wenige Ausnahmen so was von lahmarschig, mit einer so verlogenen, selbstmitleidigen Seriosität, grauenhaft! In Deutschland glaubt man mir nicht, daß ich den Lessing liebe, weil ich ihn komisch finde und weil man dort keinen Humor hat. Ich finde das unheimlich toll, wie der die Sprache verwendet, ich mag das, und deshalb behandle ich das nicht als Museumsgesäusel. Der Lessing war ja intelligent, das heißt, man macht ihn nicht kaputt, wenn man spielerisch mit ihm umgeht.
Also gut, Heimweh nach Lessing, aber auch Heimweh nach der Agonie dieses Landes, der nackten Entmenschtheit, wie Handke es nannte, der Öde, die einen ungeheuren Aufwand an Phantasie erfordert, um nicht zu verzweifeln?

SCHROETER: Ob das Heimweh ist, weiß ich nicht. Eher ein Fluch...

Aber doch auch eine Chance?

SCHROETER: Zweifellos. Schließlich komme ich ja aus Deutschland. Wenn das keine Chance war! Was da immer behauptet wird, in Deutschland könne man nicht kreativ sein, also nicht künstlerisch tätig werden, das ist natürlich reiner Quark und Kitsch und Scheiße. Ich bin boshaft genug, immerwieder zurückzukommen. Die Verzweiflung ist ja der ideale Boden, um eine Kreativität aufblühen zu lassen. Ewiges Gemütlichsein ist bestimmt keine Basis, sich künstlerisch auszudrükken. Der Rosa von Praunheim, mit dem ich eine Zeitlang liiert war, hat immer gesagt: Warum bist du denn dauernd so latschert? Darauf hab' ich geantwortet: Das ist halt mein tragisches Weltempfinden. Wenn ich es nicht geschafft hätte, aus meiner Verzweiflung 'ne Kreativität zu entwickeln, hätt' ich mich vielleicht doch aufgehängt oder mir auf andere Weise das Leben genommen. Ich würd' mich wahrscheinlich mit Freunden zu Tode saufen, das ist ja auch ein Vergnügen.

In dem Film »Palermo oder Wolfsburg« ist Franz Josef Strauß bereits Bundeskanzler. Ist Ihre letzte Hoffnung für Deutschland, daß er es nicht wird?

SCHROETER: Meine vorletzte.

Und die letzte?

SCHROETER: Daß er zerplatzt, weil er so dick ist. Man müßte ihm ja nur ein kleines Bömbchen in Form einer Weißwurst zu essen geben. Aber eigentlich will ich darüber gar nicht gern reden. Mit einer solchen Mittelmäßigkeit mich auseinanderzusetzen, fehlt mir die Lust. Deshalb hoffe ich, daß er es nicht wird. Ich versteh' sowieso nicht, wie einer den Ehrgeiz haben kann, Staatsmann zu werden, also so 'ne Machtposition innezuhaben. Das ist mir vollkommen unbegreiflich. Intellektuell ist es mir schon begreiflich, daß eine bestimmte Gesellschaftsstruktur solche Instanzen hervorbringt, aber gefühlsmäßig begreife ich das überhaupt nicht. Denn es ist ja nicht so, daß diese Leute Politiker werden aus so einem hehren Konzept zur Errettung der

Menschheit. Die sind ganz einfach nur machtgeil.

Sie nicht?

SCHROETER: Ich auch, natürlich, aber ich würde die Macht, die ich habe, niemals mißbrauchen, also Leute niemals in eine Abhängigkeit bringen, ohne Ihnen dafür was zu geben. Kultusministerin von Nicaragua: Das wäre 'ne Position, in der ich mich sehen könnte.

In dem Buch über Sie, das der Hanser-Verlag herausgebracht hat, stellen Sie eine Verbindung her zwischen sexueller Impotenz und dem Wunsch, Staatsmann zu werden.

SCHROETER: Ich hab' schon immer behauptet, daß Leute, die ihre Potenz nach außen tragen, indem sie andere unterdrücken, nicht ordentlich ficken können. So war es ja auch beim Hitler. Wenn ich keinen hochkriege, dann sind die anderen schuld: Das ist das ganze Konzept des Nationalsozialismus.

Waren Sie davon noch nie betroffen?

SCHROETER: Nee, ehrlich, impotent war ich nie, im engeren Sinne. Das Problem ist nur, daß ich immer wieder Frauen begegne, die mich verführen wollen, obwohl ich doch schwul bin. Das ist wirklich verrückt, daß es so viele Frauen gibt, die ausgerechnet mit Schwulen ins Bett wollen. Das ärgert und belastet mich ungeheuer, weil es mir so schwer fällt, dann nein zu sagen. Ich wehr' mich mit Händen und Füßen, aber es nützt nichts.

Haben Sie Schuldgefühle?

SCHROETER: Heute nicht mehr. Als Jugendlicher war ich sehr moralisch veranlagt. Da hab' ich Schallplatten, die ich geklaut hatte, wieder zurückgegeben, weil sie mir in den Händen brannten wie Feuer. Nur die Platten mit der Callas hab' ich behalten. Diese Frau war stärker als jedes Moralempfinden. Wahrscheinlich war das der Beginn meiner Selbstbefreiung. Heute könnte ich jemanden umbringen, ohne mir das geringste dabei zu denken, weil ich ein sinnliches Gefühl hab' für so 'ne anarchische Haltung. Das erregt mich unheimlich, oben, unten und in der Mitte.

Ist Mord was Schönes?

SCHROETER: Schöner jedenfalls als mit Lug und Trug irgendwelche Strickwaren verkaufen. Ich hab' für meine Mordszenen immer echtes Schweinsblut verwendet.
Ein Psychologe würde das als pervers bezeichnen.
SCHROETER: Atavistischer Scheißdreck!
Ist das Ihr letztes Wort, oder wollen wir weiterspielen?
SCHROETER: Alles oder nichts. Dreißig Sekunden Bedenkzeit.
Adolf Hitler, die süße Tanzmaus, hat sich in eine Ballerina verwandelt.

Marshall
Marshall

Marshall

Von meinem Interview mit Udo Lindenberg fehlten bei der Veröffentlichung in dem Herrenmagazin PENTHOUSE einige Worte. Statt dessen machte man Pünktchen. Ich weiß nicht, ob man Lindenberg so ernst nehmen sollte, ihn zu zensieren. Seine politischen Auslassungen, in denen die Worte fielen, bieten bestenfalls Stoff für eine Groteske. Leider zeigte sich der Humor des Popstars, als ich ihn am 3. Mai 1980 in seiner Hamburger Villa besuchte, von nur mäßiger Schärfe. Er muß das auch selbst so empfunden haben. Mehrmals fragte er mich, ob mir mit ihm denn nicht langweilig wäre. Überhaupt machte er einen bedrückten, ja kranken Eindruck. Wohl um dies zu vertuschen, setzte er sich für das Gespräch mit dem Rücken zum Fenster, so daß sein Gesicht von Schatten bedeckt war: gnädiges Dunkel. Nachdem ich ihm zu verstehen gegeben hatte, ich wolle mich nicht mit einem Phantom unterhalten, tauschten wir die Plätze. Bei Licht besehen, war der knapp 34jährige ein erschreckender Anblick. Jung war nur noch sein Lächeln. Die für den Film »Panische Zeiten« kurz geschnittenen Haare enthüllten eine beginnende Glatze. Schüttere Stellen waren durch braune Schminke gemildert. Fast während des ganzen Interviews hantierte der Sänger mit einem abgerissenen Hosenträger. Auf die seltsame Beschäftigung hingewiesen, erklärte er mir, er fummle gerne. Das stärke den Kreislauf.

Es gibt Leute, die sich um Ihr Wohlbefinden Sorgen machen.
UDO LINDENBERG: Ich mach' mir auch Sorgen. Deshalb werd' ich nun einiges ändern müssen. Ich werd' den Privatmenschen und den Kreativmenschen Udo wieder mal aus dem Keller holen. Ich meine, daß der Kreativling viel intensiver zum Blühen käme, wenn ich nicht so viel managen würde. Wissen Sie, ich bin über Monate hinweg mehr Manager als Artist gewesen. Ich werd' das jetzt nicht mehr machen, mich mehr konzentrieren aufs Wesentliche, also oft monatelang irgendwie weg sein, nicht in diesem unserem Lande, sondern weltweit irgendwie unterwegs sein und so kreative Expeditionen machen.

Ist es Ihnen körperlich schlecht gegangen?
LINDENBERG: Ne, das waren so Depressionen, also so 'ne Ratlosigkeit oder Orientierungslosigkeit, also ich meine, es ist natürlich schon ein gutes Gefühl, wenn man auf der Bühne steht und sieht, daß ganz viele tausend Menschen mit meinen Songs was anfangen können, aber das ganz private, das Urego, das muß natürlich auch befriedigt werden, schon allein aus energietechnischen Gründen. Im allgemeinen ist es ja so, daß ich Privat- und Berufsleben ganz gut kombiniere, nur die Überenergien, die ich brauche für die Überprojekte, diese Gigantenenergien, für die muß ich eben andere Energiequellen ausfindig machen.
Was für Projekte?
LINDENBERG: Ich hab' mir vorgenommen, in diesem unserem Lande die Politik ganz erheblich mitzugestalten, also den Kurs des gesamtgesellschaftlichen Dampfers ein bißchen herumzusteuern. Ich werde in verstärktem Maße die Belebung der Demokratie oder eben die Abschaffung der Scheindemokratie in Angriff nehmen. Ich möchte die Leute in die staatsbürgerliche demokratische Verantwortung hineinmotivieren.
In Ihrem Film »Panische Zeiten« schaut das so aus, daß ein Popstar namens Lindenberg zum Bundeskanzler gewählt wird. Seine Freunde sind die Minister, und die Fans sind die Untertanen.
LINDENBERG: Das ist natürlich eine gewisse Filmrealität, also das hat was Symbolisches, obwohl ich mir durchaus vorstellen könnte, als Kanzler in Bonn zu sitzen. Ich sehe doch, daß die falschen Leute an den Hebeln der Macht sind, nicht an allen Hebeln, aber an vielen Hebeln. Da sitzen doch lauter Verbrecher, deren Programm man nicht gerade als den radikalen Humanismus bezeichnen könnte, und da ich mich als einen Humanisten verstehe, muß diesen Leuten die Macht eben genommen werden. Aus vielen, vielen Gesprächen mit Tausenden von Jugendlichen weiß ich, was das Volk von mir erwartet. Täglich bekomme ich Briefe. Das sind nicht Tausende, das sind Hunderttausende, die haben ein gemeinsames Programm, das wird immer klarer, und dafür werde ich fighten, auch gegen die

Aussteiger, gegen das Aussteigertum, gegen die allgemeine Verdröhnung. Wir fighten dafür, daß hier demnächst mit klarem Kopf die Machthaber abgelöst werden, weil wir die Demokratie für eine sehr gute Möglichkeit halten, die wir als Geschenk bekommen haben, nachdem die Deutschen 'ne Riesensauerei gemacht haben, die Nazisauerei, denn da wurde ja ganz offensichtlich für was anderes gefightet als für die demokratische Ordnung. Die kam dann als Geschenk und wird heute von vielen mit Füßen getreten. Ich bin für die Abschaffung des konventionellen Regententums, wie es seit Jahrtausenden Brauch ist, und ich hoffe, daß bald 'n paar Millionen hinter mir stehen, denn ich kämpfe ja nicht nur um das eigene Leben, sondern auch um das Leben der anderen Menschen, auch solcher, die noch gar nicht auf der Welt sind. Ich möchte einfach mithelfen, diese in vieler Hinsicht unheimlich blöde Welt zu verändern, denn die richten da zum Beispiel 'ne Rakete auf mich, das seh' ich nicht ein, daß mir im Kriegsfall hier 'ne Rakete auf die Nase geknallt wird, mir ganz persönlich, da wehre ich mich, das ist 'ne Frechheit vom Kreml, deshalb habe ich vor, diese Typen mal an einen Tisch zu bekommen, dann sollen die das via Satellit mal erklären. Aber das können sie nicht erklären, und daher wird mir nichts anderes übrigbleiben, als Herrn Schmidt abzusetzen.

Das erinnert mich an eins Ihrer Lieder, in dem Sie als der neue Messias erscheinen. Fühlen Sie sich berufen, die Welt zu erlösen?

LINDENBERG: Irgendwie fühl' ich mich schon berufen, und ich hab' auch irgendwie einen Auftrag, oder ich hab' mir selbst einen Auftrag gegeben, so 'ne Art Sinngebung, weil ich brauch' irgendwas, wofür ich fighte, ich kann nicht einfach nur so total für mich sein. Ich bin eben ein ziemlich idealistischer Mensch, und wenn ich sehe, daß ich da weiterkomme mit einer Sache, für die ich kämpfe, das törnt mich an, klar. Der Text zu dem Lied ist ja entstanden, weil ich mich wieder mal über die Kirche aufgeregt habe. Ich hab' mir gedacht, ist doch irgendwie ganz beknackt, da schicken die einen runter, und dann wird so viel

Scheiße gemacht. Warum schicken die nicht einen andern? Also da müßte doch jetzt mal der nächste kommen, ist doch logisch. Die können doch nicht so 'ne Scheiße anzetteln und sich dann raushalten aus allem. Ich mein', was die Kirche im Lauf der Jahrtausende aus Christus gemacht hat, das kann ich doch nur noch als kriminell bezeichnen. Das ist doch 'ne Organisation aus Verbrechern geworden, die konservative Katholenkirche, und der Papst ist der größte Verbrecher. Durch sein Pillenverbot werden Babys geboren, und schon sind sie tot. Was da jetzt an Schmäh in Afrika abläuft, da wird mir ganz übel, oder was sich da in Südamerika abspielt, wo korrumpierte Hohepriester mit den schweinischsten Diktaturen zusammenarbeiten, mit so einem Verein kann ich doch nichts zu tun haben. Wenn ich mir da am Neujahrsmorgen die Friedensbotschaft anhöre, bekomme ich Kotzgefühle.

Auf Ihrer LP »Galaxo Gang« wird ein rebellischer Rocksänger während eines Auftritts von geheimen Staatsmördern erschossen. Kann Ihnen das auch passieren?

LINDENBERG: Die Möglichkeit besteht, ohne Zweifel. Martin Luther King ist ja auch umgebracht worden. Da kann man eine ganze Reihe aufzählen.

Haben Sie was zu Ihrem Schutz unternommen?

LINDENBERG: Ich hab' 'ne Leibwache, manchmal.

In Ihrem Nachruf auf Elvis Presley steht: »Von Rockstars erwartet man eher exotische Abgänge, auf der Bühne am Instrument verglühen, mit einem ganz schnellen Auto irgendwo zerfetzt werden, an dreifacher Überdosis Heroin sterben oder auf einer atemberaubenden Luxusbraut das Leben aushauchen.«

LINDENBERG: Ja, so wird es erwartet. Ich bin aber nicht der Meinung, daß ich das Volk auch mit meinem Tod noch befriedigen müßte.

Haben Sie Angst davor, alt zu werden?

LINDENBERG: Was die Vitalität betrifft, da hab' ich gar keine Bedenken, nur Krankheiten, die sich vielleicht mal einschleichen, also so was hielte ich nicht für sehr praktisch. Da hätte ich schon lieber, daß es schnell geht.

Bis zu welchem Alter haben Sie vor, auf die Bühne zu steigen?
LINDENBERG: Bis immer. Da gibt's keine Grenze.
Ein fünfzigjähriger Lindenberg mit Schmerbauch und Glatze, läßt sich das denken?
LINDENBERG: Ja, das möchte ich gerne mal vorführen, da bin ich dann wahrscheinlich einer der ersten, der noch als Fünfzigjähriger auf die Bühne hinaufgeht, vielleicht mit Kindern, also das ist völlig egal. Ich finde, Jugend ist gar keine Notwendigkeit für das, was ich mache, vorausgesetzt, daß die Power noch da ist. Also Schwachheit im Kopf darf natürlich nicht sein, weil ich bin ja jemand, der 'ne Utopie hat, aus der die Leute ihre Energien beziehen, die sie brauchen, weil viele von denen sehr jung sind und ständig nur immer eins auf die Nuß bekommen von Eltern, Lehrern, Lehrherren ... Die brauchen einfach so 'n Vorbild, um diese beknackten Autoritäten stoppen zu können, und als Vorbild darf man natürlich nicht schwach sein. Schlappmachen geht nicht. Da sind wir wieder beim Thema: Wo krieg' ich nun ständig diese Kraft her?
Von »ganz jungen, unbeschädigten Mädchen« zum Beispiel. So haben Sie es einmal selbst formuliert.
LINDENBERG: Ja, ab und zu mal so Liebesbeziehungen sind schon 'ne Energiequelle, klar. Aber das passiert ja nicht allzu häufig. Ich hätt' es gern öfter, bin nämlich sehr gerne verliebt, ist aber schwierig. Manchmal muß ich mir da richtig bewußt auf die Bremse latschen, denn wenn ich dann auf Tour bin als Rock 'n' Roll-Zigeuner und hab' da irgendwo so 'n Menschen, dem ich mich sehr verbunden fühle, dann krieg' ich auf der Stelle schlimmste Entzugssymptome, wenn der nicht da ist, klar, find' ich ganz logisch. Deshalb muß ich da ein bißchen aufpassen manchmal. Denn ich bin streckenweise sehr leicht entflammbar, obwohl es nicht immer gleich die ganz intensive Liebe sein muß, manchmal auch nur so 'n Sexualabenteuer, ohne das jetzt irgendwie abzuwerten. Kann ja auch schön sein.
Sie meinen, »so ex- und hopp-technisch«, wie Sie das mal ausgedrückt haben, »so Rumfickereien mit Schnellservicemädels«?

LINDENBERG: Ja, obwohl das jetzt immer seltener vorkommt, daß ich so Mädchen mißbrauche, also diese Groupie-Geschichten, weil das hat ja was mit Menschenmißbrauch zu tun, mit einer gewissen Mißachtung der menschlichen Würde, ist also Ausbeutung der Schwäche von Menschen. Ich mach' es eigentlich inzwischen so selten, daß ich fast sagen kann, ich mach' es schon gar nicht, und wenn ich es mache, dann rede ich zunächst mit dem Mädchen, weil ich den Eindruck hab', daß da was instabil ist, wenn sich eine so ranschmeißt. Das muß ja nicht immer eine ausführliche Diskussion sein. Kann passieren, daß die Diskussion manchmal 'n bißchen kurz wird und daß ich also auf diese Weise eine nicht ganz so strahlende Dame im Bett hinterlasse, eine, die sich 'n bißchen kratzt oder so. Aber das finde ich überhaupt nicht gut, und das will ich mir auch vollkommen abgewöhnen.
Eine erstaunliche Wandlung, wenn man bedenkt, wie Sie sich früher zu diesem Thema geäußert haben.
LINDENBERG: Jaja, ich hab' das früher mal stärker betrieben, hatte da einen gewissen Nachholbedarf, weil ich in jungen Jahren ständig verarscht worden bin von den Damen. Gibt ja immer noch 'ne Menge Mädchen, die auf der einen Seite sehr kokett sind, mit riesigen Dekolletés und wahnsinnig kurzen Dingern so völlig als Reizauslöser rumlatschen, und dann geht man hin, da haben sie's nun geschafft, daß man irgendwie libidisiert ist, und dann sagt man, nu laß mal los und will es nun machen ohne großes Drumrumgerede, und dann sagen die, was fällt Ihnen Schwein eigentlich ein, also dann ist es eben einfach wieder 'ne Sauerei, und dann wird es einem nun doch nicht gestattet, und das find' ich eben total beknackt, und deshalb hab' ich es dann lieber gelassen, weil ich mag mich nicht gerne verarschen lassen.
Hatten Sie mit Ihrer Potenz mal Probleme?
LINDENBERG: Ne, potent war ich immer. Da gab's keine Probleme.
War also nicht nötig, sich im Bett die Männlichkeit zu beweisen?
LINDENBERG: Ach so, Männlichkeit, doch, das gab's auch,

hatte ich früher auch mal, hab' ja auch angefangen zu rauchen, weil ich dachte, als Mann muß man das eben, so diese Geschichten, hab' ja auch schon mit dreizehn, vierzehn angefangen zu saufen. Da bin ich in 'ner Band am Schlagzeug gesessen, die waren alle älter als ich, und die tranken, und da kriegte ich erst einmal Schokolade, aber dann sagte ich, Schokolade möchte ich keine, und dann kriegte ich eben auch Bier, erst ein kleines, dann ein großes und dann immer mehr, und dann fand ich das ganz interessant, auch ganz normal, und dann wurde da eben immer geballert, während wir spielten, und 'ne Zeitlang hat mir das auch was gebracht, das heißt, es hat mir Späße gebracht, hat mich auch etwas enthemmt, machte mich locker. Ich war ja dann jahrelang ziemlich bedröhnt auf der Bühne, hatte also 'ne ziemlich intensive Romanze mit Lady Whisky. Als ich dann zu singen anfing, wurde das immer schlimmer, weil wenn man jahrelang hinter den Trommeln sitzt und dann irgendwie nur mit einem Mikrofon in der Hand da nach vorne hin muß, und da sind nun nicht mehr nur ein paar Hundert, sondern gleich ein paar Tausend Leute, die nicht nur die Songs hören wollen, sondern auch die richtigen Sprüche und Kommentare und einfach diese Power, dann kommt man schon in Versuchung, sich selbst noch bißchen zusätzlichen Treibstoff hineinzuschütten, und ich hab' also reichlich Treibstoff hineingeschüttet, und so hat sich das mit dem Alkohol bis zum letzten Jahr in abenteuerlicher Weise gesteigert. Ich war auf zweieinhalb Flaschen Whisky täglich und hab' dann von einem Tag auf den andern aufgehört mit dem Trinken, dann noch drei Tage gezittert, und danach war's okay. Ich trinke jetzt nichts mehr, nehme auch keine Drugs und dergleichen. Ich bin der Ansicht, daß die beste Droge der klare Kopf ist.

Naja, den Spruch kenn' ich schon. Das haben Sie schon mehrfach zum besten gegeben. Die Frage ist nur: Werden Sie mit dieser Nüchternheit noch zur Wirkung kommen? Die Rolle des Besoffenen war ja auch Ihre Bühnenrolle. Da wußte man doch nie so genau, spielen Sie das, oder torkeln Sie wirklich?

LINDENBERG: Sie meinen den berühmten Tanzschritt? Das ist

einfach so 'ne Naturbelassenheit. Ich hab' eben so 'n easy Gang drauf, ist teilweise im Suff entstanden, ja, aber auch, weil ich lange Zeit nur getrommelt hatte, und als ich dann zu singen anfing, hab' ich eben in Gedanken weitergetrommelt, so als würd' ich noch immer am Schlagzeug sitzen, daraus ist dann dieser etwas knieweiche Gang entstanden, das ist dann noch ausgebaut worden, Fallrückzieher und diese Geschichten, die haben sich dann später entwickelt.
Ihr früherer Saxophonist, Olaf Kübler, behauptet, es sei Ihr besonderer Trick gewesen, einen Schwächling zu mimen, denn, so Kübler: »Als Kaputter kann man immer nur positiv überraschen.«
LINDENBERG: Das ist irgend so 'ne Taktik, die er mir im nachhinein unterstellt hat. Ich hab' mich auch mal gefragt, war's vielleicht so? War aber nicht. Ich mime doch den Leuten nichts vor, zumindest nicht bewußt, ich mein', klar, ich zieh' mir schon mal 'nen goldenen Frack an, wenn es mir dramaturgisch ins Konzept paßt, oder schmeiß mal 'ne Flasche oder steig' aufs Klavier, dramaturgisch.
Kübler sagt weiter, Sie hätten ihm die Sprüche geklaut, denen Sie Ihren Erfolg verdanken, zum Beispiel »Nur keine Panik!«, woraus ja dann die Bezeichnung »Panikorchester« hervorging.
LINDENBERG: Ne, also ehrlich, der Spruch ist einfach so aus diesen etwas chaotischen Gegebenheiten hervorgegangen, in denen unsere Songs und Projekte geboren werden. Also da gibt es auf der einen Seite die ziemlich glatt gemanagten Schlager- und Disco-Projekte, und dann gibt es so im Underground diese wilden Blumen, die oftmals wesentlich chaotischer wachsen, zwischen all den Nervenzusammenbrüchen und altrömischen Partys und all den eigenartigsten Beziehungen solcher Leute, die eben nicht zur glatten Schlagerretortenwelt, sondern zu dieser rock 'n' rolligen Undergroundecke gehören, und da bin ich eben der Meinung, daß man dieses Chaos anerkennen und als ganz natürlichen Bestandteil annehmen muß, um in der Lage zu sein, diese Panik jederzeit in den Griff zu bekommen. Daraus ist dann dieser Slogan entstanden. Ich bin ja in solchen Situationen, in

denen wirklich alles schiefgeht, besonders cool und besonnen, so 'ne Art Pate. Die Panikfamilie ist dann gewissermaßen meine Ersatzfamilie, so 'ne altitalienische Großfamilie, weil ich bin eben ein Familienfreund, und ich finde, daß diese Kleinstfamilien, diese Isolierstationen und Soloparzellen nicht so attraktiv sind, denn das hat ja viel Negatives zur Folge, Vereinsamung im Alter und solche Sachen.

Meine Frage war: Haben Sie geklaut, oder sind die Sprüche von Ihnen?

LINDENBERG: Ich hab' nicht geklaut. Ich denke, daß der Olaf Geld sehen möchte, also es gibt jetzt natürlich auch Neider, ist ganz normal, und es gibt 'ne Menge Leute, die keinen richtigen Durchblick haben, gibt ja auch die Schmierenjournaille, diese Schmutzfinken der Feder.

Würden Sie jemanden, der sich Ihnen in den Weg stellt, so ganz cool, wie es Ihre Art ist, beiseite schieben?

LINDENBERG: Also, auf meinem Weg nach oben liegt keine einzige Leiche. Leute, die sich mir in den Weg gestellt haben, wurden natürlich von der Straße heruntergehoben und an den Rand gestellt, aber dabei ist niemand zu physischem Schaden gekommen. Die Mafia funktioniert heute anders. Das Syndikat arbeitet mit psychologischen Mitteln. Jeder, der nicht *für* die Sache ist, der ist gegen die Sache, und diese Leute müssen natürlich freundlich, aber bestimmt, von der Straße weggeschafft werden. Das haben wir immer sehr dezent und galant gemacht, nach Art des Hauses.

Können Sie das mal näher erklären?

LINDENBERG: Das sind so sizilianische Geheimtricks, die ich für mich behalte. Ich bin schon in der Schule eher zurückhaltend gewesen, also bin nach taktischen Überlegungen vorgegangen: nicht auffallen, aber das Ziel nicht aus den Augen verlieren. Ich hab' schon ganz früh das Gefühl gehabt, daß ich entweder was ganz Großes werde oder so 'n totaler Gammler. Daß ich ein Radikaler bin, hab' ich schon früh begriffen. Ich wollte nicht das normale Leben. Ich steh' nicht auf Mittelmaß, also auf so 'n Leben zwischen allen Extremen. Ich wollte schon immer die totale Ausgabe haben, raus aus den Normen, weltweit sein, reisen, die Schatzinsel finden, und dann hab' ich diesen Film gesehen, »Liane, das Mädchen aus dem Urwald« mit Marion Michael, mit der wär' ich gern mal hingefahren zu dieser Insel, das waren so die ersten erotischen Kicks, ist an sich 'ne ganz normale Geschichte, find' ich alles überhaupt nicht außergewöhnlich... Kleinstadt, wo ich aufgewachsen bin, fand ich überwiegend nicht so interessant, also da wollte ich raus, und zwar schnell. Käfige sind zum Ausbrechen da. Hat mir mein Vater erzählt. Bin ich mit fünfzehn schon abgehauen von zu Hause, hab' die Biege gemacht, wollte mich eben einfach mal umsehen.

Auch Geld haben? Reich sein?

LINDENBERG: Erst nicht, ne, anfangs war mir das gar nicht so wichtig, hab' ja jahrelang in allen möglichen Bands gespielt für fünfzig Mark Gage am Abend. Natürlich, ich hatte wie viele andere auch diese Phantasien, irgendwann wirst du mal reich sein, irgendwann wirst du mal Millionär.

In einem früheren Interview haben Sie gesagt: »Ich komme aus einfachen Verhältnissen. Ich wollte immer Kohle haben.«

LINDENBERG: Ja, war auch wichtig, klar. Find' ich angenehm, daß ich viel Geld verdiene. Ich bin also auch nicht so verlogen und fahr' im 2 CV durch die Gegend oder wohne im feuchten Keller. Das wär' natürlich verlogen, obwohl manche Leute das scheinbar gern sehen würden, die sagen, wie kann denn da noch der Basiskontakt funktionieren, wenn einer so viel Kies hat.

Wieviel ist es denn?

LINDENBERG: Erzähl' ich nicht, weil ich es gar nicht so genau weiß, 'n paar Millionen sind das, ist ja ganz klar.

Finden Sie sich überbezahlt?

LINDENBERG: Ja, find' ich. Das sind einfach so Systemfehler, die mal korrigiert werden müßten, also daß manche Leute so wenig verdienen und manche so viel. Ich bin ja jemand, der dazu aufruft, die Obrigkeiten zu überprüfen, eingeschlossen die Popstars, eingeschlossen auch mich, also alle, die oben stehen, wo auch immer.

Das ist natürlich ganz raffiniert zu sagen, man sei gegen Obrigkeiten, und auf diese Weise selbst nach oben zu kommen.
LINDENBERG: Wieso raffiniert? Ich will mich ja über niemand erheben.
Aber das passiert doch. Sie stehen oben auf dem Podest, und die Fans stehen unten.
LINDENBERG: Das muß man ja jetzt nicht von der Bühnenhöhe abhängig machen. Manchmal spring' ich auch in den Saal hinunter. Ich lege Wert darauf, daß sich das auf einem gemeinsamen Level abspielt, und zwar über Sprüche, über Gespräche.
Sie können ja nicht gleichzeitig reden und singen.
LINDENBERG: Da werde ich eben künftig über große Talkshows in den Hallen versuchen, das total zu durchbrechen, diesen Idolcharakter, weil mein Ego findet keine Befriedigung mehr in diesen onanistischen Eitelkeiten. Mir ist heute wichtiger, für die Sache zu fighten, also ich setze meine Popularität, die ich natürlich zunächst mal irgendwie herstellen mußte, ganz ein für die Sache. Ich glaub', daß einer der Gründe meines Erfolges der ist, daß die Leute anerkennen, da steht einer auf der Bühne, der mimt uns nix vor, irgendwie so 'n Kumpel, der kann auch nicht richtig singen, ich meine, mittlerweile hat sich eine gewisse Professionalität eingeschlichen, aber am Anfang hab' ich doch sehr merkwürdig gesungen, und die Leute hatten den Eindruck, wenn sie jetzt auch singen würden, dann klänge das eigentlich ziemlich ähnlich, das ist einer, der das da oben durchzieht mit 'ner unheimlichen Frechheit, und das war ja auch ziemlich frech, also ich fand es selber 'ne Frechheit. Ich hab' der Band gesagt, wir sind jetzt die Größten, darüber brauchen wir ab sofort nicht länger zu diskutieren, das wär' einfach unpraktisch, wir sind jetzt einfach die Kings, und wer's nicht glaubt, der kriegt 'n doppelten Korn oder so, also wir haben auch Tricks gemacht anfangs, haben auch unsere eigene Werbung gemacht, bißchen lockerer, witziger formuliert, als das sonst Brauch war. Ich bin der Meinung, wenn Jugendliche so 'ne Orientierungsfigur nötig haben, und die haben sie nötig, weil sie eben einfach noch

suchen und nicht genau wissen, wo's langgeht, dann ist mir schon lieber, sie orientieren sich an mir als an Heino oder Franz Josef oder auch Helmut.[1]

Ich habe gar nichts gegen Sie als Orientierung, nur halte ich es für ehrlicher zu sagen, okay, ich steh' jetzt da oben, und ich hab' auch Spaß daran oben zu stehen.

LINDENBERG: Ich will doch gar nicht da allein oben stehen. Ich will, daß alle, die was zu sagen haben, nach oben kommen. Ich finde, vom Kleinkind bis zum Opa sollen alle hinauf auf die Bühne.

Und wenn dann keiner mehr Lust hat unten zu bleiben?

LINDENBERG: Dann haben wir eben ein Wahnsinnsangebot an Kultur.

Ja, aber wer konsumiert die?

LINDENBERG: Na, all die anderen oder eben die Macher. Von den vielen anderen Machern nehmen die dann wieder entgegen. Dann geh' ich wahrscheinlich auch wieder häufiger in Konzerte. Ich will nur sagen, daß ich dafür bin, daß die Leute selber kreativ sind, denn das wird ja irgendwie alles wegregiert heute, Kreativität, Eigeninitiative, Abenteurertum, das ist doch alles unerwünscht heute. Da werden die Leute zu Nummernfuzzis gemacht, also zu lächerlichen Lochkarten oder lächerlichen Löchern in den Lochkarten. Das versetzt mich in Sorge.

Wie sieht denn Ihrer Meinung nach die Kreativität des Publikums aus, während Sie auf der Bühne stehen?

LINDENBERG: Die singen mit und entwickeln ihre Phantasie und erfahren sich als Energie, als Kraftwerk.

Beim Mitsingen können die nicht besonders viel Phantasie entwickeln, denn die singen doch Ihre Texte.

LINDENBERG: Dann erfahren sie sich eben irgendwie als 'ne kollektive Power. Ich hab' auch nichts gegen 'ne Massenbewegung.

Das glaube ich Ihnen. Solange Sie davon profitieren.

[1] Heino, bürgerlich Heinz Georg Kramm, Schlagersänger; Franz Josef Strauß; Helmut Schmidt

LINDENBERG: Also ne, ich hab' Ihnen doch schon gesagt, daß ich gegen die bin, die oben stehen, daß ich dafür kämpfe, diesen beknackten Autoritäten die Kante zu geben. Ich singe ja zum Beispiel auch für die Minderheiten, und die kleinste Minderheit ist der einzelne, das Individuum, und das Individuum steht bei mir unheimlich groß auf dem Zettel. Aber das schließt 'ne Massenbewegung nicht aus.

Empfinden Sie so etwas wie ein Rauschgefühl, wenn im gefüllten Saal der Jubel losbricht?

LINDENBERG: Ja, Rausch krieg' ich auch auf der Bühne, aber warum? Weil ich eben mit der Sache abhebe.

Mit der Sache hebt zum Beispiel auch Strauß ab, nur eben mit seiner Sache.

LINDENBERG: Ja, aber Strauß fordert bedingungslosen Gehorsam. Ich fordere das eben nicht. Ich fordere kreative Unruhe im Lande und die Überprüfung der Obrigkeiten, und die Leute finden das gut, und dann jubeln sie eben, aber manchmal auch nicht, dann fragen sie: Warum denn? Wieso denn? Was ist denn nu los? Also da kommen dann Zurufe, auf die ich eingehe. Während der Songs sind diese Rufe natürlich etwas schwer hörbar, weil die Brüllboxen zu laut sind, aber zwischen den Songs kann man ja einiges machen oder nach den Konzerten oder vor den Konzerten, da kann man dann den sogenannten Basiskontakt intensivieren.

Sie meinen, während Sie Autogramme verteilen?

LINDENBERG: Ne, Autogramme gebe ich äußerst ungern. Ich steh' doch nicht stundenlang und schreib' Autogramme. Ich schreib' dann mit links vielleicht 'n paarmal den Namen, hab' aber gleichzeitig mit den Leuten Gespräche. Die fragen dann alles mögliche, wie sie mit ihrem Freund oder der Freundin klarkommen oder ob sie aus der Kirche austreten oder ob sie Terrorist werden sollen. Ich glaub', daß viele Leute aus diesen Konzerten mit 'ner neuen Energie hinausgehen, daß die bei mir ihre Batterien aufladen, das glaub' ich. Aber ich bin nicht der einzige, da sind auch andere, Konstantin Wecker, Nina Hagen, zum Teil Georg Danzer, die attackieren die Spießer genauso wie ich, mit der Handkante im Kopf, mit der Gedankenpeitsche. Sie müßten mal checken, was meine Songs so alles bewirken, da sind schon einige drunter, die richtig Bewegung schaffen, so systemanalytische Dinger, »Raketen-Rocker«, »Born to be wild«, »Daniels Zeitmaschine« oder »Guten Tag, ich heiße Schmidt, und ich mache alles mit, bei jeder Mode stramm dabei, vom ersten Tango bis zum letzten Disco-Schrei ...«.

Eine Mode sind Sie inzwischen ja auch geworden. Was mir auffällt, ist, daß sich in einigen Ihrer neuen Texte eine gewisse Melancholie oder Traurigkeit breitmacht.

LINDENBERG: Klar, manche Situationen oder Tatbestände stimmen mich traurig, machen mich manchmal auch etwas verzweifelt, aber der Optimismus steht bei mir mindestens genauso hoch auf dem Zettel und die wilde Entschlossenheit weiterzupowern, um wirklich fundamentale Veränderungen herbeizuführen. Ich bin ein sehr praktischer Mensch, weil ich finde, daß man unheimlich praktisch denken muß, wenn man was ändern will. Wenn man in den Leidenskeller hinabsteigt und sich aufmacht für so schwache Talfahrten, dann nimmt man sich nur die Power, also so 'ne Schwäche kann ich dann nicht gebrauchen, das erkläre ich für unpraktisch, da hab' ich so 'ne Art Selbstschutz, damit ich nicht immer tiefer in diese Sackgasse latsche. Man kann das Leiden in begrenztem Maße auch stoppen. Man kann dafür sorgen, daß man nicht allzuviel reinrutscht in so Depressionen. Wenn es mir richtig mies geht, komm' ich mit 'ner Beruhigungsspritze besser klar, also dann kann mir überhaupt keiner mehr helfen. Wenn ich heule, heul' ich für mich ganz alleine. Mein einziger Zuschauer bin dann ich selbst, also ich bin immer zu zweit, einmal der lose, lockere Larry-Vogel und dann eben der Besonnene, Coole, an dessen Schulter ich mich lehne, ab und zu mal.

Ist das in Ihrem Film der Mann mit dem Hut, der ausschaut wie Humphrey Bogart?

LINDENBERG: Ich finde nicht, daß das unbedingt was mit Humphrey Bogart zu tun hat, klar, 'n bißchen Detektivklassizismus ist schon dabei, weil Bogart das eben meisterlich vorgeführt hat, aber ich hab' ihn nicht kopiert oder so, sondern bin ihm schon immer verwandt gewesen, weil es da eben auf der einen Seite einen Udo gibt, das ist der Flippi, und auf der anderen Seite den Registrierenden, Nachdenklichen, der die großen Projekte durchzieht. Solche Projekte erfordern ja eine unheimlich genaue Logistik. Da darf man nicht die Kontrolle verlieren.

Da gibt es also sozusagen einen Karriere-Udo und einen privaten, der für sich allein heult, Nervenpillen schluckt und gelegentlich ausflippt?

LINDENBERG: Das Ausflippen kommt immer seltener vor. Also das gab's früher mal, den Fernseher aus dem Fenster schmeißen und solche Sachen, das gibt es jetzt nicht mehr.

Was hatte das für Ursachen damals?

LINDENBERG: Meistens so Eifersuchtssachen, so Ängste, Verlassensängste, als ich noch der Ansicht war, daß man unbedingt jemanden zum Anklammern braucht. Das waren so amouröse Abhängigkeiten, die hab' ich mir abgewöhnt, das mach' ich jetzt nicht mehr, also ich weiß nicht, ob ich's noch mache, aber ich halte es eben für sehr riskant, weil ich hab' einfach die Erfahrung gemacht, daß in solchen Beziehungen enorm viel Energien auf der Strecke bleiben, wenn's nicht so läuft, wie man's braucht.

Das klingt ja, als wären Frauen für Sie nur so Tankstellen, die dazu da sind, Ihnen Kraftstoff zu liefern.

LINDENBERG: Klar, ich will doch, daß die Power noch mehr wird. Aber ich seh' da keinen so großen Unterschied zwischen Frauen und Männern, also ich kann genauso mit 'nem Jungen befreundet sein, das kann genauso kräftigend wirken. Nur hab' ich da eben bis jetzt wenig Erfahrung. Meine letzte Intensivbeziehung liegt Jahre zurück, also so echte Beziehungen, so Romeo-und-Julia-mäßig, hab' ich schon lang nicht gehabt. Das waren eher so Kurzfilme.

Wünschen Sie sich eine lange Beziehung?

LINDENBERG: Doch, wünsch' ich mir schon, aber ich halt' es eben für schwierig, weil ich ja auch sehr konservativ bin in so 'ner festen Beziehung. Die Frau muß treu sein. Ich würd' zwar

nicht sagen, du darfst jetzt nur mit mir und mit keinem andern, also diese Art Chauvinismus läuft bei mir nicht, aber die müßte eben total von selber draufkommen, ohne daß ich's verlange, und müßte mich jeden Tag aufs neue in Flammen setzen, so daß auch ich keinerlei Interesse hätte, mit 'ner anderen Partnerin was zu machen. Also die müßte irgendwie auch sehr idealistisch begabt sein.
Stimmt es, daß Sie gern dreizehn Kinder hätten?
LINDENBERG: Können auch vierzehn sein.
Sind Sie sicher, daß Sie nicht schon welche haben?
LINDENBERG: Ne, bin ich nicht sicher, aber ich glaub' nicht, daß was passiert ist.
Ist es schon vorgekommen, daß Frauen, mit denen Sie im Bett waren, Ihnen dann die Vaterschaft anhängen wollten?
LINDENBERG: Ja, ist ab und zu schon mal vorgekommen, hat mich schon manche Frau so 'n bißchen beflaxt, sich so Scherzchen erlaubt, gesagt, sie sei schwanger von mir, Privatdetektive losgeschickt und solche Sachen, aber ich mag diese Scherzchen überhaupt nicht, weil ich das gar nicht gut fände, wenn ein Kind käme auf diese Weise, also das hätt' ich dann schon lieber auf die klassische, sizilianische Art, vollbewußt, mit 'ner Frau, zu der ich voll stehen könnte. Denn, wie gesagt, ich hab' viel Familiensinn, hab' auch sehr intensiven Kontakt gepflegt mit meiner Familie.
Ende Febrauar 1979 starb Ihre Mutter. In einem Zeitungsinterview haben Sie gesagt: »Sie war die einzige Frau, die ich je geliebt habe im Leben.«
LINDENBERG: Ja, meine Mutter war für mich 'ne große Energiequelle und 'ne große Motivation, was zu machen. Vieles, was ich gemacht hab', hab' ich für sie gemacht, damit sie 'n gutes Gefühl hat, damit sie sich freut nach dem harten Leben, das sie mal hatte, denn sie hatte 'nen harten Job und 'ne Riesenfamilie. Ich wollte, daß es ihr gut geht.
Sind Sie nach dem Begräbnis noch einmal am Grab gewesen?
LINDENBERG: Ne, absichtlich nicht. Das Grab pflegen meine Verwandten. Würde mich stressen. Ich hab' die Verbindung

auch so. Ich brauch' keinen Stein, auf dem ihr Name draufsteht, brächte mir einfach nur Depressionen und 'ne Traurigkeit, die ich sowieso in genügendem Maße schon selber habe. Also das will ich nicht auch noch steigern.

Was ist an die Stelle der Motivation durch Ihre Mutter getreten, seit sie tot ist?

LINDENBERG: Diese persönliche Motivation ist entfallen, und das macht mir die Arbeit ein bißchen schwerer. Aber ich hab' eben diesen schon erwähnten Idealismus. Hätte ich den nicht, müßte ich kapitulieren, und Kapitulation hieße, daß ich schwächer bin als die, die jetzt an der Macht sind, das könnte ich überhaupt nicht akzeptieren, denn das wär' 'ne Beleidigung meinen Eltern gegenüber. Ich werd' jetzt um so kräftiger diesen Herren da oben die Sporen geben, also auch ziemlich deutlich in den Wahlkampf[2] eingreifen. Im September mach' ich 'ne Fünf-Wochen-Tournee, weil wenn die Parteisänger in den Riesenhallen ihre schauerlichen, verlogenen Texte bringen, ich mein' die Parteisprecher, wenn die mit ihren Sprüchen kommen, um da irgendwie den Wahlausgang zu programmieren, dann werd' ich es mir nicht nehmen lassen, auch 'n paar Texte zu singen, werd' mich also nicht zurückhalten, sondern diesen Leuten ein herzhaftes Ständchen bringen.

Unterstützen Sie eine bestimmte politische Richtung?

LINDENBERG: Ich verfolge mit großem Interesse die Entwicklung der Grünen, aber da sind natürlich noch so Formierungsprozesse, also die rangeln sich immer wieder mal auseinander, da ist es natürlich schwer, ein stabiles Programm zu machen. Jedenfalls werde ich dazu aufrufen, Herrn Strauß nicht zu wählen.

Glauben Sie, daß Sie noch auftreten dürfen, wenn Strauß zum Kanzler gewählt wird?

LINDENBERG: Glaub' ich schon, zumindest noch eine Weile: als Hofnarr.

Der Hofnarr sind Sie doch jetzt schon.

[2] Bundestagswahl 1980

LINDENBERG: Da könnte ich Ihnen was erzählen über die mögliche Effektivität solcher Hofnarren, denn die sind ja sehr wirksam, über die Gigantenpower, die in so etwas drinsteckt. Solche Leute, für die wir die Schmeißfliegen sind oder die roten Ratten[3], die würden uns aus so 'ner Scheinliberalität noch 'ne ganze Weile durch alle möglichen TV-Shows hindurchgeistern lassen, und dann würden sie irgendwann sehen... also das käme darauf an, wie närrisch wir bleiben oder wie konkret wir dann würden, dann würden die wohl versuchen, was gegen uns in die Wege zu leiten, und dann ist eben die Frage, wie stark so 'ne Gegenpower dann sein kann, da würde dann bei einigen das große Erwachen beginnen.

Sie hatten vor Jahren einmal den Plan, einen Film zu machen, in dem ein Sohn Hitlers vorkommt, der aus Protest gegen seinen Vater ein Freak wird. Gibt es für die Nachkommen der Nazigeneration nur diese eine Möglichkeit: Ausflippen, Revolte?

LINDENBERG: Leider nicht, denn die Söhne und Töchter, zum Teil sind es auch schon die Enkel, sind doch genauso bescheuert wie ihre Großväter und Väter, also viele von denen sind genau die Mitlatscher und Mitmarschierer, die es in den dreißiger Jahren auch gab. Für die bin ich fast schon ein Terrorist. Da gab's mal hoffnungsvollere Zeiten mit Willy[4], Studentenrevolte und so, da hat man wirklich gedacht, es ließe sich einiges ändern, aber dann sind die meisten beim langen Marsch durch die Institutionen kleben geblieben, total abgeschlafft. Die laufen jetzt als Hängematten überall durch die Gegend.

Ist die DDR für Sie eine Alternative?

LINDENBERG: Ne, auch nicht.

Sie haben sich mehrmals vergeblich darum bemüht, dort auftreten zu dürfen. Was haben die Ihrer Meinung nach gegen Sie einzuwenden?

LINDENBERG: Angst haben die vor Tumult, Emotionen, die da

[3] Gemeint ist das auf den Schriftsteller Bernt Engelmann gemünzte Zitat von Franz Josef Strauß: »Mit Ratten und Schmeißfliegen führt man keine Prozesse.«
[4] Willy Brandt, deutscher Bundeskanzler von 1969 bis 1974

frei werden könnten, also vor dieser bewußten Power. Alle möglichen Leisetreter lassen sie rüber, auch Udo Jürgens war dort mit »Buenos Dias Argentina«, im Band der Harmonie und alle diese beknackten Geschichten, die laufen da vor selektiertem Publikum, schön säuberlich, da kann nix passieren, aber Klartext ist unerwünscht. Dabei bin ich doch nun wirklich nicht einer, der den Westen über alles lobt und den Osten verdammt, sondern ich meine, daß hier wie drüben vieles nicht stimmt, aber daß hier wie drüben streckenweise gute Ansätze da sind. Ich halte mich für einen Entertainer, und ich finde die Songs, die ich mache, von gediegener Qualität, und ich glaube, daß ich Spaß mit Inhalt sehr fein verbinde und daß das gut funktioniert. Ich hab' die Naivität, das noch glauben zu können.

Ihr Kollege Wolf Biermann hat Sie als »Baby mit Zigarre« bezeichnet. Der findet es sympathisch, daß Sie nicht höher hinauswollen und mit Ihrer, so Biermann, »vergleichsweise niedrigen Bildung« trotzdem schöne und politisch nützliche Lieder schreiben.

LINDENBERG: Ich finde so 'ne Versuchsintellektualität auch überhaupt nicht erstrebenswert. Es gibt schon zu viele, die da in unheimlich elitären Ecken rumfliegen und offiziell schlauere, aber völlig uneffektive Sachen herstellen. Ich finde den Biermann in Ordnung, denn es kann ja vieles nebeneinander geben. Ich finde auch gut, daß Studenten Flugblätter verteilen, auch wenn das genau die Leute sind, die mir vorwerfen, daß ich Politinhalte mit Spaß verbinde. Es gibt bei meinen Songs solche und solche, natürlich auch easy songs, klar, also Songs für 'ne etwas einfachere Stimmung.

Peter Zadek, der Ihre letzte Deutschlandtournee inszeniert hat, zeigte sich begeistert von Ihrer »Schizophrenie und Verrücktheit«. Fürchten Sie manchmal, Sie könnten wahnsinnig werden?

LINDENBERG: Ja, früher mal hab' ich das stark befürchtet, so in meiner nachpubertären Periode, als ich anfing, bewußt zu leben, da fand ich das eben unheimlich komisch, so 'n Gehirn, wie das funktioniert, das hat mir echt Angst gemacht, da denkst du, jetzt hebst du mal 'n bißchen den kleinen Finger, und dann geht der tatsächlich hoch, also einfach dieser Mechanismus, wie so was abläuft, das fand ich einfach gigantisch, das war so 'ne Kombination aus höchster Bewunderung für die Schöpfung oder den Urknall und einer gewissen Befremdung. Ich hab' auch schon mal gedacht, mich psychiatrieren zu lassen. Aber ich glaub', da hätt' ich auch nicht mehr rausgefunden, als ich selber schon wußte.

Noch eine letzte Frage: Können Sie sich erklären, warum Sie so häufig für ungewaschen gehalten werden?

LINDENBERG: Das ist die schmutzige Phantasie mancher Leute. Die haben auch geschrieben, ich zertrümmere Klaviere und schmeiße mit Hähnchenknochen. Ich bin immer lupenrein supersauber, höchstens mal an der Jacke 'n Schnapsfleck oder Dreck unter den Fingernägeln.

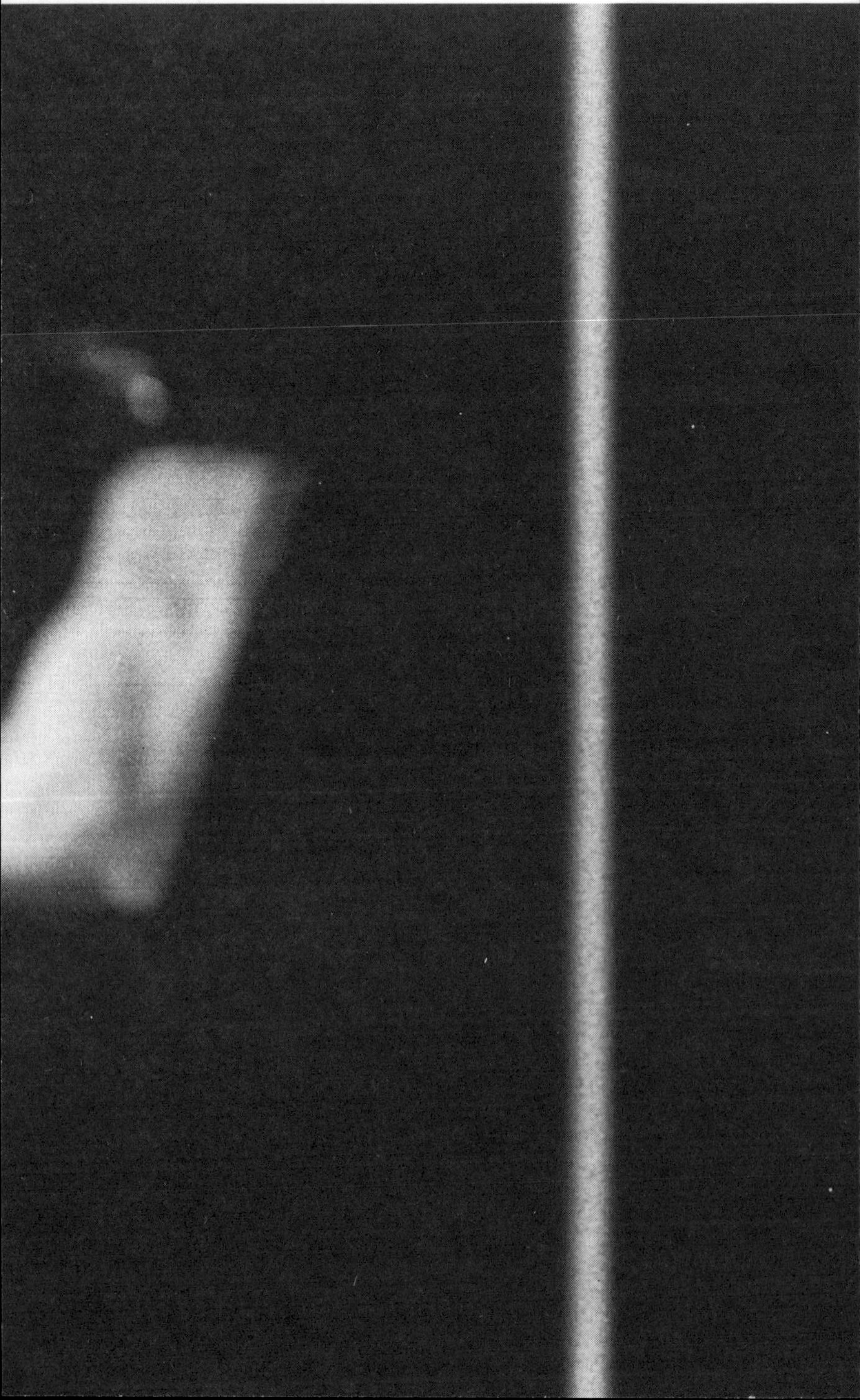

Hanne Hiob

Das Interview mit Hanne Hiob, Bert Brechts Tochter, hatte, noch bevor es erschien, unzählige Telefonate zur Folge, in denen die Schauspielerin mich beschwor, einige Stellen des Textes wieder herauszunehmen. Sie habe, wie sie erst jetzt bemerke, »lauter Gewäsch geredet«. Zunächst war ich durchaus gewillt, mich den Wünschen meiner Gesprächspartnerin anzupassen. Aber kaum hatte ich die beanstandeten Passagen gestrichen, wollte sie diese nun doch stehenlassen und bat um die Entfernung anderer, zuvor für gut befundener Sätze. Auf meinen Vorschlag, sie solle lieber gleich selbst etwas schreiben, erwiderte sie, schreiben könne sie nicht, da habe sie einen Komplex wegen des Vaters. Schließlich habe ich mich, um der Sache ein Ende zu machen, dazu entschlossen, das Gespräch in der ursprünglichen, nach einer Tonbandaufzeichnung entstandenen Form erscheinen zu lassen. Der Anlaß des Interviews war die Beteiligung Hanne Hiobs an einer Protestkundgebung gegen den Kanzlerkandidaten Franz Josef Strauß, bei welcher sie Bert Brechts 1947 geschriebenes Gedicht »Der anachronistische Zug oder Freiheit und Democracy« deklamierte. Die Reaktionen auf die Veröffentlichung in der ZEIT am 4. Juli 1980 bezogen sich aber nicht so sehr auf die politischen Äußerungen der Dichtertochter, sondern auf ihre Kritik an der Haltung von Gustaf Gründgens während der Hitlerherrschaft. Die Schauspielerin Marianne Hoppe, die einige Jahre die Frau des Theaterleiters und Regisseurs war, erklärte in einem Leserbrief, Gründgens habe als Direktor des Preußischen Staatstheaters mehrere Ensemblemitglieder, so auch Hanne Hiobs Stiefvater Theo Lingen, durch persönlichen Einsatz vor Zugriffen schützen können. Der ständige Einsatz für andere habe ihn »letzten Endes sein Leben gekostet«. Noch heftiger protestierte Gustl Adele Mayer, eine Wiener Leserin, die die betreffende Stelle des Interviews als »frivol« charakterisierte. Hanne Hiob, so Frau Mayer, hätte wissen müssen, daß sie der Abschirmung durch Gründgens auch ihre eigene Sicherheit zu verdanken hatte. Die Interviewte selbst hat sich bei mir nicht mehr gemeldet. Ihrer während unserer Unterhaltung mehrmals geäußerten Bitte, ich solle auch ihr Lachen zum Ausdruck bringen, habe ich erst jetzt Gelegenheit nachzukommen. Fast auf alle meine Fragen reagierte die damals 57jährige mit einem erstaunlich mädchenhaften, um nicht zu sagen infantilen Gekicher. Als ich ihr, schon im Gehen, den Rat gab, sich von der beherrschenden Figur ihres Vaters zu lösen, um der eigenen Abgründigkeit auf die Spur zu kommen, sagte sie: »Wenn Sie nicht sofort aufhören, brech' ich zusammen vor Lachen.«

Sie haben sich Interviewern bisher immer verweigert. Warum haben Sie zugesagt diesmal?
HANNE HIOB: Damit Sie schreiben, daß ich mich wie voriges Jahr gegen die Wahl des Bundespräsidenten Karl Carstens so jetzt gegen Franz Josef Strauß politisch einsetzen werde.
Hat Sie dieser politische Einsatz verändert?
HIOB: Verändert nicht, denn das muß ja schon dagewesen sein vorher. Aber es ist etwas in mir ausgelöst worden durch dieses Ereignis. Die Tatsache, daß ein Mitglied der NSDAP jetzt als Bundespräsident in Bonn sitzt, bedeutet doch die Rehabilitierung des Faschismus in Deutschland.
Sind Sie selbst auf die Idee gekommen, Brechts Gedicht vom »anachronistischen Zug« gegen Carstens und Strauß zu verwenden, oder hatten andere diesen Einfall?
HIOB: Das wurde mir angeboten. Die Idee kam von den Leuten, mit denen zusammen ich das jetzt mache.
Welchen Leuten?
HIOB: Gemischten Leuten. Das sind... ich sag' immer Kinder, aber so jung sind die gar nicht. Die kommen aus allen Kreisen, das sind Arbeiter, Hausfrauen, Studenten, Organisierte, Nichtorganisierte, alles. Zuerst dachte ich, ach Gott, wie entzückend, was die sich da ausgedacht haben, den Brecht zu benutzen, aber dann fand ich es reizvoll und politisch in Ordnung.
Sind das KP-Mitglieder?
HIOB: Natürlich sind Politische auch darunter. Aber nicht in der Mehrzahl.

Sind Sie irgendwo Mitglied?
HIOB: Nein, überhaupt nicht, nie gewesen, hat mich nie interessiert. Warum sollte ich? Nicht einmal Brecht war in der Partei.
Ein Kommunist würde sagen, nur als Organisation kann man stark sein.
HIOB: Ich hab' nie an so was gedacht, darum kann ich's Ihnen auch nicht begründen. Wenn Sie mich fragen: Sind Sie katholisch oder evangelisch oder gar nichts, könnte ich Ihnen da auch nichts sagen, weil ich nie einen Moment darüber nachgedacht habe, warum ich das alles nicht bin.
Ein Grund könnte sein, daß Sie, wie die Giehse das nannte, ein »alleiniger Mensch« sind.[1]
HIOB: Ja, bin ich. Wenn ich in eine Menschenansammlung komme, werde ich unruhig. Im Lift fahre ich am liebsten alleine.
Nun ist das aber anders geworden. Sie kämpfen mit vielen.
HIOB: Ja, natürlich, natürlich.
Beunruhigt Sie das Auftreten von vielen jetzt nicht mehr?
HIOB: Überhaupt nicht, weil es wichtig ist. Diese ganze Sache ist wichtig, und dann steht das zurück, das Persönliche, daß man, wie Sie sagen, lieber allein ist. Das muß ja so sein. Das geht nicht anders. Es macht ja auch Spaß zu kämpfen, obwohl natürlich die ganze Sache kein Spaß ist... Kämpfen ist vielleicht nicht der richtige Ausdruck. Man setzt sich für etwas ein, das ist besser. Wir möchten zeigen, daß in Deutschland heute überall die Faschisten hochkommen, wie Brecht das in seinem Gedicht 1947 gesagt hat.
Sie stellen die Absichten von Strauß in direkte Parallele zu Hitler. Macht man es sich nicht etwas zu einfach, wenn man nur diesen Vergleich zieht? Die Voraussetzungen sind doch heute ganz anders. Hitler trat auf in der Wirtschaftskrise, Strauß kommt im Wohlstand.
HIOB: Leute in Not gibt es auch heute, Arbeitslose.

[1] Therese Giehse, Münchner Schauspielerin, 1898–1975. War mit Hanne Hiob eng befreundet und machte sie zu ihrer Erbin.

Ja, aber die sind doch materiell abgesichert. Das Problem ist doch nicht, daß die hungern, sondern daß sie sich langweilen, wenn sie keine Beschäftigung haben, und in ihrer Freizeit, mit der sie nichts anfangen können, verführbar sind zu allen möglichen Abenteuern. Erich Fromm sagt, die Gefahr eines neuen Weltkriegs kommt daher, daß den Leuten fad ist. Die wollen was erleben. Das bietet Strauß: Polarisierung, Kampf dafür und dagegen. Es ist wieder was los in Deutschland. Man wird abgelenkt von sich selbst, vom Todesgedanken.
HIOB: Todesgedanken? Was heißt das? Was reden Sie denn jetzt für einen Unsinn? Ich bin Realist. Ich kann so nicht argumentieren.
Es gibt da einen Satz von Hesse, das hat er an Thomas Mann geschrieben...
HIOB: Ich bin gar kein Hessist... Aber reden Sie weiter.
Hesse schreibt: »Ich bin nach wie vor nicht der Meinung, daß das ganze Leben und die ganze Menschheit politisiert werden müsse, und ich werde mich bis zu meinem Tod dagegen wehren, mich selber politisieren zu lassen. Es müssen doch auch Leute da sein, die unbewaffnet sind und die man totschlagen kann.«
HIOB: Ich fühle mich auch unbewaffnet und kann auch totgeschlagen werden, jeden Moment. Das ist meine Meinung. Denn die Gefahr steigt natürlich.
Wenn Ihr Leben bedroht wäre, würden Sie darum kämpfen?
HIOB: Ich würde nicht kampflos sterben.
Also wenn Brecht sagt, nicht um die eigene Sache kämpfen heißt um die Sache des Feindes kämpfen, dann ist jetzt Ihre Sache Ihr Leben?
HIOB: Im Moment, um es ganz klar zu sagen, ist es eigentlich nur der Antifaschismus.
Haben Sie Angst vor Strauß?
HIOB: Und wie! Ich hab' immer Angst. Ich sehe doch, wie es jetzt losgeht. Als ich bei der Demonstration gegen Carstens auf der Bühne stand und das Gedicht von Brecht las, ist hinter mir Polizei aufmarschiert, das war böse. Ich stand daneben, nur

einen Meter entfernt, als die zu prügeln anfingen... Mich haben sie natürlich nicht da mitreingezogen, aber wenn Schlägertrupps kommen, warum sollten die Rücksicht nehmen? Daß ich von Rechtsradikalen niedergeschlagen werde, kann ich mir durchaus vorstellen, das ist etwas, was ich nicht so sehr gerne hätte. Ich habe jetzt eine Bodyguard, seit ich so Anrufe bekomme: Sie elende Drecksau, verlassen Sie München, und solche Sachen.

Fühlen Sie sich nicht geschützt durch den Ruhm Ihres Vaters?

HIOB: Vor diesen Leuten? Ach wo denn! Der ist doch politisch, da hat man keinen Respekt vor. Außerdem: Die meisten kennen ihn gar nicht. Man muß dann erklären, Dreigroschenoper, dann erst kommt das Erkennen.

Wie erklären Sie sich, daß Strauß in Bayern diese Hausmacht bekommen konnte?

HIOB: Sehnsucht nach dem starken Mann, das wird es sein. Dabei ist Bayern ein so schönes Land. Aber wenn ich da auf der Straße gehe, weiß ich doch, der, der neben mir geht, würde mich, wenn er könnte, verbieten. Sind wir doch einmal ganz ehrlich, jeder zweite, der mir begegnet, ist ein Nazi gewesen und ist es noch immer, wahrscheinlich. Glauben Sie, ich habe mich in diesem Land jemals wohl fühlen können?

Warum sind Sie geblieben?

HIOB: Wohin soll ich denn gehen mit meinem Beruf, der ja an die Sprache gebunden ist? Außerdem trifft man diese Leute doch wahrscheinlich auch in anderen Ländern. Das ist ja sehr verbreitet, das Tausendjährige Reich.

Heißt das: Hitler wäre auch anderswo möglich gewesen?

HIOB: Nicht in dieser Form. Er war ja nicht einmal in Italien in dieser Form möglich, denn die haben doch Juden versteckt. Der Mussolini ist nie so losgegangen gegen die Juden. Die deutsche Mentalität ist zum Größenwahn besonders geeignet.

Die Dichterin Marieluise Fleißer hat über Brecht einmal gesagt: »Von einem Genie hat man was aus der sicheren Entfernung, wo die Zerstörung nicht hinkommt.« Kannten Sie an Brecht dieses Zerstörerische?

HIOB: Nein, ich bin ja nicht bei ihm aufgewachsen. Ich war zwei Jahre alt, als meine Mutter mit mir von ihm wegging. Also ich hab' es nicht kennen können. Die Fleißer war ja mit ihm liiert eine Weile.
War er rücksichtlos Frauen gegenüber?
HIOB: An sich nicht. Aber vielleicht war er's in diesem Falle.
War er besessen?
HIOB: Wenn Sie vieles Arbeiten als besessen bezeichnen, dann war er's. Denn gearbeitet hat er immer. Ich kann mich nicht erinnern, daß er mal nicht gearbeitet hätte, und er hat die Leute um ihn herum auch eingesetzt für seine Arbeit, aber mit Übereinstimmung, Freundschaft. Er hatte eine starke Ausstrahlung, geistig.
Er war ein Genie, ist das richtig?
HIOB: Ja, natürlich, das war er.
Woher kommt dieses Geniale?
HIOB: Das sind eben Menschen mit kleinen Veränderungen im Gehirn, die ein anderer nicht hat... Der Hitler hatte die auch, diese Veränderungen, aber im Großen. Das wuchs und wuchs.
Fromm definiert Destruktivität als die »Kreativität der Hoffnungslosen«.
HIOB: Das sind so Wortspiele. Meinen Sie, daß Hitler ein Genie war?
Ich meine gar nichts. Aber es sind doch offenbar menschliche Möglichkeiten, die da zum Ausbruch kamen. Oder war das ein Monstrum, unverstehbar, wie unlängst Rudolf Augstein in einem Brief an die ZEIT schrieb: »Wer dieses Monstrum versteht, hat keinen Verstand«?
HIOB: Das ist natürlich Unsinn. Wir sind ja alle dieselbe Gattung, da kann man nicht einen beiseite schieben. Aber man kann verhindern, daß so jemand an die Macht kommt. Man kann den Anfängen wehren.
Vorausgesetzt, man erkennt sie. Ist Franz Josef Strauß der Anfang von Hitler? Wiederholt sich Geschichte?
HIOB: Der Strauß sagt doch jetzt schon, daß er Waffen nach

Afghanistan und Iran liefern würde, wenn man ihn ließe. Der versteckt sich doch gar nicht. Der will den Krieg.
Ja, aber das Schlimme ist, daß er damit nicht nur bei vielen Leuten gut ankommt, sondern auf der anderen Seite auch so eine kämpferische Widerstandsgesinnung auslöst, also das, was Sie als den Spaß am Kämpfen bezeichnen. Das macht mich ratlos.
HIOB: Sehen Sie, die Jungen, die haben das nicht, diese Ratlosigkeit. Als ich zu denen gesagt habe, Kinder, da wird man jetzt wieder in die Emigration gehen müssen, haben die geantwortet: Wir emigrieren nicht, wir geben nicht auf.
Imponiert Ihnen das?
HIOB: Nein, warum? Ich stelle es fest, aber deshalb muß es mir ja nicht imponieren.
Aber Sie arbeiten doch jetzt mit denen zusammen?
HIOB: Ja, ich gehör' jetzt dazu, aber meine Ratlosigkeit ist geblieben. Man muß ja nicht immer eingleisig fahren. Ich bin nicht mehr jung genug für die Eingleisigkeit, aber ratlos? Ich würde eher sagen, daß man eben mehr weiß und gesehen hat, wenn man alt ist, daß man gesehen hat, wie einiges nicht geht, auch wenn man sich dafür einsetzt, also sagen wir mal, daß man zur Erkenntnis einer gewissen Sinnlosigkeit gelangt ist, weil man doch immer von den Stärkeren überrannt wird und weil die Faschisten immer und überall die Stärkeren waren.
In Brechts späten Gedichten, schon in dem Gedicht »An die Nachgeborenen«, kommt ja auch eine gewisse Resignation zum Ausdruck, also das, was Sie das Erkennen der Sinnlosigkeit nennen. Sind Sie sicher, daß er heute dieselben kämpferischen Mittel gegen Strauß anwenden würde wie seinerzeit gegen Hitler?
HIOB: Ich bin nicht sicher, aber ich glaub', es zu wissen. Sie dürfen wegen eines Gedichtes nicht gleich darauf schließen, daß er den Kampf scheuen würde, den Kampf mit der Feder. Er würde nicht persönlich mitmachen. Er würde es wahrscheinlich auch nicht gerne sehen, daß ich auf die Barrikaden steige, aber nur, weil er Angst haben würde, weil er ja körperlich feig war, Gott sei Dank, was ich ja auch bin. Er würde sagen, da geht die

Hanne aber nicht hin.
Hat das damit zu tun, daß Sie eine Frau sind?
HIOB: Nein, bestimmt nicht.
Ist Kämpfen nicht Männersache, und sind die Frauen nicht eher die, die sich, wie Hesse schreibt, totschlagen lassen?
HIOB: Ach was! Da hätten Sie mal die Frauen bei Hitler sehen sollen, wie die ihn angebetet haben, wie die sich zwar für ihn hätten totschlagen lassen, aber auch jeden totgeschlagen hätten, der gegen ihn vorgeht. Ich bitte Sie! Was hat die Anni Rosar[2] gesagt: Der Hitler ist mein Himmivater. Die wäre doch sofort in den Volkssturm gegangen. Da gibt es überhaupt keinen Unterschied zwischen Frauen und Männern.
Können Sie sich eine Frau als Hitler vorstellen?
HIOB: Ich weiß nicht, ob das damals gegangen wäre, heute schon eher, als Emanze... Schönen Dank! Die sind doch sehr kämpferisch eingestellt, kämpfen gegen die Männer anstatt mit ihnen zusammen.
Oder: anstatt überhaupt nicht. Vielleicht würden die Angreifer die Lust verlieren, wenn der Gegner ausfällt.
HIOB: Wieso denn? Seit wann denn? Wir sind doch keine Tiere. Die Tiere hören auf zu kämpfen, wenn kein Widerstand da ist, aber die Menschen... Also ich hoffe, daß Sie dieses Wischiwaschi, das Sie da jetzt zusammenreden, nicht in Ihr Interview nehmen.
Das ist doch kein Wischiwaschi. Schon Marx hat begriffen, daß der Mensch, der ganz frei ist, ohne äußere Zwänge, ohne die Notwendigkeit, gegen oder für etwas zu kämpfen, es sehr schwer haben wird, weil er nicht gelernt hat, aus sich selbst heraus etwas zu schaffen.
HIOB: Ja, sicher, aber das liegt doch an der Erziehung. Die Freiheit hat doch noch lang nicht begonnen.
Haben Sie Kinder?
HIOB: Nein, nein, auch nie welche gewollt.
Warum nicht?

[2] Wiener Volksschauspielerin, 1888–1963

HIOB: Da kommt viel zusamm'. Ich hab' nicht das Gefühl, mich fortpflanzen zu müssen, weiterleben zu müssen in Kindern, überhaupt weiterleben...

Haben Sie Selbstmordgedanken?

HIOB: Aber nein, nie. Ich bin kein Mensch, der sich ein Leben nimmt, vielleicht aus Feigheit, ich weiß nicht. Ich finde es eine ungeheure Tat, wenn man es tut, ich lehn' es nicht ab. Jeder Mensch soll mit sich tun können, was immer er will: völlige Freiheit.

Die Giehse hat über Sie gesagt, Sie seien dauernd damit beschäftigt, Rollen, die Sie angenommen haben, wieder zurückzugeben, eine Meisterin im Absagen. Stimmt das?

HIOB: Ja, stimmt. Es gibt nichts Schöneres, das verstehen Sie sicher. Aber daß ich das Leben absage, so weit geht's bei mir nicht, obwohl ich es manchmal gern täte, aber das ist doch nichts Besonderes, das hat doch jeder.

Sie haben seit vier Jahren nicht mehr Theater gespielt. Haben Sie den Glauben an die Wirkung von Theater verloren?

HIOB: Im Moment ja, aber das kann sich ändern.

Würden Sie gerne mit Peter Stein[3] zusammenarbeiten?

HIOB: Ich schon, aber er nicht mit mir. Das kommt daher, daß er vor Jahren einmal »Die Maßnahme« von Brecht machen wollte, was ich verstanden habe, und ich hätte ihm das Stück auch gegeben, aber die Barbara, meine Halbschwester, hat es ihm nicht gegeben, und da war er halt bös' und hat es leider auf mich übertragen. Da kann man nichts machen. Ich würde furchtbar gerne mit ihm zusammenarbeiten, obwohl... Im Moment geht es in eine Richtung, wo ich nicht mehr so unbedingt dazu stehen könnte. Psychologisch ist alles ganz herrlich, aber politisch... Für mich ist das nur noch allererstes Boulevardtheater, was nicht abwertend gemeint ist. Es ist so eine gewisse Standpunktlosigkeit, die sich da breit macht. Irgendwie hängt da alles im Nebel.

Mögen Sie Thomas Bernhard?

[3] Leiter der Berliner Schaubühne am Halleschen Ufer

HIOB: Finde ich ungeheuer reizvoll, was der schreibt, wunderbar dekadent. Das liebe ich sehr, also ein kleiner Teil von mir liebt das, mein Intellekt, nicht wahr? Man ist ja nicht einseitig. Man mag doch vieles. Muß ich Ihnen das sagen?
Mir nicht, aber den Leuten, die so selbstsicher auf irgendwelchen Standpunkten hocken und von einer Versammlung zur anderen rennen, anstatt sich ihre eigenen Gedanken zu machen.
HIOB: Also nun reden S' kan Mist. In der augenblicklichen Situation ist es halt nötig, etwas enger zu denken. Das war ja auch gegen den Hitler nötig. Da mußte man sich entscheiden, entweder dafür oder dagegen, da sind dann eben auch Kommunisten mit Monarchisten zusammengegangen, das ist ja klar, das hat sich dann wieder aufgelöst nachher. Wenn Sie mit Brecht geredet hätten, so hätte der auch seinen Spaß mal gehabt an so was wie Bernhard. Das war auch in seinen Gedichten plötzlich irgendwo da und noch dazu genial. Es ist ja auch Humor, das zu haben. Das ist doch ein Spaß auch, das Ganze. Nur hatte Brecht eben seine Liebe zum Volk, die habe ich gar nicht, das unterscheidet uns völlig. Ich hab' überhaupt kein Heimatgefühl, bin überhaupt keine Patriotin. Das kommt, weil ich als Kind das nicht hatte. Als Kind waren's die Feinde, also woher sollte ich's nehmen? Bei Brecht war das anders. Er fühlte sich ungeheuer zugehörig zu Deutschland. Er hat ja auch angenommen, es gäbe viel mehr Antifaschisten. Das war sein Wunschdenken. Für diese Leute hat er geschrieben.
Hatten Sie mit ihm darüber Auseinandersetzungen später?
HIOB: Nein, über Politik haben wir wenig gesprochen, und während des Krieges war's ja nicht möglich. Ich lebte bei meiner Mutter[4] und ihrem zweiten Mann, Theo Lingen. Brecht emigrierte.
Haben Sie ihm die Scheidung von Ihrer Mutter übel genommen?
HIOB: Nein, denn es war ja meine Mutter, die von ihm wegging. Die hat das scheinbar nicht ausgehalten, die vielen

[4] Hanne Hiobs Mutter war die Sängerin Marianne Zoff, die Brecht 1922 geheiratet hatte. 1927 ließ er sich scheiden. Ein Jahr später heiratete er die Schauspielerin Helene Weigel.

Freundinnen, die er hatte. Die Frauen sind ja auf ihn geflogen. Außerdem: Private Gespräche hatten wir nie. Das gab's nicht. Er war kein Mensch, mit dem man so plaudern konnte. Als Kind hab' ich ihn »Papo« genannt. Das hätte ich aber dann später nicht mehr getan. Er hatte schon Zärtlichkeit, aber anders. Wenn ich einen Erfolg hatte, wischte er sich plötzlich ein Auge oder so was, da war er gerührt, zeigte Gefühle. Natürlich war er auch sentimental. Welcher Mensch ist das nicht?
Waren Sie als seine Tochter in Hitlerdeutschland gefährdet?
HIOB: Nicht wirklich. Der Lingen war ein guter Schutz, auch für meine Großmutter, die Jüdin war, die konnte auch bleiben. Die Verwandten von ihr wurden alle vergast, aber sie konnte bleiben. Uns hat man in Ruhe gelassen.
Erinnern Sie sich, auf welche Weise Sie Hitler rein gefühlsmäßig erlebten, seine Reden, seine ausstrahlende Wirkung?
HIOB: Es ist bei mir von Kindheit an ein ungeheurer Haß dagewesen, das ist ganz klar, weil meine Eltern ja ausgesprochen antifaschistisch eingestellt waren und weil man dadurch ja informiert war. Die Eltern waren so gescheit, uns Kindern von Anfang an alles zu sagen und damit zu rechnen, daß wir's für uns behalten. Die Gefahr einer Verführung durch Hitler gab's für uns nicht. Also wir standen von vornherein auf der richtigen Seite. Das war natürlich ein Vorteil.
Gustaf Gründgens, unter dessen Regie Sie 1959 »Die heilige Johanna der Schlachthöfe« spielten, stand auf der falschen Seite. Haben Sie ihm das vorgeworfen?
HIOB: Er war ein Konjunkturritter, durch und durch. Das habe ich ihm natürlich schon vorwerfen müssen.
Wie war die Zusammenarbeit unter diesen Umständen möglich?
HIOB: Die ersten vierzehn Tage haben wir uns gehaßt wie die Pest, denn ich war etwas für ihn, was er noch nie erlebt hatte vorher, im Aussehen und überhaupt. Er hat auch mit meiner Art zu spielen nichts anfangen können. Aber er war ja ungeheuer geschickt, ein großer Theaterleiter, das muß man sagen, und er hat das dann benutzt, was ich ihm brachte, ist auf mich eingestiegen. Er war ja nicht dumm. Bei der Premiere waren

dann alle erstaunt, daß er Brecht überhaupt inszenieren konnte. Wenn über Sie geschrieben wird, steht immer: Hanne Hiob, Brechts Tochter. Hat Sie das niemals belastet?

HIOB: Es ist schon mal hier und da vorgekommen, daß es gefehlt hat. Da dachte ich: Was ist denn nun los? Nein, belastet hat mich das nie. Sich einem Genie unterzuordnen, das ist doch etwas... Das ist doch ganz selbstverständlich.

Mein Interview mit der Schauspielerin und Diseuse Ortrud Beginnen entstand nach einer Vorstellung ihres Liederabends »Ich will deine Kameradin sein« im Modernen Theater in München. Zu meiner Überraschung kam die Künstlerin, die eben zuvor zwei Stunden lang Lachstürme entfesselt hatte, mit tränenverschmierten Augen. Befragt nach der Ursache des Schmerzes, sagte sie, ihr Lebensgefährte, der englische Schauspieler Pieter Stuyck, leide an Knochenkrebs. Sie habe soeben die Diagnose erfahren. Unter diesen Umständen war es mir nicht mehr möglich, die von Ortrud Beginnen besonders bei der Schilderung tragischer Ereignisse angewandte ironische Ausdrucksweise komisch zu finden. Als ich ihre Vorstellung nach unserem Gespräch noch einmal besuchte, sah ich, daß sie ihr Mienenspiel kaum noch beherrschen konnte. Die, wie ich nun wußte, unfreiwillige Komik steigerte aber noch den Erfolg des Abends. Das Interview erschien in der ZEIT am 5. September 1980 unter dem Titel »Ich bin mein eigener Widerspruch«.

In Ihrem Buch »Guck mal, schielt ja«[1] beschreiben Sie Ihr Leben als eine einzige Katastrophe.
ORTRUD BEGINNEN: Nicht von ungefähr. Das fing schon an mit meiner Geburt. Vater war keiner da, und die Mutter wollte mich zuerst auch nicht haben, inklusive Springen vom hohen Brett ins Schwimmbassin oder Motorradfahren auf Kopfsteinpflaster und all diese Sachen, die man früher gemacht hat, um ein Kind loszuwerden.
Ein Wunder, daß Sie überhaupt leben.
BEGINNEN: So gesehen, ja.
Hat man Ihnen Ihre uneheliche Geburt vorgeworfen?
BEGINNEN: Auf dem Lande, wo ich aufgewachsen bin, spielte das schon eine Rolle. Ich weiß noch, bei meiner Einschulung, da mußte damals jedes Kind sagen, wie heißt dein Vater? Wie heißt deine Mutter? Und dann kam eben auch ich dran und sagte,

[1] erschienen 1975 im Bertelsmann-Verlag

meine Mutter sei Sängerin, und mein Vater sei mein Großvater, schon war ich von brüllendem Gelächter umgeben, und wie der glückliche Zufall es wollte, war da auch noch eine entsprechend zickige Lehrerin, also die typische alte Jungfer, wie einem Wilhelm-Busch-Album entsprungen, die auf mich reagierte wie auf das typische Kind der Sünde, mich triezte, wo sie nur konnte, was auch gar nicht schwer war, da ich zwar als einziges von allen Kindern schon im ersten halben Jahr fließend lesen, dafür aber nicht genügend schön schreiben und keine Handarbeit machen konnte. Die hatte so ein schönes, langes Lineal, mit dem haute sie mir auf die Finger, wann immer sie konnte, sei es wegen meiner Nichtschönschrift, sei es, weil ich statt eines Strumpfes einen Eierbeutel oder eine Klumpfußhacke gehäkelt hatte.

Später sind Sie dann häufig verspottet worden, weil Sie so groß und flachbrüstig waren. Ihre Mitschüler nannten Sie »Spargel« oder »Leuchtturm«. In den Tanzstunden wollte keiner mit Ihnen tanzen. Wie sind Sie mit all dem fertiggeworden?

BEGINNEN: Für mich stand damals schon fest, daß ich Schauspielerin werden wollte. Das schien mir die einzige Möglichkeit, diese traurige Kindheit verlassen zu können. Ich stellte mir vor, das Theater wäre eine schönere Welt mit ganz anderen Menschen. Nur war das eben, als ich es in der Schule erzählte, auch wieder nur Anlaß für reichlich Hohn und Gelächter, so in der Art: Igittigitt, guck mal, wie die aussieht, und die will Schauspielerin werden! Die Folge war, daß ich mich in den Pausen kaum auf den Schulhof traute, weil schon mein bloßes Erscheinen das Gegacker meiner Mitschüler und -schülerinnen hervorrief.

Ähnlich ergeht es Ihnen auch heute. Sie betreten die Bühne, schon lachen die Leute.

BEGINNEN: Ja, wahrscheinlich weil das, was ich mache, derart gewaltig und monumental ist, daß es eben schon wieder lächerlich wird. Nur: Ich meine es gar nicht so komisch. Ich äußere Trauer. Ich geniere mich nicht zuzugeben, daß ich an die totalen Gefühle glaube. Aber ich bin mir dessen bewußt, daß

diese gewaltigen und so gesehen auch deutschen Gefühle, sagen wir mal, in mir dampfend brodeln, und ich habe dazu auch einen durchaus ironischen Zugang. Ich weiß, daß das, was ich mitteilen möchte, im wahrsten Sinne des Wortes zuviel ist.
Was ist der Grund Ihrer Trauer?
BEGINNEN: Das begann mit der kleinen, der unerheblichen Trauer, also siehe Tanzstunden, keine Titten, keinen Freund, als andere längst einen hatten, und es geht weiter mit der Trauer darüber, daß ich die Deutschen, also dieses tüchtige, pflichtbewußte, ordentliche und fähige Volk, das ich mit meinen Programmen auf seine traurige Situation hinweisen möchte, schlicht gesagt, nicht erreiche. Ich stehe da, singe, spreche, schreie mir die Seele aus dem Leib und das Hirn aus dem Kopf, kämpfe wirklich jeden Abend, weil ich denke, es muß doch möglich sein, daß diese Leute, du meine Güte, irgend etwas kapieren, aber die meisten reagieren eben dementsprechend, was sie über mich gehört oder gelesen haben. Für die bin ich die Ulknudel, und dabei bleibt es.
Da habe ich aber ganz andere Informationen.
BEGINNEN: Schon möglich. Gelegentlich stoße ich auch auf Verständnis.
Nach Ihrem Liederabend »Letzte Rose« hat man Ihnen Scheiße in den Briefkasten gelegt und in Zuschriften vorgeschlagen, Sie zu vergasen.
BEGINNEN: Ja gut, da ist in vereinzelten Fällen so eine echte Wut aufgekommen, aber es war ja nicht so, daß da tagtäglich Drohbriefe kamen. Im allgemeinen war die Reaktion brüllende Freude auf allen Kanälen. Aber ich gebe zu, in letzter Zeit ist es mir in zunehmendem Maße gelungen, das Publikum zu verstören. Ich möchte erreichen, daß mich die Leute, wenn sie schon nichts begreifen, zumindest geschmacklos finden.
So wie beim Theaterfestival von Nancy, wo Sie mit Ihrem letzten Programm, deutschen Soldatenliedern, gastierten. Das Gastspiel wurde vorzeitig abgebrochen.
BEGINNEN: Ja, wir haben da drei Vorstellungen gemacht, fünf waren vorgesehen, und als die vierte dann stattfinden sollte,

wurden ich und Herr Meyer, mein Pianist, ohne Angabe von Gründen aus dem sogenannten ersten Hotel der Stadt ausgewiesen, also ohne weiteres rausgeschmissen. Da waren, wie ich später erfuhr, drei ältere, adrette Herren, die sich als Vorsitzende des Vereins gegen neofaschistische Umtriebe ausgaben, bei der Festivalleitung vorstellig geworden und hatten ein Verbot der Aufführung gefordert. Ich hätte mich, hieß es, inklusive Herrn Meyer mit Naziliedern da eingeschlichen.

Was ja nicht falsch ist.

BEGINNEN: Natürlich nicht, aber ich war doch bisher der Meinung, daß die Art meines Vortrags hinlänglich klarmacht, daß ich diese Lieder nicht etwa gutheiße, sondern entlarven möchte. Es ist mein Bestreben, soweit ich überhaupt glauben kann, daß das in diesem Beruf zu erreichen ist, das deutsche Volk vor seinen tödlich gefährlichen Fettnäpfen zu warnen, also vor dem, was ich zum Teil eben auch bin, diesem verquasten, dumpfigen, nebulösen, bauchig-gefühligen Reagieren auf so was wie Krieg zum Beispiel. Das wird ja bis zum heutigen Tag von anspruchsvollen Sängern und Sängerinnen als deutsches Kunstlied an die Menschen herangetragen, und das halte ich eben für viel gefährlicher als den Schwachsinn, der sich etwa im deutschen Schlager breitmacht, weil der ja schon offensichtlich so primitiv ist, während diese ungeklärte Halbkunst, wo man sich guten Gewissens der Sentimentalität und falschen Gefühligkeit hingeben kann, abgesichert ist über Jahrzehnte.

Im Programmheft zu diesem Abend schreiben Sie über den, wie Sie es nennen, »soldatischen Mann«, seine einzige Rettung vor der Frau, die nicht ins Klischee der geduldigen, harrenden Kameradin hineinpaßt, sei kämpfen. Andernfalls, so heißt es da, müsse er fürchten, kastriert zu werden.

BEGINNEN: Damit will ich sagen, daß für einen bestimmten Typ Mann, also für den Tüchtigen, Karrierebewußten, für den Mann, der, wie man so sagt, im Leben was darstellt, eine Frau, wie ich eine bin, ganz bestimmt viel unheimlicher ist als mal eben in den Krieg ziehen. Dann schon lieber gleich die Kanonen raus und ballern. Das ist für so einen einfach die klarere Alternative. Da weiß man, woran man ist: Dort steht der Feind, hier stehe ich, und daheim wartet die treue Braut als friedlicher Rückhalt in schwerer Zeit.

Was würde denn so ein Mann Schreckliches mit Ihnen erleben?

BEGINNEN: Na, eben kastriert würde der werden, so oder so, entweder tatsächlich oder doch auf eine Weise, daß er sich davon, wie ich ihn niedermetzle, nie mehr erholen könnte.

Würden Sie ihn auch notfalls ermorden?

BEGINNEN: Ich würde ihn so ein bißchen drillen, denn für solche Männer ist es ja schon Ausmerzung genug, von einer wie mir Befehle entgegennehmen zu müssen. Das sind ja auch jene, die nach der Vorstellung warten, um mir, wenn auch in höflicher Form, ihr Mißfallen zu äußern, was mich besonders freut, weil es mir großes Vergnügen bereitet, sie dann wortmäßig in Schutt und Asche zu kneten. Mir braucht sich so ein Mann nur zu nähern, schon fühle ich Vitriol kreisen in meinen Adern instead of blood.

Wünschen Sie sich eine Welt ohne Männer?

BEGINNEN: Nein, überhaupt nicht. Ich komme ja gar nicht aus ohne Männer. Nur sind das eben nicht diese Tüchtigen meines Alters[2], sondern sehr viel jüngere Männer oder die Schwulen, die mich, auch was den Beruf betrifft, durchgehend gefördert haben. Die anderen sind dann immer so nachgehumpelt.

Was aber geschieht, wenn diese Jungen dann älter werden?

BEGINNEN: Dann wird es schwierig. Zuerst finden die das ganz toll, so eine starke, interessante Person als Freundin zu haben. Mit der kann man sich ja auch schmücken, wenn sie nicht gerade wieder 'nen Reinfall hatte. Aber dann beginnt in den meisten Fällen das Selbstbewußtsein zu leiden, weil ich ja auch sehr fleischfressend bin und besitzergreifend, obwohl andererseits ein ganz altmodisches Mädchen, das auch mal Schwäche zeigen und sich an einen Mann anlehnen möchte.

Aber das geht nicht mit Knaben?

BEGINNEN: Doch, doch, das geht schon. Da muß man ein

[2] Ortrud Beginnen wurde 1938 in Hamburg geboren.

bißchen Kind spielen, sich in die Ecke setzen und Bäh machen, dann geht das. Nur ist eben dieser ständige Wechsel gefühlsmäßig kaum zu verkraften. Ich leide unter einem oft ganz kontinuierlichen Gefühlschaos, begleitet von anhaltenden Depressionen. Da sitze ich dann stundenlang auf einem Stuhl und glotze vor mich hin, ohne mich zu bewegen.

Und wie geht das vorüber?

BEGINNEN: Indem ich mich zwinge, weil es ja so nahe liegt, sich dann aufzugeben. Da sage ich mir: Nee, denkste, jetzt erst recht nicht! Da bin ich mein eigener Widerspruch. Das ist so eine Art Schizophrenie. Das sitzt tief in mir drin. Sie dürfen auch wissen, daß meine Mutter manisch-depressiv ist und in einem Heim lebt.

Seit wann?

BEGINNEN: Die Krankheit trat ein, als sie knapp vierzig vorbei war. Da kam ich eines Tages nach Hause, und als ich die Tür öffnete, sprang mir meine Mutter nackend entgegen mit einer Schüssel voll Wasser, die sie sich über den Kopf goß. Also da war sie übergeschnappt. Ich bin dann lange gesessen und habe gewartet, ob ich es nun geerbt habe. Aber es kam nicht. Es war nichts zu machen. Ich muß mich wohl damit abfinden, daß es bei der gemäßigten Erscheinungsform bleibt, die ich jetzt schon aufweise.

Hatten Sie Sehnsucht nach Wahnsinn?

BEGINNEN: Ich hätte mich dann sicher gefühlt, sicherer als jetzt jedenfalls.

Sind Sie mit Ihrer Verrücktheit nicht in Ihrem Beruf ganz gut aufgehoben?

BEGINNEN: Doch, schon. Ich kann es verwerten. Aber es ist ja nicht so, daß man meine beruflichen Möglichkeiten nun unbedingt als hervorragend bezeichnen könnte. Jahrelang habe ich mich damit begnügen müssen, in sogenannten Boulevardstücken die Nutten und Dienstmädchen zu spielen, ersteres, weil man Damen des Gewerbes bevorzugt rothaarig besetzte, letzteres aufgrund meiner etwas gebückten Haltung, die ich mir angewöhnt hatte, um nicht so groß zu erscheinen.

Was für Rollen würden Sie denn gern spielen?

BEGINNEN: Maria Stuart zum Beispiel, so Charakterfrauen mit großen Gefühlen, also nicht jedermanns Milchfrau. Diese armen Arbeiterfrauen interessieren mich überhaupt nicht. Ich bin, wenn man es so nennen kann, ein Fan von Sarah Bernhard. Ich möchte dazu kommen, die Gefühle, die in mir sind, auszukotzen.

1975 wurden Sie mit dem deutschen Kleinkunstpreis ausgezeichnet. War das für Sie ein Erfolgserlebnis?

BEGINNEN: Oh, Gott, nein, ich hasse das. Der Begriff »Kleinkunst« trifft einfach nicht auf mich zu, wenn man davon ausgeht, daß das etwas mit Humor zu tun hat. Wenn man in Deutschland von Humor spricht oder einem humorigen Menschen, dann weiß ich schon: Renne! Das erinnert mich immer an einen riesigen Komposthaufen, besonders wenn der sogenannte kritische Humor gemeint ist. Das finde ich ganz entsetzlich, denn das ist doch, wenn auch politisch verbrämt, auch nur so eine nette Form der Unterhaltung, während ich so anarchistisch wie möglich vorgehen und immer weiter in dieser Richtung bohren... nein, nicht bohren, sondern ganz kontinuierlich und deutsch arbeiten möchte.

Ja, aber das tun Sie doch jetzt schon.

BEGINNEN: Ich tue es, aber ich werde nicht ernstgenommen. Es ist mir, wie auch immer das kommt, nicht gegeben, eine in diesem Lande in diesem Beruf angebrachte Seriosität auszustrahlen. Ich bin dazu verflucht, die Leute zum Lachen zu bringen.

Nicht auch begnadet?

BEGINNEN: Nein, nur verflucht, das genügt als Begnadung.

ALBERTO MORAVIA

Ein besonderes Problem bei meinem Interview mit Alberto Moravia war die Schwerhörigkeit des für sein Alter, zweiundsiebzig, ungewöhnlich gefallsüchtigen Dichters. Man hatte mich informiert, daß er schlecht höre. Das Problem war, daß er mir gegenüber diesen Mangel verbergen wollte. Anstatt auf meine Fragen zu warten, fing er sofort an zu sprechen. Meine Versuche, ihn von seinem Monolog abzubringen, beantwortete er mit einer unwirschen Handbewegung, so daß ich, um ihn bei Laune zu halten, gezwungen war, mich äußerst still zu verhalten. Sein höchster Ehrgeiz war es, amüsant zu erscheinen. Indem ich über das, was er für witzig hielt, lachte, habe ich ihn schließlich gewinnen können. Mit immer lauteren, am Ende gebrüllten Fragen gelang es mir, mich mehr und mehr durchzusetzen. Eine zusätzliche Erschwernis ergab sich daraus, daß wir die Unterhaltung in Englisch führten, einer sowohl Moravia, dem Italiener, als auch mir fremden Sprache. Manchmal war nicht mehr zu unterscheiden, ob die Mißverständnisse auf Sprachschwierigkeiten oder auf einem Hörfehler beruhten. Statt »death-experience«, Todeserfahrung, verstand Moravia »sex-experience«, Liebeserfahrung. Ich habe bei der Übertragung ins Deutsche die sprachlichen Ungenauigkeiten weitgehend ausgeglichen und mich eines über die buchstabengetreue Wiedergabe hinausgehenden Wortschatzes bedient, um die Ausdrucksweise meines im Englischen oft unbeholfen wirkenden Gesprächspartners nicht allzu dürftig erscheinen zu lassen. Das Interview, das ich für PLAYBOY machte, fand am 15. Juni 1980 in Moravias Strandhaus bei Sabaudia, südlich von Rom statt. Je länger es dauerte, desto schwächer wurden die Reaktionen des von Erschöpfung überwältigten Mannes. Zuletzt kam nur noch ein Flüstern. Aber selbst seine Müdigkeit wollte der Schriftsteller nicht als physische Ermattung, sondern als philosophische Lebenshaltung gedeutet wissen. Ich hatte mein Tonbandgerät bereits ausgeschaltet, da sagte er, das Leben sei für ihn immer ermüdend gewesen. Er sei froh, wenn er sterbe. Er hoffe nur, es werde sich jemand um seine Leiche kümmern.

Sie beschreiben die seelische Armut der Reichen, ihre Gefühllosigkeit und Indifferenz, ihre »Noia«, auf deutsch Langeweile. Das Fatale ist nur, daß Sie dadurch selbst immer reicher werden.

ALBERTO MORAVIA: Das ist Unsinn. Ich beschreibe nicht die Armut der Reichen, ich beschreibe reiche Leute, manchmal, aber manchmal auch nicht. Ich habe 41 Kurzgeschichten über arme Leute geschrieben, die »Racconti Romani«, ich habe »La Romana« geschrieben, die Geschichte einer armen Prostituierten, ich habe »La Ciociara« geschrieben, ein Buch über den Krieg. Ich bin nicht dadurch reich geworden, daß ich über die Reichen schreibe. Ich hätte genausogut Schlüsselblumen beschreiben können. Die Reichen sind für mich eine Realität, so wie dieses Glas hier. Ich kritisiere sie nicht. Ich beschreibe die Welt so, wie sie ist, nicht so, wie sie sein soll.

Ganz anders als Ihr Freund Sartre[1].

MORAVIA: Ja, ganz anders.

Stimmt es, daß er Ihr Freund war?

MORAVIA: Wir kannten einander. Er war ein netter Mann, sehr großzügig, und er hatte auch Mut. Es ist eine große Ehre für mich, mit ihm verglichen zu werden. Ich bewundere ihn, so wie ich ein schönes Mädchen bewundern würde.

Aber er war doch ganz häßlich.

MORAVIA: Er hatte eine geistige Schönheit. Aber er war eben ein Denker, kein Schreiber. Er mochte keine Romane. Am ehesten könnte man ihn mit Voltaire vergleichen. Er war Philosoph. Ein Philosoph muß Antworten geben. Das ist sein Job. Ich bin Schriftsteller. Ich habe zwar philosophische Ideen, aber ich verwandle sie in Geschichten. Denken Sie zum Beispiel an Dostojewski. Er war ein Genie, aber man wird nie herausfinden, was seine Philosophie war. Er war Christ, er war Nihilist, er war auch das Gegenteil: orthodox, er war Nationalist, Internationalist, Pessimist, Optimist, alles... Sartre war mir manchmal etwas zu ideologisch. Ich war überrascht, als er in einem seiner letzten Interviews sagte, daß er nie wirklich gelitten habe, denn er hat

[1] Jean-Paul Sartre war am 15. April 1980 gestorben.

doch eine Menge über das Leiden geschrieben. Also da war ich ein bißchen verärgert, denn das war natürlich nicht ehrlich. Die Leidensfähigkeit ist doch eine der wichtigsten Eigenschaften des Künstlers. Sie ist ein Privileg und eine Verpflichtung.
Man hat Sie als einen »Moralisten ohne Moral« bezeichnet. Haben Sie Grundsätze, nach denen Sie leben?
MORAVIA: Ich habe schon Grundsätze. Ich brauche welche, weil ich an sich ein sehr heftiger Mensch bin. Ich würde zum Beispiel nie jemanden töten, obwohl ich oft Lust dazu hätte. Wenn ich zu wählen hätte, ob ich töte oder getötet werde, würde ich es vorziehen, getötet zu werden. Mein Leben ist mir nie so wichtig gewesen, um einen anderen Menschen dafür zu opfern. Ich hasse das Töten von Tieren. Ich bin gegen die Jagd. Ich bin gegen alles, was das Leben vernichtet.
Im Gegensatz zu Hemingway, der ja ein Fan der Jagd war.
MORAVIA: Ich weiß. Ich fand das erbärmlich. Ich kenne Afrika. Ich bin fünfzehnmal dort gewesen, aber ich habe mich kein einziges Mal an einer Safari beteiligt, nicht einmal an einer Fotosafari. Sie wissen, was passiert, wenn man Tiere fotografiert? Die Löwen werden so gestört in ihrem Verhalten, daß sie keine Jungen mehr zur Welt bringen können. Ich bin gegen das Töten, sogar gegen das Totschlagen von Fliegen.
Wissen Sie, was Haß ist?
MORAVIA: Ich kenne das Hassen. Es ist wie ein schlechter Geruch. Ich gehe ihm aus dem Weg. Eine der wichtigsten Erkenntnisse meines Lebens ist die, daß es nichts Langweiligeres gibt, als zu hassen. Es verkleinert den Menschen. Ich habe oft Mordgedanken, aber mir ist es lieber, sie aufzuschreiben, anstatt sie in die Tat umzusetzen. In meinen Büchern wird ja sehr viel gemordet. Das Schreiben ist eine gute Methode, sich das Töten in der Realität zu ersparen. Deshalb sind Schriftsteller meist sehr ausgeglichene Menschen. Ich kann mir schon vorstellen, daß es für einen Mann amüsanter ist, in den Krieg zu ziehen und zu kämpfen, aber das ist ja leider nicht möglich, ohne jemanden umzubringen.
Haben Sie auch Selbstmordgedanken?

MORAVIA: Ja, oft. Solche Gedanken sind ganz alltäglich. Ich glaube, daß jeder Mensch mindestens einmal am Tag daran denkt, sich das Leben zu nehmen.
Haben Sie es versucht?
MORAVIA: Wer sagt das?
Niemand. Es ist nur eine Frage.
MORAVIA: Nein, ich habe es nicht versucht. Ich denke daran, aber ich tue es nicht. Es ist nicht wichtig zu leben. Es ist aber auch nicht wichtig zu sterben. In gewissem Sinne ist für mich überhaupt nichts wichtig. Ich meine, es ist natürlich wichtig, daß man die Zeit irgendwie ausfüllt. Man muß sich beschäftigen. Manchmal denke ich, ich lebe, um zu erfahren, warum ich lebe, und ich schreibe, um zu erfahren, warum ich schreibe. Aber ich bin noch nicht dahintergekommen.
Als Ihr letztes Buch »Desideria« in Deutschland herauskam, sagten Sie, von nun an würden Sie nichts mehr schreiben. Haben Sie sich daran gehalten?
MORAVIA: Das habe ich gesagt, weil ich erschöpft war. Ich hatte sieben Jahre gebraucht, dieses Buch zu schreiben. Ich war so müde, so überdrüssig. Ich wollte nicht mehr. Aber jetzt arbeite ich wieder. Ich schreibe ein Buch über Selbstmord.
Eine Geschichte aus Ihrem Leben?
MORAVIA: Nein, denn sonst würde ich ja jetzt tot sein.
In einem Interview mit L'EXPRESS haben Sie 1963 davon gesprochen, daß keine Erfahrung im Leben eines Menschen einen solchen Wandel hervorruft wie die Erfahrung des Todes. Was für eine Erfahrung meinten Sie damals?
MORAVIA: Ich hatte eine falsche Todeserfahrung, also es war ein Irrtum. Man hatte mir gesagt, ich müsse mich unbedingt operieren lassen, ich hätte einen Schatten im Magen, es könnte Krebs sein. Das war der Anfang einer sehr kuriosen Geschichte, denn wenn man den Entschluß faßt, sich aufschneiden zu lassen und einen dafür geeigneten Chirurgen zu suchen, ist das eine sehr schwierige Sache. Man geht zum erstbesten, aber der sagt einem, daß seine Frau ihn betrüge und er möglicherweise vor Kummer seine Hände nicht würde ruhig halten können. Also bin

ich, um jedes Risiko zu vermeiden, zu einem sehr berühmten Chirurgen gegangen, der mich sofort operieren wollte, bat aber darum, mich nicht im Wartesaal sitzen zu lassen, da ich ein ziemlich bekannter Mann sei und mein Erscheinen einiges Aufsehen erregen würde. Der Chirurg versprach, mich gleich vorzulassen, aber als ich dann dort war, war der Wartesaal voller Patienten, und die Schwester sagte, sie habe keine Anweisung erhalten, mich dranzunehmen. Darüber war ich so wütend, daß ich einen anderen Chirurgen aufsuchte. Das hat mich gerettet, denn dieser zweite nahm nur ein bißchen Blut aus meinem Finger und sagte, eine Operation sei nicht nötig. Der Schatten in meinem Magen sei absolut unbedeutend. Ich hatte mich also für todkrank gehalten, aber es war ein Irrtum.

Hatten Sie Angst vor dem Sterben?

MORAVIA: Nein, es war mir egal. Ich liebe das Leben nicht stark genug, um Angst vor dem Sterben zu haben, und ich bin nicht genug erschreckt durch den Tod, um das Leben zu lieben. Ich stand so oft dem Tod gegenüber. Ich bin es gewöhnt. Vor zwei Jahren hatte ich eine Hüftoperation, an der ich beinahe gestorben wäre. Ich fürchte mich nicht mehr. Der Gedanke an den Tod hatte in meinem Leben keine große Bedeutung.

In dem vorher erwähnten Interview war aber ausdrücklich von einem Wandel die Rede. Da hieß es, daß der Mensch, den Tod vor Augen, tiefer ins Leben dringe.

MORAVIA: Ich weiß nicht. Ich habe so vieles gesagt im Laufe der Jahre. Das zählt nicht. Sie meinen, daß alles, was jemand von sich gibt, der den Tod kennt, klingen müßte wie die letzten Worte von Descartes oder Buddha? Ich glaube das nicht. Lassen Sie mich nachdenken... Sehen Sie sich doch einmal an, wie das bei den Tieren vor sich geht. Die Todeserfahrungen der Tiere sind sehr ähnlich denen der Menschen. Aber ändert sich dadurch ihr Verhalten?

Das kann man doch nicht vergleichen. Die Tiere begreifen ja nicht, was es bedeutet zu sterben.

MORAVIA: Also gut, Sie wollen, daß ich Ihnen über den Tod was erzähle. Der Tod ist die Abwesenheit von Leben. Basta! Ich beschäftige mich nicht mit diesem Gedanken. Er interessiert mich nicht. Wenn man das Leben liebt, hat man Angst vor dem Sterben. Aber wenn man so lebensmüde ist, wie ich es bin seit meiner Kindheit, ist das Sterben willkommen. Ich bin unlängst in Kalkutta gewesen und habe mit Mutter Teresa[2] gesprochen, der man gerade den Friedensnobelpreis verliehen hatte. Sie hat dort so eine Art Krankenhaus, zu dem sie Leute, die an irgendwelchen schrecklichen Plätzen im Sterben liegen, hinbringen läßt, damit sie ein friedliches Ende haben. Die werden auf ein sauberes Leintuch gelegt und sterben ganz glücklich. Die haben überhaupt keine Todesangst. Die sind froh, daß es aus ist.

Wollen Sie damit sagen, daß Sie mit diesen Menschen etwas gemeinsam haben?

MORAVIA: Hören Sie, als ich krank war, ist es mir genauso gegangen wie diesen Leuten, weil ich furchtbare Schmerzen hatte. Ich wäre froh gewesen zu sterben. Aber lassen Sie mich noch eine andere Geschichte erzählen. Ich bin mit Pasolini[3] in Tansania gewesen, wir saßen in einem kleinen Flugzeug, das ging mit so großer Geschwindigkeit zur Erde hinunter, daß es nicht landen konnte. Der Pilot machte eine Schleife, um die Landung ein zweites Mal zu versuchen, aber da war ein Hügel, und ich sah, wie dieser Hügel auf uns zukam, und ich dachte, das ist das Ende. Aber ich fühlte überhaupt nichts. Ich sah Kühe und Bäume, und ich dachte, im nächsten Moment werden diese Kühe und Bäume weg sein. Der Tod ist für mich nie ein Trauma gewesen. Ich habe Tiere sterben gesehen. Ich denke, jemand soll sterben so wie die Tiere. Sie suchen sich einen Platz. Ein Hund kriecht unter das Bett und stirbt. Ich weiß, wir sind keine Hunde, wir sind Menschen, aber nur zu fünf Prozent, wahrscheinlich weniger. Der Rest ist Tier. Die Tiere leben richtig und sterben richtig. Ein Hund macht drei Dinge im Leben: Er jagt, er spielt, und er schläft. Der Mensch macht dasselbe. Spielen bedeutet

[2] bürgerlich Agnes Bojaxiu, Friedensnobelpreisträgerin 1980

[3] Pier Paolo Pasolini, Schriftsteller und Filmregisseur, 1922–1975, war mit Alberto Moravia eng befreundet.

schreiben oder malen oder eine Frau lieben, denn Liebe ist ja ein Spiel. Jagen bedeutet arbeiten, Geld verdienen. Und schlafen bedeutet schlafen. Da ist kein Unterschied. Nur: Die Tiere spielen mehr als die Menschen.

Kierkegaard sieht den Unterschied zwischen Mensch und Tier, egal wieviel Prozent das nun ausmacht, in der Verzweiflung. Ein Tier ist niemals verzweifelt.

MORAVIA: Ich kenne Kierkegaard. Ich habe alles gelesen, und ich stimme völlig mit ihm überein. Die normale Verfassung des Menschen ist die Verzweiflung. Theoretisch müßte der Mensch ununterbrochen verzweifeln. Aber glücklicherweise ist er eben zu 95 Prozent Tier. Das ist seine Rettung. Sonst würde es ihn gar nicht mehr geben, weil sich die Menschheit aus Verzweiflung längst umgebracht hätte. Ich will damit nicht sagen, daß es mir etwas ausmachen würde, wenn es keine Menschen mehr gäbe. Nur: Es wäre eben dann eine Welt ohne Menschen.

Sind Sie religiös?

MORAVIA: Ich bin religiös, aber gleichzeitig gottlos, verstehen Sie? Ich brauche keinen Gott, um zu glauben.

Haben Sie Kinder?

MORAVIA: Was?

Kinder.

MORAVIA: Nein, habe ich nicht.

Warum nicht?

MORAVIA: Da gibt es keinen Grund, höchsten den, daß ich denke, für einen Künstler ist es nicht nötig, Kinder zu haben. Ein Künstler drückt sich genügend aus in dem, was er macht. Kinder sind ja ein Ausdruck der Persönlichkeit so wie das Schreiben oder das Malen. Aber warum fragen Sie? Ich mag Kinder. Ich habe viele Geschichten über Kinder geschrieben.

Haben Sie darauf geachtet, kein Kind in die Welt zu setzen, oder war das Zufall?

MORAVIA: Ich habe auf überhaupt nichts geachtet. Meine erste Frau, Elsa Morante, ist Schriftstellerin, und während sie schrieb, wollte sie keine Kinder. Meine zweite Frau, Dacia Maraini, ist auch Schriftstellerin und will auch keine Kinder.

Warum haben Sie sich von Ihrer ersten Frau scheiden lassen?
MORAVIA: Wir sind nicht geschieden, wir leben getrennt seit achtzehn Jahren. Meine zweite Frau ist viel jünger. Sie ist 29 Jahre jünger als ich.
War das der Grund für den Wechsel?
MORAVIA: Nein. Ich habe mich eben verliebt. Das ist doch ein sehr guter Grund. Ich bin 25 Jahre mit meiner ersten Frau zusammen gewesen, und wir sind noch immer befreundet.
Wären Sie gerne jünger? Stört Sie Ihr Alter?
MORAVIA: Ich fühle mich nicht so alt. Mein Arzt sagt, ich sei zwanzig Jahre jünger, als ich in Wirklichkeit bin. Also was die Vitalität betrifft, bin ich erst zweiundfünfzig. Es gibt zwei Merkmale des Alters: Erstens, man verliert die sexuellen Begierden, zweitens, man ist zu gewissen Dingen, selbst wenn man wollte, nicht mehr imstande. Altsein ist Impotenz in jeder Beziehung. Ich bin noch nicht impotent. Ich mache heute die gleichen Sachen, die ich seit 50 Jahren mache.
Würde es Ihnen etwas ausmachen, Ihre Potenz zu verlieren?
MORAVIA: Nein, überhaupt nicht. Ich meine, Sex ist ganz schön, aber schließlich und endlich, wenn man alt ist, wird der Sex so nutzlos, wie er es für ein Kind ist. Ein Kind benutzt sein Geschlechtsteil zum Urinieren. Ansonsten empfindet es dieses Ding als ganz überflüssig. Ich fing erst an, mich für Sex zu interessieren, als ich schon neun war.
Aber das ist doch sehr früh. Manche beginnen viel später.
MORAVIA: Das hängt vom Klima ab. Ich bin Südländer. Kleine Jungen in Italien fangen sehr früh an. Wollen Sie, daß ich Ihnen über Sex was erzähle? Das ist so: Mit fünf oder sechs Jahren wird sich ein Junge oder ein Mädchen seines Geschlechtes bewußt, aber so richtig los geht es erst mit zehn oder elf, manchmal auch später. Da gibt's keine Regel.
Was für Sex war denn das, den Sie mit neun Jahren machten?
MORAVIA: Also ich war nicht neun, sondern elf. Es war ein Mädchen aus dem Bekanntenkreis meiner Mutter, eine Freundin, die zu Besuch kam. Sie war neunzehn.
Ja, aber was haben Sie mit der denn gemacht?

MORAVIA: Ich habe gar nichts gemacht. Ich mochte sie eben.
Haben Sie onaniert?
MORAVIA: Wahrscheinlich. Daran kann ich mich nicht mehr erinnern... Also richtig mit einem Mädchen geschlafen habe ich erst mit siebzehn. Sie sehen, ich bin in diesem Punkt nicht außergewöhnlich. Ich bin kein besonders sexuell veranlagter Mensch. Ich war in einige Frauen verliebt, als ich klein war, aber das war alles platonisch.
Liebten Sie Ihre Mutter?
MORAVIA: Meine Mutter war eine sehr einfache Frau. Nein, ich liebte sie nicht. Die Verbindung zu meiner Familie war praktisch zu Ende, als ich zwölf war.
Für einen Ödipuskomplex würde das reichen.
MORAVIA: Ja, ja, natürlich, ich bin auch nur ein menschliches Wesen. Mir ist nichts fremd. Aber daß ich mich zu meiner Mutter hingezogen fühlte, ist nicht sehr wahrscheinlich. Sie hatte viel Temperament, aber wenig Verstand. In gewissem Sinne war sie eine recht gute Mutter, aber eben intellektuell völlig uninteressiert. Man kann sich seine Freunde aussuchen, aber nicht seine Eltern. Mein Vater war Architekt. Ich glaube, das waren völlig normale Leute. Der einzige Abnormale in der Familie war ich, denn ich war sehr sensibel. Ich habe sehr früh Dostojewski gelesen und schon mit acht Jahren zu schreiben begonnen, zuerst Gedichte, schlechte Gedichte. Meine Mutter wollte, daß ich die diplomatische Laufbahn ergreife. Deshalb hatte ich Gouvernanten in allen Sprachen, deutsch, englisch, französisch. Aber ich wollte schon damals Schriftsteller werden. Das war mein Ehrgeiz.
So wie der Held in Ihrem Roman »Ich und er«, der es sich in den Kopf gesetzt hat, Künstler zu werden, obwohl ihm andauernd sein Geschlechtsteil im Weg steht.
MORAVIA: Nein, nein, diese Geschichte hat mit mir überhaupt nichts zu tun. Mein Geschlechtstrieb war nie so stark ausgebildet. Ich bin auf die Welt gekommen als Geschichtenerzähler. Ich mußte nichts sublimieren. Ich glaube, daß das, was Freud Sublimierung nannte, ein Geschenk der Natur ist. Damit wird

man geboren. Manche haben es, andere nicht. Sonst gäbe es ja auf der Welt lauter Künstler. Denken Sie nur daran, wie viele Leute zu sublimieren versuchen und wie wenige tatsächlich Erfolg damit haben. Die meisten werden dann bloß neurotisch, wie ich es in »Ich und er« ja beschrieben habe. Das ist ein Buch über Bewußtseinsspaltung. Eine Bekannte erzählte mir einmal von einem Freund, den sie hatte. Er hieß Mario, und er liebte sie, aber als er mit ihr Sex machen wollte, war es ein Fehlschlag. Da hat er zu seinem Glied wie zu einem anderen Menschen gesprochen: Warum tust du so was? Warum blamierst du mich so? Also er machte aus sich und seinem Geschlechtsleben zwei Teile. Das brachte mich auf die Idee, diesen Roman zu schreiben. Zuerst wollte ich einen klinischen Fall daraus machen, ein Buch wie »Dr. Jeckyll and Mr. Hyde«, aber dann sagte ich mir, laß es uns komisch machen, und so habe ich es humoristisch geschrieben. Ich weiß nicht, ist es gelungen?
Als ich das Buch las, habe ich mich gefragt, ob Sie sich durch die Beschreibung der erotischen Szenen selber erregen wollten. Denn das ist doch ziemlich stimulierend geschrieben.
MORAVIA: Finden Sie?
Ja, wenn es da heißt: »Riesig, steif, vom Blutandrang geschwellt, wie ein einsamer Baum in der Ebene unter einem tiefen, heißen Himmel, erhebt er sich fast senkrecht von meinem Leib und wölbt das Laken.« Gemeint ist der Penis.
MORAVIA: Ja, aber das ist doch komisch. Ich bin der Meinung, daß erotische Literatur, wenn sie künstlerisch wertvoll sein soll, immer komisch sein muß. Warum? Weil ich denke, daß der beste Weg, das Geheimnis des Sexus zu respektieren, der ist, darüber zu lachen. Pornographische Bücher sind immer ermüdend, weil sie den Sex so todernst betrachten.
Sie sind mehrmals wegen Pornographie angezeigt worden. Ihr Name steht auf der Liste der vom Vatikan verbotenen Bücher. Stimmt Sie das traurig?
MORAVIA: Ich muß damit leben. Es gibt in Italien ein Gesetz, das besagt, daß jedes Buch, durch welches das Anstandsgefühl der Bürger verletzt wird, Pornographie ist. Nur ist eben das

Gefühl für Anstand in der Lombardei ein ganz anderes als in Sizilien. Deshalb ist dieses Gesetz eine Absurdität. Schaun Sie, es gibt zwei Arten von Büchern, die sich mit Sex befassen. Da gibt es zum Beispiel »Fanny Hill«, diese Geschichte einer Prostituierten, das handelt von Sex und sonst gar nichts, und dann gibt es Bücher, in denen der Sex etwas ist, was man in der Literatur als Metapher bezeichnet, ein Symbol. Also da wird über Sex zwar geredet, aber die Sexualität wird als Symbol für bestimmte Verhaltensweisen verwendet. In »Ich und er« wollte ich einen Mann beschreiben, der aufgrund seiner christlichen Erziehung gegen seinen Sex ankämpft. Das ist ja nicht neu. Das hat Tradition. Sexualität wird ja in der christlichen Moral seit eh und je für etwas ganz Schlimmes gehalten, für den Teufel oder was weiß ich, da gibt es ja alle möglichen Namen... Aber lassen Sie mich das lieber anhand meines letzten Buches erklären, das in Deutschland unter dem Titel »Desideria« herauskam, was ganz dumm ist, denn wörtlich übersetzt müßte es heißen »Das innere Leben«. In diesem Buch wird sehr viel über Sex gesprochen, anal, oral, aber es ist kein Buch über Sexualität, sondern es benutzt den Sex, um die Personen zu charakterisieren, so wie man zum Beispiel einen nervösen Menschen dadurch charakterisiert, daß man schreibt: Er ist Kettenraucher. Haben Sie Theophrast gelesen? Oder »Les Caractères« von La Bruyère? Früher hat man eben andere Symbole zur Charakterisierung eines Menschen verwendet, weil die Sexualität tabuisiert war, etwas Besonderes, über das man nicht schreiben konnte wie über irgendwelche alltäglichen Sachen. Seit Freud ist Sex ein Verhalten wie jedes andere auch, wie Essen und Trinken oder Ins-Kino-gehen...

Oder wie Schreiben?

MORAVIA: Auch wie Schreiben, natürlich.

Ist Schreiben nicht gerade der Versuch, die Sexualität, das Vergängliche an ihr, zu besiegen, also Unsterblichkeit zu erlangen?

MORAVIA: Nein, denn unsterblich ist gar nichts. In dreitausend Jahren wird es keine italienische Sprache mehr geben, auch keine französische oder englische oder deutsche. Es wird ein Ende der Sprache geben. Unsterblichkeit ist immer der Wunsch sehr primitiver Menschen gewesen. Die haben Kriege geführt und sich Denkmäler errichtet. Hitler ist vermutlich viel unsterblicher, als ich es je sein kann, denn er hat eine Menge Unheil verursacht, oder Nero, der seine Mutter umbrachte.

Mit welcher Art Sex würden Sie Hitler charakterisieren?

MORAVIA: Darüber habe ich noch nicht nachgedacht. Aber von Napoleon ist ja bekannt, daß er einen ganz winzigen Penis hatte. Da gibt es einen anatomischen Bericht seines Arztes, in dem steht, daß der Schwanz kleiner war als der eines Kindes, was mich erstaunt hat, denn als Napoleon in Grenoble zum erstenmal mit Marie-Louise allein war, hat er sie in seiner Droschke sofort vergewaltigt. Ich frage mich, wie er das machte.

Über Hitler haben Sie gesagt, er sei ein Ästhet gewesen.

MORAVIA: Nein, ich habe gesagt, daß das, was er machte, ästhetisch motiviert war. Ich sagte: Politik ist das Königreich des Möglichen, Kunst das Königreich des Absoluten. Ein Künstler strebt Perfektion an, aber er weiß, sie ist unerreichbar. Wenn ein Politiker versucht, absolut zu sein, wird das immer als Katastrophe enden. So gesehen kann man Hitler schon einen Ästheten nennen, aber eben einen an der ganz falschen Stelle.

Heißt das, er war ein Künstler, der sich unglücklicherweise in die Politik verirrt hat?

MORAVIA: Er war ein sehr mittelmäßiger Maler, noch schlechter als Churchill. Er hatte Träume von Größe, aber die hat doch jeder. Ich höre noch seine Stimme. Er redete Stunden. Das war für meine Ohren fast unerträglich. Ich verstand nichts. Aber der Tonfall war der eines sehr gewöhnlichen Menschen, allerdings mit einer Überzeugungskraft, die an Wunder grenzte. Den Eindruck zu erwecken, man sage etwas Bedeutendes, obwohl man in Wirklichkeit nichts sagt, das ist doch ein Wunder. Ich hatte nie das Gefühl, daß er ein großer Mann war. Er hatte eine große physiologische Kraft, aber im Kopf hatte er wenig. Er war, wie soll ich sagen, ein Flugzeugmotor in einem sehr kleinen Auto. Was passiert dann? Viel Lärm um nichts.

Worin bestand der Unterschied zwischen Hitler und Mussolini?
MORAVIA: Mussolini war weniger blutrünstig, ein mediterraner Typ. Er liebte den persönlichen Kontakt mit den Menschen. Aber groß war er auch nicht. Es gab so viele Männer in diesem Jahrhundert, die meinten, die Welt müßte geändert werden, Stalin, Hitler, Mao Tse-Tung, Mussolini... Das hat angefangen mit Marx, der sagte, die Philosophie müßte vom Himmel auf die Erde heruntersteigen. Das war ein Fehler. Der Marxismus ist eine wunderbare Diagnose der Bourgeoisie, aber als Therapie ist er ungeeignet. Ein Politiker sollte sich darauf beschränken, die Welt zu organisieren, ein Künstler, sie darzustellen, und ein Wissenschaftler, sie zu erforschen.
Sind Sie Mitglied irgendeiner politischen Gruppe?
MORAVIA: Nein, nie gewesen.
Welcher Partei gaben Sie bei der letzten Wahl Ihre Stimme?
MORAVIA: Den Kommunisten.
Aber das ist doch ein Widerspruch.
MORAVIA: Ich werde Ihnen sagen, was ich Edward Kennedy gesagt habe. Er fragte mich, wo ich politisch stünde. Ich sagte: gemäßigt links. Er fragte: Was wählen Sie? Ich sagte: die Kommunisten. Das konnte er nicht verstehen. Da erklärte ich ihm, daß es in Italien heute sehr viele gibt, die kommunistisch wählen, obwohl sie gar nicht so links sind. Meine politischen Interessen waren immer realitätsbezogen. Ich bin kein Theoretiker. Ich versuche zu handeln. Als ich 1934 von Paris nach Rom fuhr, baten mich französische Antifaschisten, einen Brief mitzunehmen. Ich fragte: Ist es gefährlich? Man sagte mir: Ja, Sie könnten verhaftet werden. Da habe ich es gemacht wie der Mann in der Geschichte »The purloined letter« von Poe. Ich steckte den Brief in meine Manteltasche und hängte den Mantel deutlich sichtbar vor mein Schlafwagenabteil. Als die Polizei kam, durchsuchte sie jeden Winkel, aber den Mantel durchsuchte sie nicht. Ein anderes Mal, 1936, habe ich eine Generalstabskarte, auf der die von Mussolini geplante Okkupation Taiwans skizziert war, von Hongkong nach Kanton geschmuggelt. Ich war immer ein sehr praktischer Mensch. Die KPI ist

heute die einzige Reformpartei, die wir haben. Deshalb wähle ich sie.

Glauben Sie nicht, daß Ihnen die Kommunisten, kämen Sie an die Macht, Ihr Vermögen wegnehmen würden?

MORAVIA: Ich sage ganz ehrlich: Ich weiß es nicht. Vielleicht würde tatsächlich alles ganz anders werden. Aber das würde mich auch nicht stören. Das einzige, was ich brauche, ist ein Tisch und ein Zimmer. Künstler sind anspruchslos. Die meisten kultivierten Leute sind arm. Die Reichen sind nicht sehr kultiviert. Ich bevorzuge arme und kultivierte Leute.

Sind das jene, die Sie während Ihrer Reise durch China 1967 in den Jubelruf ausbrechen ließen: Endlich nirgends ein Reicher?

MORAVIA: Nein, denn das, was ich in China gesehen habe, war Elend, nicht Armut. Im Italienischen gibt es die Wörter »povertà« und »miseria«. Povertà ist Armut, miseria bedeutet, vierundzwanzig Stunden am Tag an nichts anderes denken zu können als daran, nicht zu verhungern. Ein Künstler braucht Muße. Er muß genug Geld haben zum Essen und Schlafen, dann beginnt er zu schreiben. Das beste wäre: nicht zuviel und nicht zuwenig. Stendhal hat gesagt, wer zu arm ist, denkt dauernd ans Geld, und wer zu reich ist, genauso. Ich verabscheue beides.

Dann müßten Sie sich aber heute selber verabscheuen.

MORAVIA: Ach was! Ich bin nicht so reich, wie Sie denken. Ich habe genug, aber ich habe keine Millionen. Einige meiner Bücher waren Bestseller, aber nicht alle. Das letzte ist bis jetzt 150 000mal verkauft worden, was nicht schlecht ist. Aber es genügt nicht, um sieben Jahre davon leben zu können.

Sie leben doch nicht nur vom Geld Ihres letzten Buches, sondern von den Übersetzungen, Neuauflagen und Verfilmungen Ihrer sämtlichen Werke.

MORAVIA: Hören Sie, ich werde Ihnen etwas über meine finanzielle Lage erzählen. Bis zu meinem 40. Jahr lebte ich mit meiner Frau in völliger Armut. Ich besaß kein Vermögen, hatte keinen Penny, wirklich nichts. Ich schrieb Artikel für Zeitungen und gab das Geld sofort aus. Wir wohnten in einem sehr kleinen Appartement mit zwei winzigen Zimmern. Meine Frau war in dem einen Zimmer, und ich war im anderen Zimmer. Ich hatte nicht einmal ein Bankkonto damals. Als mein Bruder starb, blieben von ihm ein paar Anzüge übrig, die ich mir dann genommen habe, weil ich nichts zum Anziehen hatte. Ist das nun Armut oder nicht? Noch ärmer heißt tot sein. Wenn der Tod die einzige Armut ist, die Sie akzeptieren, gut. Ich war nicht tot. Ich lebte. Ich hatte meinen Körper und meine Brieftasche, sonst nichts. Als ich mit meiner Frau 1946 nach Capri wollte, konnten wir uns nicht einmal die Überfahrt leisten. Da kam zufällig ein Anruf. Jemand fragte, ob ich Lust hätte, eine Filmgeschichte zu schreiben. Ich setzte mich hin, aber mein Kopf war blockiert. So hat dann meine Frau in zehn Minuten... nein, in einer Stunde die Geschichte geschrieben, und wir hatten das Geld, um nach Capri zu fahren. So war das. 1947 ist dann »La Romana« erschienen. Das war ziemlich erfolgreich. Da fing ich an, Geld zu haben, aber nicht genug, um nicht mehr über Geld nachdenken zu müssen. Es war das Ende der Armut, aber es war noch nicht Reichtum.

Meine Frage war, in welcher finanziellen Situation Sie sich heute befinden.

MORAVIA: Heute bin ich zweiundsiebzig. Das ist ein ganz schönes Alter. Es gibt Schriftsteller, die waren schon in jungen Jahren viel reicher. Proust hatte Schiffsaktien. Tolstoi war reich von Geburt. Turgenjew war Großgrundbesitzer. Manzoni war Graf. Thomas Mann hatte sein Leben lang keine Geldprobleme...

Stimmt es, daß Sie ihn nicht ausstehen konnten?

MORAVIA: Ja, stimmt, er hat ein paar ganz gute Sachen geschrieben, »Tod in Venedig«, also die Erzählungen, aber im großen und ganzen war er ein Bourgeois, ein Anachronismus. Nur ändert das nichts daran, daß er reich war. Warum fragen Sie? Ich will Ihnen erzählen, wie schlecht es mir ging, als ich jung war. Mein Leben war extrem leidvoll und völlig unsicher bis zum Alter von vierzig. Dann begann ein zweites Leben, das ganz gut war vom finanziellen Gesichtspunkt, also vom Standpunkt der sozialen Sicherheit aus betrachtet. Aber bis dahin war es ein einziger Schrecken. In meiner Jugend gab es nur Schmerzen. Wenn ich Ihnen das jetzt mit einem Lächeln erzähle, dann nur, weil es vorbei ist. Vergangenheit ist vergangen. Sie bedeutet mir nichts. Aber wenn Sie schon fragen, dann sollen Sie wissen, daß ich ab meinem neunten Lebensjahr an schwerer Knochentuberkulose erkrankt war. Jahrelang konnte ich das Bett nicht verlassen, lag angebunden, weil schon die geringste Bewegung mir Schmerzen verursacht hätte. Also ich konnte nicht aufstehen. Ich starb fast.

Konnten Sie wenigstens schreiben?

MORAVIA: Nein, ich schrieb nicht. Im Alter von fünfzehn bis siebzehn konnte ich überhaupt nicht schreiben. Ich konnte lesen, sonst gar nichts.

Und denken?

MORAVIA: Ich weiß nicht, was die Leute mit dem Wort »denken« bezeichnen. Das Denken hat ja nur Sinn, wenn man die Möglichkeit hat, es jemandem mitzuteilen. Da ich aber vollkommen isoliert war, wäre es ganz sinnlos gewesen. Nur denken, ohne sich auszudrücken, das geht nicht.

Man würde wahnsinnig werden.

MORAVIA: Eben. Das ist der Punkt. Deshalb habe ich es vermieden zu denken, als Lebensrettung. Ich habe vielleicht gepfiffen oder den Geräuschen gelauscht, die von draußen kamen. Man kann sich in eine Gedankenlosigkeit hineinhypnotisieren. Man wird dann abwesend, stumpf. Ich habe gelernt, mich von der Realität abzutrennen. Das kann ich noch heute. Ich schalte ab. Dann denke und fühle ich überhaupt nichts.

In Ihrem Roman »La noia«, den Sie als Ihr Hauptwerk bezeichnen, beschreiben Sie diesen Stumpfsinn. Ein Maler verliert von einer Sekunde zur anderen jedes Gefühl für die Realität. Er vernichtet das Bild, das auf seiner Staffelei steht, und ersetzt es durch eine leere Leinwand. Ist das Ihr Schlüsselerlebnis?

MORAVIA: Ich bin ja kein Maler.

Das spielt doch jetzt keine Rolle. Sie sind Künstler.

MORAVIA: Ich las die Briefe Kandinskys, in denen er sagt, das beste Bild sei eine weiße Leinwand. Da hatte ich die Idee zu dieser Geschichte. Also das ist völlig erfunden. Ich war schon immer ein begnadeter Lügner. Ich höre einen bestimmten Ton, das, was man die Inspiration nennt, und dann schreibe ich eben. Ich bin nicht wie Proust. Proust erfand wenig. Er schrieb ab, was er erlebte.

Ist es schon vorgekommen, daß die Inspiration Sie im Stich ließ?

MORAVIA: Wenn mir nichts mehr einfiele, würde ich eben aufhören zu schreiben. Während des Äthiopischen Krieges 1935 habe ich ein Jahr lang keine einzige Zeile geschrieben, auch nicht in Griechenland, 1939, bevor der Weltkrieg ausbrach. Ich kann auch leben, ohne zu schreiben. Das Schreiben ist ja keine einfache Sache. Es macht krank. Wenn ich in der Früh die Augen aufmache, ist es immer so, daß ich eigentlich gar nicht mehr leben möchte. Aber dann stehe ich auf, dusche, rasiere mich, gehe in die Küche, mache mir Tee, esse ein Brot mit Honig, mache Kaffee...

Kaffee nach dem Tee?

MORAVIA: Ja, zuerst Tee, dann Kaffee. Dann schreibe ich bis zwölf Uhr, und nach zwölf tue ich nichts mehr, bis der Tag um ist. Es ist einfach meine Gewohnheit zu schreiben. Es gehört zu meinem biologischen Rhythmus. Ich bin Schriftsteller seit über einem halben Jahrhundert. Als ich meinen ersten Roman schrieb, war ich knapp neunzehn. Wenn ich sage, ich schreibe, ist es dasselbe, wie wenn jemand anderer sagt, er geht spazieren. Ich setze mich hin, stecke ein Blatt Papier in die Schreibmaschine und fange an. So einfach ist das.

Müssen Sie allein sein beim Schreiben?

MORAVIA: Nicht unbedingt. Es kann auch eine Frau dabei sein.

In einem Interview sagten Sie einmal, Frauen seien für die künstlerische Arbeit gefährlich.

MORAVIA: So? Habe ich das wirklich gesagt?

Ja, Sie sprachen von einer Rivalität zwischen der Frau und der Arbeit des Künstlers.

MORAVIA: Mag sein. In meinem Buch »Amore coniugale« habe ich davon gesprochen, daß Frauen manchmal eine Gefahr sind.

Sie nehmen dem Mann die Energie weg. Aber das Kartenspielen oder der Besuch eines Pferderennens ist genauso gefährlich. Ich habe nur deshalb nicht von Pferden gesprochen, weil Frauen, abgesehen von der Literatur, in meinem Leben die Hauptsache waren.

Hatten Sie viele Geliebte?

MORAVIA: Ich hatte einige Abenteuer, aber die waren nicht wichtig. Man geht in ein Hotel, fährt mit dem Lift in das oberste Stockwerk, und dann fährt man wieder hinunter. Man kann viele Frauen haben, wenn man ein potenter Mann ist, aber man kann nur wenige lieben.

Sind Sie Anhänger des Feminismus?

MORAVIA: Meine jetzige Frau ist Feministin. Es gibt da zwei Strömungen. Die eine ist eine rein politische Strömung. Sie fordert die Gleichheit der Frau vor dem Gesetz, im Beruf, also überall dort, wo Frauen mit Männern konfrontiert sind. Für die Anhänger dieser Strömung bedeutet Feminismus soviel wie links sein. Die andere, man könnte sagen anthropologische Strömung, will, daß die Frauen vollkommen ohne Männer auskommen. Ob ich bei den Anhängern dieser Richtung beliebt bin, weiß ich nicht. Es ist mir egal. Wichtiger als geliebt zu werden ist es zu lieben.

Worin sehen Sie den Unterschied zwischen Frauen und Männern?

MORAVIA: Es gibt keinen Unterschied. Frauen bekommen Kinder, aber da ich nicht daran interessiert bin, Kinder zu haben, sind für mich Frauen dasselbe wie Männer. Eine Frau ist ein Mann. Ich bin eine Frau. Das hat schon Flaubert gesagt, der behauptete, er sei Madame Bovary. Um ein guter Schriftsteller zu sein, muß man ein bißchen schizophren sein. Joyce identifizierte sich mit Bloom, aber es ist schwer zu begreifen, wie er das schaffte. Er war nicht Bloom, aber er war eben ein guter Schreiber.

Sartre hat nachgewiesen, daß sich Flauberts Sexualität fast ausschließlich auf das Onanieren beschränkte.

MORAVIA: Ja, natürlich. Seine Vorstellungskraft war eben sehr stark entwickelt. Das ist bei künstlerischen Menschen etwas vollkommen Normales. Die Selbstbefriedigung ist der einzige Sexualakt, der etwas mit Kultur zu tun hat, weil er ganz aus der Phantasie kommt. Auch Kleist onanierte. Haben Sie etwas dagegen?

Nein, gar nicht.

MORAVIA: Jeder soll tun, was ihm Spaß macht. In gewissem Sinne bin ich gegen nichts und für alles. Es gibt viele Wege, ein Mensch zu werden... oder ein Wurm.

Für das Interview mit Hildegard Knef hatte nicht, wie gewöhnlich, nur ich, sondern auch meine Gesprächspartnerin ein Papier vorbereitet. Auf meinem standen die Fragen, auf ihrem die wichtigsten Stationen ihrer Karriere, deren Aufzählung sie sich tags zuvor als Gedächtnisstütze neben das Bett gelegt hatte. Eine unerwartete Wendung bekam das Gespräch durch einen an sich harmlosen Vorfall, der die bis dahin eher unpersönliche Atmosphäre schlagartig aufbrach. Die zwölfjährige Tochter der Schauspielerin, »Tinta«, die sich fast während des ganzen Interviews in Reichweite aufhielt, rutschte aus, stürzte zu Boden und blieb zunächst liegen. Hildegard Knef sprang aus dem Sessel, lief zu der Stelle und rief mich um Hilfe. Als sich herausgestellt hatte, daß das Kind nicht verletzt war und das Gespräch fortgesetzt werden konnte, gab es nur noch ein Thema: die Knef in der Mutterrolle. Der Anlaß des Interviews, das in Buchform bei Goldmann und, etwas verkürzt, auch im STERN veröffentlicht wurde, war eine Chanson-Tournee, die bis nach Asien und Amerika führen sollte. Die Premiere fand am 15. September 1980 in der Berliner Philharmonie statt. Das Unternehmen wurde ein Schlag ins Wasser. Schon in Deutschland sang die Künstlerin vor zum Teil leeren Sälen. Da half es auch nichts, daß sie kurz zuvor unter großem publizistischen Aufwand ihr Gesicht hatte liften lassen.

Sie sind die am meisten veröffentlichte Deutsche der letzten zwölf Jahre. Kaiserschnitt, Brustkrebs, Ehekrach, Face-lifting: Da gab es nichts, was geheim blieb. Haben Sie eine Idee, wonach ich Sie jetzt noch fragen könnte?

HILDEGARD KNEF: Nein, habe ich nicht.

Warum machen Sie, 54jährig, eine Welttournee, die Ihnen womöglich raubt, was Sie sich eben erst mühsam wieder erobert haben: Ihre Gesundheit?[1]

[1] Hildegard Knef hatte wegen mehrerer Krankheiten, darunter Krebs, Meningitis und eine Bauchfellentzündung, insgesamt 56mal operiert werden müssen.

KNEF: Ich muß doch Geld verdienen.
Sind Sie in Schwierigkeiten?
KNEF: Ich hatte leider nie gute Verwalter. Ich bin mit Geld der größte Idiot, den Sie sich vorstellen können, und es ist mir auch nicht gegeben, sparsam zu leben. Ich brauche Geld. Auf der anderen Seite muß ich Ihnen aber auch sagen, daß ich mit so einer Tournee so wahnsinnig viel gar nicht verdiene.
Dann fällt ja die finanzielle Motivation erst recht weg.
KNEF: Ich muß mich wieder mal stellen, mir selbst und den andern. Ich will den Leuten sagen, so, jetzt habt ihr über mich dauernd gelesen von Krankheiten und Scheidung[2] und Blah-blah-blah, jetzt möchte ich mal wieder aufgrund meiner Arbeit beurteilt werden. Nach all den Jahren, in denen ich nur geschrieben habe und auch große persönliche Krisen hatte, die man ja leider durch den ganzen Blätterwald geschleppt hat, da will ich jetzt wieder zeigen, daß ich auch noch für was anderes gut bin als für Skandale.
Haben Sie die Publizierung dieser Krisen nicht selbst betrieben?
KNEF: Nein, da waren Sachen dabei, auf die ich liebend gerne verzichtet hätte.
Welche Sachen?
KNEF: Na, zum Beispiel diese fürchterlichen Geschichten, die mein geschiedener Mann dann plötzlich über mich losließ, was dann in diesen Blätterchen drinstand, ich sei rauschgiftsüchtig und lesbisch, was ich nun wirklich nicht bin. Wissen Sie, ich finde, daß man in Deutschland seine Schauspieler oder Schriftsteller oder was auch immer, nennen wir es schlicht Künstler, sehr wenig liebt. In Amerika wäre so was nicht möglich gewesen, ich meine, da gibt es auch Klatschkram, aber da gibt es eben bestimmte Grenzen. Es gibt ja auch nur im Deutschen das Wort »Schadenfreude«. Das gibt es ja in keiner anderen Sprache, ich meine, ich spreche nicht Suaheli, aber soweit ich weiß, gibt es das nur in Deutschland, daß man auf jemanden so

[2] Im Juli 1976 hatte sie sich von dem Schauspieler und Regisseur David Cameron scheiden lassen.

losballert, wenn es ihm schlecht geht. Das geht ja so weit, daß man notfalls den Schaden zufügt, um dann die Schadenfreude zu haben. Ich meine, gut, ich bin eine Deutsche, und ich will jetzt nicht über Deutschland herziehen, das wäre blöde, aber wenn einer der giftigsten Kritiker in Amerika schreibt, die Welt wäre ärmer ohne die Knef, dann finde ich es manchmal ein bißchen traurig, daß man bei uns, außer daß man mir das Bundesverdienstkreuz erster Klasse ans Abendkleid geheftet hat, so wenig sieht, daß ich als einzige im Ausland nach dem Krieg, als die Ressentiments gegen alles Deutsche noch ungeheuer waren, doch eine Bresche geschlagen habe.

Welchen Dank haben Sie denn erwartet?

KNEF: Dank gar nicht, aber doch vielleicht etwas mehr Achtung. Das Schlimme ist, daß wir durch den Krieg, was das Geistige und Künstlerische anlangt, keine Hauptstadt mehr haben, denn eine Hauptstadt ist absolut notwendig, um dort einen Kreis von Menschen zu haben, die sich aneinander hochspielen, sich messen, die aber auch Respekt voreinander haben, das gehört auch dazu, aber das haben wir nicht mehr, das verbröselt alles, da sitzt einer in Hamburg und einer in Hannover und der andere in Frankfurt oder, was weiß ich, auf dem Dorf oder in Berlin oder München, das verseiert alles, und aus dem sich daraus gebärenden Kleinteichdenken entsteht dann für ein von der Industrie her doch sehr wichtiges Land auf dem Gebiet der Kunst eine Kleinlichkeit, die... ich zögere, aber man muß es sagen, provinziell ist. Ich habe in Amerika gelebt viele Jahre, Amerika hat mich geprägt, geprägt auch in einer Weise, was heute in Deutschland teilweise als Exhibitionismus verkannt wird. In Amerika zickt man nicht so rum. Der Deutsche schreckt da immer noch zurück, ich meine vor so einem mentalen Exhibitionismus, zum Beispiel, daß ich jetzt sage, bitte, ich hab' 'ne Krebsoperation hinter mir, bitte, ich hab' 'ne Gesichtsoperation, das erschreckt in Amerika keinen, da schreiben die nicht einmal drüber, weil die das schon viel zu langweilig finden.

So besonders aufregend ist das auch gar nicht. Aber Sie leben doch zum Teil von diesem, wie Sie es nennen, Provinzialismus.

Ihr Agent baut darauf, daß die Konzertsäle voll sind, weil die Leute darauf gespannt sind, die neue Knef nun zu sehen, von der sie gelesen haben, daß sie todkrank war und sich hat liften lassen.

KNEF: Ich hab' ja der Presse gar nicht gesagt, daß ich mich liften lasse, sondern die haben es rausgekriegt. Die haben mich zehn Minuten, nachdem ich aus Lausanne vom ersten Gespräch mit meinem Arzt zurückkam, angerufen und gesagt, Sie werden dann und dann operiert, wir wissen alles, bums. Da ist mir wirklich der Graus hochgekommen, und da mache ich, wie immer in solchen Momenten, die Flucht nach vorn. Genauso war es ja auch bei der Geburt meiner Tochter, wo man mir vorwirft, ich hätte das für meine Karriere vermarktet. Schaun Sie, es war folgendes, meine Tochter hat fast neun Wochen im Inkubator gelebt, und die Journalisten hingen um das Krankenhaus rum, und die Ärzte sagten, sie hielten das nicht mehr aus, sie würden wahnsinnig, da hab' ich denen gesagt, dann müßten sie eben wahnsinnig werden. Aber dann kam das Kind aus dem Inkubator heraus und durfte nach Hause, und was sich dann abspielte, war so fürchterlich, das können Sie sich gar nicht vorstellen. Ich wohnte damals am Starnberger See. Die Journalisten hingen Tag und Nacht in den Bäumen. Wo immer ich aus dem Fenster guckte, standen schon Fotografen. Ich kriegte also langsam den Drehwurm. Es war Sommer, aber ich konnte das Kind nicht mit dem Kinderwagen hinausstellen, denn kaum zeigte ich mich, gingen die Dinger schon los, bumm, zack, fft, fft. Also wir waren Gefangene, und da hab' ich gesagt, so geht's nicht weiter, das Kind braucht frische Luft, es muß raus, wir haben einen großen Garten, das Wetter ist schön, und ich wußte ja nicht einmal, ob das nur Fotografen waren oder auch manchmal Verrückte, die sich da anschleichen wollten. Wir hatten zwar einen Leibwächter und viele Hunde, und es wurden auch dauernd welche von diesen Hunden gebissen, so daß wir ständig das Gerangel mit der Versicherung hatten, aber kurzum, es war ein Irrenhaus, und da hab' ich eine Werbeagentur angerufen und gesagt, nu paßt mal auf, ich zahl' euch so und so viel, wenn ihr das einmal organisiert, dann ist das Kind fotografiert, und wir haben den Salat vom Hals. Aber die Ärzte haben gesagt, es darf kein Fremder an das Kind ran, damit es keine Infektion kriegt, auf keinen Fall, außer die Journalisten tragen Mundschutz, denn es braucht ja nur einer einen Schnupfen zu haben, nicht wahr? Und so ist dann dieses groteske Foto zustande gekommen, ich mit dem Kind und um uns herum kniend diese vermummten Gestalten.

War das nicht auch eine gute Reklame zu einer Zeit, als man von Ihnen sonst wenig hörte?

KNEF: Nein, mir war das nur lästig.

Hatten Sie je Angst, von Ihrem Publikum vergessen zu werden?

KNEF: Daran hab' ich eigentlich noch gar nicht gedacht. Schaun Sie, ich habe ja vier Berufe, ich kann einigermaßen gut schreiben, ich kann Chansons schreiben, gegebenenfalls auch für andere, ich kann als Showkind auftreten, und ich bin 'ne einigermaßen gute Schauspielerin. Also was kann mir passieren? Natürlich, man ist abhängig. Wenn mich mein Publikum nicht mehr will, wäre das ärgerlich. Aber es will mich. Mein Agent, der ist 21 Jahre alt, hat fünf Jahre in Amerika studiert, lebt in Detroit, und der hat 'ne Riesenumfrage gemacht, wieviel ist der Name Knef heute wert in Singapur, Tokio, Kanada, Argentinien... und dann ist er zu mir gekommen und hat gesagt, ich möchte mit Ihnen 'ne Welttournee machen.

Da sind Sie also eine Ware, die auf dem internationalen Markt verkauft wird.

KNEF: Das ist doch jeder. Aber sehen Sie, ich habe ja für diese Tournee auch eine Menge absagen müssen. Der Boleslav Barlog[3] hat mir angeboten, am Ernst-Deutsch-Theater in Hamburg die Mutter Courage zu spielen, eine hochinteressante Sache, dann habe ich einen großen amerikanischen Film absagen müssen, dann wollte Gobert[4] in Berlin was mit mir machen...

[3] Regisseur und Theaterdirektor, geboren 1906 in Breslau

[4] Boy Gobert, seit Herbst 1980 Generalintendant der Städtischen Bühnen Berlin

Hätten Sie die Mutter Courage mit Ihrem neuen Gesicht überhaupt spielen können? Sie sehen doch jetzt viel zu jung aus für diese Rolle.
KNEF: Ach kommen Sie, ich meine, es gibt ja noch Schminke. Da macht man ins Gesicht ein paar Striche, und damit hat sich die Sache.
Trotzdem die Frage: Ist Ihre künstliche Jugend für die Schauspielerin nicht ein Nachteil?
KNEF: Nein, überhaupt nicht. Ich fühle mich jetzt viel besser als vorher. Ich bin ein Ästhet. Ich kann einem Menschen, der dreißig Mark zahlt, um mich zu sehen, nicht zumuten, daß dann da oben eine häßliche, alte Frau steht.
Warum nicht? Der will vielleicht nur Ihre Lieder hören. Die Piaf war ja auch keine Schönheit.
KNEF: Die war aber viel jünger. Von der hat man auch nie besonders erwartet, daß sie schön ist. Gott, ich war auch nie eine berühmte Schönheit, aber von mir verlangte man, abgesehen von bestimmten Rollen, daß ich ein einigermaßen angenehmes Aussehen habe. Ich bin überhaupt nicht eitel, das habe ich ja in meinen Büchern bewiesen, aber ich hasse es, sich so gehenzulassen. Ich hab' das Gefühl, ich rutsche mir aus den Händen, wenn ich mich gehenlasse, zergleite, zerfließe. Das ist auch der Grund, warum ich so gerne dünn bin. Ich bin ja an sich viel zu sensibel für das, was ich mache. Ich muß mir meine Zähigkeit selbst erschaffen. Mein Leben hat schon damit angefangen, daß ich an Kinderlähmung erkrankte. Ich kann auf der Bühne nur auf einem Bein stehen. Wenn ich auf dem anderen stehe, kippe ich um. Ich muß das also geschickt kaschieren.
Warum sollen die Leute nicht akzeptieren, daß Sie auf einer Seite schlecht stehen können?
KNEF: Das will ich nicht, auf keinen Fall. Die zahlen doch nicht, damit sie mich dann schlecht stehen sehen. Die sollen mich prachtvoll sehen. Na hören Sie mal, man gibt doch nicht Geld aus, um jemand zu sehen, der nicht stehen kann. Ich bin ja kein Greis. Nein, kommt überhaupt nicht in Frage. Das lehne ich ab. Ich hasse Mitleid. Ich will für die Leute da sein, und zwar total.

Ich werde sogar auf der Bühne tanzen. Ich bin zu Jerome Robbins[5] nach New York gegangen und hab' gesagt, passen Sie auf, mein linkes Bein ist zwei Zentimeter kürzer, es ist schwach, außerdem hab' ich einen Meniskusriß, aber ich möchte jetzt richtig tanzen lernen. Da hat er gesagt, fabelhaft, und dann habe ich jede Woche bei ihm dreimal getanzt.

Finden Sie es demütigend, wenn jemand für Sie Mitleid empfindet?

KNEF: Das kommt darauf an, von wem es kommt. Wenn Sie in einer Intensivstation an eine mitleidlose Krankenschwester geraten, gehen Sie vor die Hunde. Da gibt es Momente, wo Sie wirklich angewiesen sind auf das Mitleid des andern, der mit Ihnen fühlt, was Sie für Schmerzen haben. Ich bin an Punkte gekommen, wo die Ärzte es mit Morphium nicht mehr töten konnten. Die mußten mir fünf Wochen künstlich den Bauch offen halten, weil der so vereitert war, da hatte ich so wahnsinnige Schmerzen, daß die mich vollgedonnert haben mit Morphium, obwohl sie gesagt haben, gut ist es nicht, aber das hält kein Mensch aus. Ich bekam fast einen Herzinfarkt vor lauter Schmerzen. Also in so einem Fall ist es schon nötig, das Mitleid. Demütigend ist es, wenn Menschen dafür zahlen, mich zu sehen, zu hören, da finde ich es absolut überflüssig, denn es ist ja meine Aufgabe, diese Leute für mich zu gewinnen. Ich muß sie kriegen. Der Funke muß überspringen, telepathisch. Nichts ist so telepathisch wie das Showbusiness. Das basiert auf Telepathie. Ich singe ungefähr vierzig Songs, und jeder Song enthält eine neue Geschichte, und für jeden habe ich ungefähr drei Minuten, aber ich muß schon in der ersten Sekunde die Menschen dazu bringen, mir zuzuhören. Es ist eine Vergewaltigung. Man steht abschußbereit dort oben, frontal vor dem Publikum, das kann eine Meute sein, sehr gefährlich, die einen auffrißt. Das ist wie Krieg. Da müssen Sie immer auch der Dompteur sein, dürfen sich, auch wenn es gut geht, toi toi toi, nicht mitreißen lassen,

[5] amerikanischer Choreograph und Regisseur, seit 1969 Leiter des New York City Ballet

müssen immer die Kontrolle behalten, denn sonst ist der Text weg, oder Sie verpassen den Einsatz.

Haben Sie Lampenfieber?

KNEF: Lampenfieber ist gar kein Ausdruck. Ich gerate in Panik vor jedem Auftritt. Mir hat der Karajan mal was Schönes gesagt. Weißt du, Hilde, hat er gesagt, keiner glaubt, daß ich Angst habe, aber ich habe Angst vor jedem Dirigieren, das ahnst du gar nicht. Ich kenne keinen Menschen, der versucht, was Gutes zu machen, der diese Angst nicht hat. Man muß es nur wissen, und irgendwie muß man dann stehenbleiben und sagen, ach Scheiße, wieso eigentlich?

Was ist der Lohn dieser Angst? Wofür nimmt man das auf sich?

KNEF: Wissen Sie, man bekommt auch viel zurück von den Leuten. Auf der einen Seite die Meute, auf der anderen Seite eine rührende Anhänglichkeit und Liebe und Zutraulichkeit. Wenn Sie ahnen würden, was ich jede Woche für Briefe bekomme, wo mich Menschen einfach anflehen, ihnen zu helfen mit einem einzigen Wort, einem Gedanken, einem Tip, einem Arzt. Zauberhaft!

In Ihrem Buch »Das Urteil« haben Sie das ganz anders beschrieben. Da ist von einem maskulinen Triumph die Rede, von der »grandiosen Sekunde«, wenn der Jubel losbricht, »voll der prasselnden Erotik«. Man hat fast den Eindruck, Sie erleben einen Orgasmus.

KNEF: Das will ich nicht sagen. Aber es gibt eine geistige Erotik, die sich abspielen kann zwischen der einen Person da oben und den vielen da unten. Das ist gar nicht mehr greifbar.

Ein Rausch?

KNEF: Ja, aber ein kurzer.

Schöner als Liebe?

KNEF: Vollkommen anders, nicht miteinander vergleichbar.

Auf was könnten Sie eher verzichten, auf den Erfolg oder die Liebe zu einem Menschen?

KNEF: Auf keines von beidem.

Welche Rolle spielt die Sexualität in Ihrem Leben?

KNEF: Eine sehr große Rolle. Sex ist ein sehr wichtiger

Bestandteil in meinem Leben. Da kann ich mich herrlich verlieren. Jemand, der nicht ein großes Gefühl für Sexualität hat, kann gar nicht so schreiben.

Die Schriftstellerin Karin Struck, der Sie 1975 ein Interview gaben, entdeckte an Ihnen einen »Haß gegen das Weiblich-Sein«. Was sagen Sie dazu?

KNEF: Völliger Quatsch. Die fing ja ihren Artikel schon damit an, sie hätte geträumt, daß ich tot sei. Ich meine, die möchte ich nun bitte nie wieder sehen, weil, wenn man solche Mittel braucht, um über einen anderen Menschen zu schreiben, dann kann man nicht schreiben. Das ist eine so fürchterliche Geschichte. Ich war ja damals wirklich in einer Situation, wo mir die Ärzte kaum Chancen gaben, und da schrieb die dann solche Sachen. Da stand ja auch, ich hätte gesagt, das Aufhören der Menstruation sei für mich der glücklichste Moment meines Lebens gewesen. Ich schwöre Ihnen, ich habe mit dieser Frau über Menstruation nie gesprochen, ganz abgesehen davon, daß das ja nicht aufgehört hat, sondern daß man mir das wegoperierte, mich so gestrippt hat von allem, daß am Ende gar nichts mehr da war.

Wie ist Ihr Verhältnis zu Ihrem Körper, den Sie einmal, vermutlich scherzhaft, als »rebellierenden Kadaver« bezeichnet haben?

KNEF: Ich bin ihm dankbar, daß er noch funktioniert. Für das, was ich ihm so alles geboten habe, ist er noch ganz gut gebrauchbar. Ich bin ja nicht immer fein mit ihm umgegangen. Die Anstrengungen, die ich ihm zumute, der Streß, diese Superspannungen, die ich in mir habe, da muß ich doch froh sein, daß er noch mitmacht. Mein Mann[6] behauptet ja immer, ich lebe vom Hals aufwärts und noch von einigen anderen Sachen, aber sonst sei ich körperlich nicht mehr brauchbar. Sicher hat sich durch das Schreiben etwas verändert. Ich war früher bestimmt körperlicher.

[6] seit Juni 1977 der um 15 Jahre jüngere Paul Rudolf Freiherr von Schell zu Bauschlott

Ist für Sie Schreiben nur ein Vorgang im Kopf? Ist da nicht der ganze Körper beteiligt?
KNEF: Doch, schon. Ich schubber' da rum wie 'ne Irre. Ich mache folgendes, ich setz' mich hin um neun und gucke zunächst mal dumm vor mich nieder, dann trinke ich furchtbar viel Tee, dann putze ich meine Schreibmaschine, was ja vollkommen sinnlos ist, alles nur, um nicht anfangen zu müssen, dann schreib' ich so ungefähr eineinhalb Stunden mit der Hand, da hab' ich so 'ne Wäscheleine über dem Schreibtisch, da häng' ich meine Gedanken hin, obwohl ich sie dann meistens gar nicht verwende, aber es beruhigt mich, weil es geschäftig aussieht, nicht ganz so leer. Dann schreib' ich bis Mittag zwei Seiten, die geb' ich einer Sekretärin, damit sie die sauber abtippt, die kommen in einen Ordner, werden fotokopiert, und dann guck' ich sie nie wieder an, nur den letzten Absatz, damit ich am nächsten Tag weiß, wie es aufgehört hat, damit der Rhythmus bleibt. Was für mich sehr wichtig ist beim Schreiben, ist Rhythmus.
Lesen Sie Ihre Bücher, wenn sie gedruckt sind?
KNEF: Nein, nie. Ich hab' noch nie ein Buch von mir gelesen.
Fürchten Sie, es dann schlecht zu finden?
KNEF: Ich guck' lieber nach vorne. Wissen Sie, wenn ich das lese, würde ich sagen, hier hast du was vergessen, da wäre es anders besser gewesen, was soll der Quatsch? Ich hab' jeden Tag gearbeitet wie ein Vieh an zwei Seiten, und wenn das nicht steht, hab' ich Pech gehabt. Ich rüttle nicht gerne an Dingen, die vorbei sind. Das hört sich jetzt sehr benebbicht an, aber mein Schicksal ist es immer gewesen, mich in Neuland zu wagen. Ich war immer Eroberer. Ich hab' im ersten deutschen Nachkriegsfilm, »Die Mörder sind unter uns«, eine Hauptrolle gespielt, ich war die erste, die auf der schüchternen deutschen Leinwand sich nackt gezeigt hat, wo alle verrückt wurden, aber ich konnte gar nischt dafür. Der Film hieß »Die Sünderin«. Ich hab' als erste angefangen, mir meine eigenen Texte zu schreiben, was damals alle für schwachsinnig erklärten, also ich bin eigentlich die Mutter der Liedermacher. Dann war ich die erste, die in einem

Alter, in dem man es gewöhnlich noch nicht tut, ihre Memoiren, nein, nicht Memoiren, sondern die Geschichte jener Generation zu schreiben versuchte, die so dazwischen lag, die nicht wußte, was geschah, als Hitler kam, weil sie viel zu jung war, die dachte, das sei ein Volksfest, und die dann lebte in diesem gefilterten Leben, in dem die Antifaschisten zu uns nicht sprachen, weil das wäre denen zu gefährlich gewesen, man hätte ja als Kind irgendeinen Satz sagen können, der die hätte ins KZ bringen können. Also wir hörten nur die Stimmen der Nazis, denen wir aber nicht glaubten, weil die waren zu laut, jedenfalls innerhalb meiner Familie, die ja ziemlich antifaschistisch eingestellt war. Dann verliebte ich mich in einen NS-Mann, den Chef des größten Filmverleihs damals,[7] das war ja nun auch ein sehr grober Fehler, und dann wurden wir nach Kriegsschluß von den Alliierten zur Verantwortung gezogen, obwohl wir weder emigrieren noch irgendeine Resistance hätten anfangen können. Was ich damals für Verhöre hatte, die waren nicht putzig.
Das Buch, von dem Sie sprechen, »Der geschenkte Gaul«, machte Sie zur erfolgreichsten lebenden deutschen Autorin. Die Auflagenzahlen gingen in die Millionen.
KNEF: Ja, erfreulicherweise.
Sie haben über den Krieg geschrieben, und das wurde als spannend empfunden.
KNEF: Es muß ja spannend sein, sonst liest es ja keiner. Schaun Sie, es war ja nicht einfach. Als ich die ersten drei Kapitel geschrieben hatte, hab' ich sie zunächst liegen lassen, weil ich über den Krieg einfach nicht schreiben konnte. Ich hab' gesagt, ich will diesen Film nicht noch einmal aufrollen in meinem Hirn, es ist zu furchtbar.
Und wieso haben Sie dann doch weitergeschrieben?
KNEF: Durch einen Tritt.
Wer hat Sie getreten?
KNEF: Ein Freund, der hat das gelesen und gesagt, wenn du nicht weiterschreibst, erschlage ich dich. Aber die fürchterlichsten

[7] Ewald von Demandowsky, Leiter der TOBIS-Film in Berlin

Sachen habe ich weggelassen aus einem Gedanken heraus, den Peter Suhrkamp, als er aus dem Konzentrationslager kam, seinem Freund Zuckmayer sagte. Zuckmayer fragte: Was hast du erlebt? Und Suhrkamp antwortete: Das Häßliche in der Welt soll man nicht zu sehr verbreiten. Was der erlebt hatte, war so grausam, daß er es nicht einmal seinem besten Freund sagen wollte, und so habe auch ich ein paar Sachen erlebt, die waren von einer Grausamkeit, daß ich sie nicht geschrieben habe.
Zu dem amerikanischen Interviewer David Frost haben Sie gesagt, Sie glauben, 1945 jemand erschossen zu haben.
KNEF: Ja, es ist anzunehmen. Ich war ja in den Kämpfen um Berlin als Soldat eingeteilt, keiner wußte, daß ich eine Frau bin, also ich war da richtig im Einsatz, wir lagen in den Schützengräben und haben geschossen wie die Verrückten. Ich weiß noch, einmal sind wir vier Tage in einem Loch gelegen, so für zwei Mann, und es regnete ununterbrochen, wir standen bis zur Brust unter Wasser, und jedesmal, wenn wir unsere Stahlhelme, die wir auf die Maschinengewehre draufgesteckt hatten, hochhoben, um zu sehen, ob die Luft rein war, hatten wir im Helm schon 'ne Delle. Da ließen wir den Kopf lieber unten und kamen erst raus, als es Nacht war.
Sind das die Erlebnisse, die zu erzählen Ihnen Mühe bereitet?
KNEF: Angenehm ist es nicht. Aber hätte ich das nicht erlebt, wüßte ich jetzt nicht zu schätzen, was es bedeutet, in Frieden zu leben.
Sie hätten keine Freude am Frieden.
KNEF: Ja, genau.
So hebt sich alles gegenseitig wieder auf: im Krieg die Sehnsucht nach Frieden, im Frieden der Schrecken der Langeweile.
KNEF: Die ewige Schaukel.
Können Sie den Lebensekel der Nachkriegsgeneration verstehen, die solche Erlebnisse nie gehabt hat und die deshalb nicht zu würdigen weiß, wie gut wir es heute haben?
KNEF: Dieses Déjà-vu? Das finde ich schrecklich.
Aber was sollen die machen, wenn ihnen der Vergleich fehlt?
KNEF: Die sollen froh sein.

Aber mit Frohsein vergeht ja die Zeit nicht.
KNEF: Das füllt nicht aus, nein. Aber die sollten sich dessen bewußt sein, was das für ein Geschenk ist, und dann sollten sie versuchen, das auszunutzen und umzusetzen, und sollten mal ausloten, wieviel eigentlich in ihnen drin ist, wie viele Möglichkeiten sie haben, wie weit das geht mit dem Lernvermögen, dem Produktionsvermögen. Das find' ich sehr wichtig.
Ja, aber das Problem ist, daß, wenn man so in sich hineindenkt, doch als erstes gleich der Gedanke an die Vergänglichkeit da ist.
KNEF: Ja, absolut.
Und wenn man dann mit dem zweiten Gedanken dahinterkommt, was man gerne lernen und produzieren möchte, dann fährt einem der erste mit der Frage dazwischen: Wozu das alles?
KNEF: Das ist wahr, und ich laß es mir auch nicht nehmen, es für unmöglich zu halten, daß sich ein halbwegs intelligenter Mensch mit diesem Gedanken an die Vergänglichkeit, also mit dem Tod, je wird abfinden können. Ich glaube eben, das Leben ist zum großen Teil eine Flucht vor diesem Gedanken, und der unbändige Kampf, trotzdem das meiste daraus zu machen, nein, nicht das meiste, das klingt schon wieder so gierig, sondern eben die Möglichkeiten, die einem gegeben sind, zu benutzen im besten Sinne des Wortes.
Benutzen für was?
KNEF: Na, wenn Sie so fragen, dann machen wir gar nischt mehr, dann legen wir uns alle hin, rauchen Hasch und sagen Gute Nacht.
Es gibt von Ihnen den Ausspruch, Widerstände seien dazu da, um beseitigt zu werden. Waren Sie je in der Situation, ohne Widerstände leben zu müssen?
KNEF: Ich kann mich nicht erinnern.
Sie haben immer gekämpft?
KNEF: Ja, wie ein Tiger. Ich bin geprägt durch zwei, nein drei sehr entscheidende Dinge. Ich hatte keinen Vater, mein Vater starb, als ich sechs Monate alt war, er war achtundzwanzig, meine Mutter mußte arbeiten, mein Großvater hat mich erzogen, ich hatte einen herrlichen Großvater, aber es war eben

doch ein seltsames Verhältnis, Familie kannte ich nicht. Dann wurde ich von ihm weggenommen, das war der erste tierische Schock meines Lebens, dann kam der Krieg, dieses Ununterbrochen-in-Kellern-Rumsitzen und Die-Bomben-um-die-Ohren-Haben, dieses immer wieder Raus-aus-den-Löchern, dieses Zittern, hoffentlich platzen die Röhren nicht, dieser wahnsinnige Kampf, und dann später, in Amerika, diese unglaublichen Schwierigkeiten beim Filmen, diese tägliche Mühsal, davon bin ich ja auch kurzsichtig geworden, weil ich in New York trotz Masern und vierzig Grad Fieber auftreten mußte, sonst wäre die Show, in der ich da spielte[8], im Eimer gewesen, und Tausende Dollar wären den Bach runtergegangen.
Aber Sie können doch Ihre Arbeit bei Film und Theater nicht mit dem Zweiten Weltkrieg vergleichen. Das eine war Schicksal, das andere Ihre freie Entscheidung.
KNEF: Nein, nein, schaun Sie, ich hab' dort einen Vertrag unterschrieben, aber ich wußte ja nicht, was da auf mich zukommt.
Sie hätten ja, um ein ruhigeres Leben zu haben, auch Sekretärin in einem Büro werden können.
KNEF: Na, also dieser Gedanke, der bringt mich um.
Stimmen Sie zu, wenn ich sage, Sie haben sich Ihr Leben lang mehr oder weniger freiwillig in schwierige Situationen begeben, um die dann bestehen zu können?
KNEF: Sie meinen, ins Chaos?
Ja, wenn Sie so wollen, in die vorderste Reihe.
KNEF: Ich hab' einen guten Freund, der sagt, ich sei der einzige Mensch, den er kenne, der keine Ferien mache. Ich fange in Ferien an, völlig marode zu werden, oder ich lulle so rum oder mach' mir Notizen, fang' an, Gedichte zu schreiben oder moderne Lyrik, oder ich male. Ich hab' ja zwei Jahre Malen gelernt.
Was würde geschehen, wenn Sie einmal nichts zu tun hätten?
KNEF: Dann wäre das Chaos immer noch da, nur eben in mir.

[8] »Silk Stockings«, Musical von Cole Porter, Broadway 1955

Da würde ich in einer schönen psychiatrischen Klinik meine Tage verbringen, und die Psychiater würden nett mit mir reden, und ich würde zu überhaupt nichts kommen.

Was würden denn die Psychiater von Ihnen zu hören bekommen?

KNEF: Wahrscheinlich gar nichts, ich weiß nicht. Natürlich kann ein chaotisches Innenleben, wenn es sich nicht ausdrükken kann, katastrophale Folgen haben. Ich hab' große Spannen, in denen ich sehr introvertiert bin, so plötzliche Schübe von Einsamkeit, das kann tagelang dauern, da ziehe ich mich zurück wie 'ne Schnecke, das sind streckenweise gefährliche Zeiten, in denen ich nicht mal mehr lesen kann, weil ich alles auf mich beziehe und plötzlich denke, daß alles, was da geschrieben steht, auf mich gemünzt ist. Das hasse ich. Da hab' ich das Gefühl, ich sitz' auf 'ner Tellermine, und wenn ich aufstehe, dann explodiert die.

Gibt es jemanden, dem Sie das dann erzählen?

KNEF: Nein, niemand.

Nicht einmal Ihrem Mann?

KNEF: Nein.

Warum nicht?

KNEF: Weil ich das große Bedürfnis habe, die Menschen, mit denen ich lebe, nicht zu verletzen, so weit ich kann.

Wieso würde es jemand verletzen, wenn Sie sagen: Ich sitz' auf 'ner Tellermine?

KNEF: Weil alle um mich herum, mein Mann, selbst mein Kind, sich bemühen, fröhlich zu sein, und ich es gerne habe, wenn die das Gefühl haben, daß ich ihre Heiterkeit teile, weil diese Heiterkeit ja auch für mich dargestellt wird.

Das ist ja furchtbar. Da spielt also jeder jedem was vor, nämlich die Heiterkeit.

KNEF: Nicht immer. Ich bin zum Beispiel der berühmteste Morgenmuffel, den es je gab. Wenn Sie mich morgens ansprechen, kann ich der grauenhafteste Mensch sein, muffle so rum, krieg' gerade noch die Tasse Tee an den Mund, die man mir hinstellt.

Und wie geht das vorüber?
KNEF: Ich hab' eine ungeheure Selbstdisziplin. Schaun Sie, ich will mich nicht rühmen, aber ich hab' eine furchtbare Entziehungskur hinter mir, weil man mir so viel Morphium gespritzt hat, daß ich zum Schluß ohne das Zeug nicht mehr leben konnte, nicht weil ich süchtig war, sondern weil sich der Körper so daran gewöhnt hatte, daß ich nichts essen konnte. Es flog mir alles gleich wieder raus. Das liegt jetzt sechs Jahre zurück. Ich drehte gerade einen Film in Berlin, »Jeder stirbt für sich allein«, ein sinniger Titel, und der Manager des Hotels, in dem ich wohnte, sah mich, rief sofort einen Arzt an und sagte, um Gottes willen, mit der Hilde ist was los, die sieht aus, das gibt's ja gar nicht...
Und am nächsten Tag stand's in der Zeitung.
KNEF: Ja, ich muß leider sagen, das hat mein geschiedener Mann gepfiffen...
Warum passiert das gerade Ihnen, dieses dauernde Hineinschlittern in Klatschgeschichten?
KNEF: Das passiert anderen doch genauso. Denken Sie nur an diesen Mist, der jetzt über Marlene Dietrich in einer deutschen Illustrierten gedruckt wird, weil da ein Dienstmädchen, das zwanzig Jahre bei ihr gearbeitet hatte, zu plaudern anfing. Ich bin ja mit ihr sehr befreundet, wir telefonieren jede Woche zweimal. Sie ist stocksauer auf diese Geschichte, weil das ein Mädchen ist, für das sie sehr viel getan hat. Sie ist ein sehr großzügiger Mensch. Wenn ich einen Menschen kenne, der großzügig ist, dann ist es Marlene. Sie hat ihr Geld für andere ausgegeben in einer Weise... Ich erzähle Ihnen nur ein ganz kleines Beispiel. Ich war in Hollywood und mußte nach Europa, um einen Film zu machen. Aber ich hatte kein Geld, um zu fliegen. Mein Astrologe Carroll Righter sagte, mach den Film und zahlte das Ticket. Aber man mußte damals noch in New York zwischenlanden, und Marlene wartete auf mich in der Halle und sagte, mit den Kleidern kannst du nicht nach Europa. Ich hab' gesagt, Marlene, hör auf, du bist verrückt, wird doch wohl gehen. Da hat sie einen ganzen Karton Kleider für mich gekauft, und als ich in die Maschine stieg, kam die Stewardeß

mir entgegen und sagte, Frau Knef, das wurde von Frau Dietrich für Sie abgegeben. Das war ein Riesenpaket, da stand drauf, wenn du ankommst, trägst du diesen Hut, dieses Kleid, diese Schuhe. Also ich meine, die kümmert sich wirklich um ihre Freunde.

Warum, glauben Sie, hat Ihr geschiedener Mann diese privaten Geschichten an die Presse weitergegeben? Haben Sie eine Vorstellung über seine Motive?

KNEF: Aus Zorn und verletzter Eitelkeit. Der hat da natürlich auch wahnsinnig viel reingedichtet.

Können Sie heute, vier Jahre nach der Scheidung, verzeihen, daß er das getan hat?

KNEF: Nein, kann ich nicht, weil ich es selbst nicht tun würde. Ich bin nicht bösartig, nie gewesen, das hab' ich wirklich ausgetestet bei dieser Wahnsinnsentziehungskur, die drei Wochen dauerte, in denen man kein Glas Wasser bekommt, keine Zigarette, nichts zu trinken und nichts zu essen, sondern einfach nur schreit. Da haben die Ärzte immer gesagt, komm, beiß in meinen Arm, wenn du es nicht mehr aushälst. Aber ich hab' gesagt, das kann ich nicht, ich kann keinen verletzen. Ich hab' in dieser Zeit nie jemand geschlagen oder gebissen. Sonst tobt man da rum, schlägt um sich, haut alles in Trümmer. Wissen Sie, mein geschiedener Mann hat mich in einer Zeit hängenlassen, in der ich es wirklich sehr schwierig hatte. Er konnte mit diesen Schicksalsdonnerschlägen, die auf mich niedergingen, nicht fertig werden.

Hat er daran geglaubt, daß Sie den Krebs überleben würden?

KNEF: Ich glaube nicht. Also jedenfalls, so wie er sich benommen hat, würde ich sagen, nein. Ich habe ihn sehr geliebt. Es war wirklich eine ganz große Liebe, wenn man das so pathetisch sagen kann. Man bleibt nicht siebzehn Jahre bei einem Mann, um hinterher Dreck zu reden oder schmutzige Wäsche zu waschen. Aber er hat ja leider sehr viel schmutzige Wäsche gewaschen, was ich sehr übel nahm, nicht so sehr meinetwegen, aber des Kindes wegen.

Haben Sie selbst daran geglaubt zu überleben?

KNEF: Ich habe eine Nacht gehabt in Basel, in der Intensivstation, da dachte ich, es ist aus.
Hat Sie der Gedanke an Ihr Kind am Leben gehalten?
KNEF: Möglich.
In einem Ihrer Bücher schreiben Sie, daß Sie ohne das Kind nicht mehr leben könnten, und in einem Interview fiel der Satz: »Meine Tochter ist meine Existenz.« Das bedeutet doch, daß das Weiterleben, wäre das Kind nicht, für Sie keinen Sinn mehr hätte.
KNEF: Kann sein. Bestimmt wäre ich ein völlig anderer Mensch ohne das Kind, weniger drahtig. Als meine Ehe auseinanderging, war ich für kurze Zeit wirklich so unten, daß ich dachte, ich schaff's nicht, ich mache Selbstmord, aber dann war da sofort der Gedanke: Bist wohl wahnsinnig geworden, lebst für einen Menschen, hast Verantwortung, kannst dich jetzt nicht so durchhängen lassen. Ich halte meine Tochter für ein unglaublich wunderschönes, fabelhaftes, intelligentes Wesen, ich bin stolz auf sie, und obwohl durch einen verpfuschten Kaiserschnitt die wahnsinnigsten Krankheiten und schrecklichsten Operationen ausgelöst wurden, möchte ich keine einzige Stunde missen, die ich mit ihr erleben durfte.
Ertragen Sie den Gedanken, eines Tages von ihr verlassen zu werden?
KNEF: Nein, daran kann ich nicht denken, da werd' ich verrückt. Natürlich weiß ich, daß sie ihren Weg gehen wird. Ich bin auch eine ganz uneifersüchtige Mutter, lasse ihr Freiheiten in vielen Dingen, quatsche nicht rein, mache auch keinen Erziehungskram, also die erzieht mich viel mehr, als ich sie erziehe. Aber ich hab' eben panische Angst, daß ihr was zustößt. Wenn sie sich in den Finger schneidet, rufe ich einen Arzt. Da werd' ich hysterisch.
Ist es für ein Kind nicht eine Belastung zu wissen: Die Mutter wird wahnsinnig, wenn ich nicht bei ihr bleibe?
KNEF: Schaun Sie, auf der einen Seite gibt es diese bestialische Angst, diese animalische Angst, denn die ist ja absolut animalisch und nicht mehr steuerbar, also wenn das Kind einmal

hinfällt und sich weh tut, dann weiß es, Muttern sitzt da als Weihnachtsengel und macht schon. Auf der anderen Seite kann es jetzt über meine Angst auch schon lachen, weil ich sie zugebe, sie nicht verdränge. Ich sage, gut, ich bin nun mal so hysterisch, tut mir leid, ich schnappe über bei jeder Kleinigkeit. Aber man muß auch verstehen, ich hab' mit dem Kind vier Monate im Rollstuhl gelebt. Es hat ja diese wahnsinnig schwierige Hüftoperation hinter sich, die hat achteinhalb Stunden gedauert, beide Hüftknochen wurden durchsägt, eine Sehne im Bein wurde verlängert. In diesen achteinhalb Stunden bin ich um zehn Jahre gealtert. Das ist auch der Grund, warum ich mich habe liften lassen.

Warum wollten Sie denn das Kind so unbedingt haben?

KNEF: Mein geschiedener Mann wollte es nicht. Da war also eine große Auseinandersetzung. Ich war zweiundvierzig, ich machte gerade einen Film in London, wir drehten immer in so künstlichem Nebel, und ich dachte, ich hätte 'ne Rauchvergiftung und ging zum Arzt, einem deutschen Juden, den ich gut kannte, der hieß Max, also ich rief den an und sagte, Max, ich komm' mal vorbei, mir ist sauübel, die müssen da Giftgase reinsprühen, es ist zum Verrücktwerden, vielleicht kannst du mir irgendwelche Vitaminpillen geben. Und er machte also einen Test, und zwei Tage später rief er mich an und sagte, sag mal, du alte Kuh, du hast keine Rauchvergiftung, du bist schwanger. Aber jetzt kommt eine wirklich bizarre Geschichte. Mir hatte der Carrol Righter, mein Astrologe, immer gesagt, ich darf keine Kinder haben, ich würde sterben, und ich rief also sofort in Hollywood an und sagte, Carroll, ich krieg' ein Kind, und er sagte, ich ruf' dich in zwölf Stunden zurück, und er rief mich zurück und sagte, es ist das erste Mal, daß du ein Kind haben kannst, es wird nicht einfach sein, aber du wirst es haben. Und wissen Sie, was in der Zwischenzeit entdeckt worden war? Homogenes Fibrin, das ist ein Blutgerinnungsmittel, ohne das wär' ich gestorben.

Wollte Ihr Mann das Kind, als es da war?

KNEF: Ja, da war er hingerissen. Aber das war zu spät. Ich hatte es ja nun gegen seinen Willen bekommen, stur wie ein Panzer. Ich hab' gesagt, nein, das Kind will ich haben. Das war ein völlig animalisches Wollen, Animalismus hoch zehn, und das Wissen, es ist meine letzte Chance, ich bin zweiundvierzig, danach ist Schluß. Mir hatten ja vorher alle gesagt, daß ich keine Kinder mehr haben könnte, deshalb hatte ich auch die Pille nicht mehr genommen.

Da gibt es also in Ihnen auf der einen Seite dieses animalische Frau-Sein, dieses tierische Mutterleben, und auf der anderen Seite diesen männlichen Siegeswillen, wenn Sie auf der Bühne stehen und die Menschen, wie Sie selbst sagen, mit maskuliner Gewalt zu bezwingen suchen.

KNEF: Ja, total schizophren, absolut schizophren.

Zerreißt es Sie nicht manchmal zwischen diesen beiden Extremen?

KNEF: Also der schwierigste Mensch, mit dem ich lebe, bin sicher ich selbst.

Sind Sie sich trotzdem sympathisch?

KNEF: Nicht besonders. Aber ich muß mich immerhin genügend gern haben, um arbeiten zu können. Ich kann sehr über mich lachen. Also ich hasse mich nicht. Ich kenne Leute, die mir weitaus ekelhafter sind, als ich mir selbst bin.

Gabriele Wohmann, die über Sie in der ZEIT schrieb, hat an Ihnen vermißt, daß Sie sich auch mal selbst kritisieren. Die Bösen, das sind in Ihren Büchern immer die andern.

KNEF: Nicht alle.

Nein, aber nie Sie.

KNEF: Ich bin ja das Opfer.

Andererseits aber doch auch sehr herrschsüchtig manchmal. Wollen Sie nicht zugeben, daß Sie die Macht über andere Menschen genießen?

KNEF: Da kommen wir auf ein Thema, über das wir 36 Stunden lang reden könnten. Es gibt im Deutschen ein Wort, das ich fürchterlich hasse, und das heißt »Ehrgeiz«. Denn ich finde Ehrgeiz etwas sehr Positives, weil es den Menschen aus den mistigsten Situationen wieder herausreißen kann, weil es ihn produktiv macht. Im Englischen heißt das »stamina«, also Kraft, Widerstand. Wenn Sie sagen, daß ich ehrgeizig bin, dann antworte ich, ja, ehrgeizig bin ich. Ich habe gelernt zu tun. Ich kann nicht gottergeben dasitzen und warten, bis mir von irgendwo 'ne Lösung zufliegt.

Dazu fällt mir ein Satz von Max Frisch ein, den hat er in seinen Tagebüchern geschrieben: Männlich ist der Drang zu tun; weiblich ist der Drang zu sein.

KNEF: Ein dämlicher Satz, wie das meiste von Frisch. Also den kann ich nun überhaupt nicht leiden.

Warum nicht?

KNEF: Weil ich seine Trockenheit nicht ertrage. Ich mag gern barocke Schreiber, einen Blaise Cendrars, einen Henry Miller. An Salinger kann ich mich dumm und dösig lesen. Ach, ich hab' die ganze Literatur rauf und runter gelesen, denn ich hatte das große Glück, als ich zwanzig war und nach Amerika kam, aufgekauft von Selznick, dem Filmproduzenten, also wirklich aufgekauft wie so Gefrierfleisch und dann auf Eis gelegt, weil die Amerikaner zunächst mit mir gar nicht filmen wollten, sondern mich nur geholt hatten, um der deutschen Filmindustrie die Stars wegzunehmen, damit die nicht wieder eine marktbeherrschende Stellung bekäme... also damals, als ich mit meinem ersten Mann, Kurt Hirsch, mit dem ich noch heute befreundet bin, dasaß wie Nulpe, mit so 'ner Wochengage, für die ich täglich bei der Produktion antanzen mußte, um so ungefähr die Karte zu lochen, da hatte ich das große Glück, Ludwig Marcuse kennenzulernen, und der sagte, sag mal, ihr habt doch in der Schule in Nazideutschland gar nischt gelernt, worauf ich sagte, du sagst es, und er: Na, dann paß mal auf, da du sowieso hier nichts zu tun hast, nur dumm in der Sonne rumsitzt und ich wahnsinnigen Spaß daran habe, Menschen, mit denen ich deutsch sprechen kann, zu unterrichten, gebe ich dir jede Woche ein Buch, und du schreibst mir einen Essay darüber. Das erste, was er mir gab, war »Doktor Faustus« von Thomas Mann, da fiel ich also gleich rückwärts den Stuhl hinunter. Er ist manchmal sehr hart mit mir umgegangen, aber heute bin ich froh, daß er mich so durchgedroschen hat durch die ganze Literatur, die deutsche, die amerikanische, Salinger, Hemingway, Faulkner...

Mögen Sie Hemingway?

KNEF: Also nein, der hat doch den Adjektivknall, der schreibt nie Adjektive, die ich so gerne habe, weil sie eine Geschichte erst ausmalen und griffig machen. Ich bade gerne in Adjektiven, denn ich hab' jetzt über 300 Chansontexte geschrieben, und die zwingen einen zu größter Kargheit. Da schreiben Sie 'ne herrliche Kurzgeschichte, und dann müssen Sie die bis auf Knochen zusammenstreichen, weil es musikalisch nicht hinpaßt. Deshalb bin ich froh, wenn ich mich mal austoben kann in Worten und Formen. Das ist ganz irre und wächst auch oft über die Ufer hinaus, wird größer und größer. Deshalb hat mir der Günter Grass auch geraten, moderne Lyrik zu schreiben, weil das zwingt zu einer gewissen Bremse.

Haben Sie vor, nach der Tournee wieder ein Buch zu schreiben?

KNEF: Ich hab' noch kein Thema.

Vielleicht stößt Ihnen was zu.

KNEF: Der liebe Gott soll mich davor bewahren, daß mir ununterbrochen was zustößt, um ein Buch schreiben zu können. Ich weiß gar nicht, wie ich das aushalten sollte.

Haben Sie Angst vor dem Alter?

KNEF: Ich hab' Angst davor, krank zu werden und kraftlos, also das fände ich gräßlich. Ich finde diesen Verfall des Menschen eine Zumutung der Natur. Wenn ich zum Beispiel an Carlo Schmid denke, den ich sehr geliebt habe, und dann sah ich plötzlich diesen unsäglichen, unsagbaren Verfall, da packte mich solcher Zorn, da dachte ich, mein Gott, ein solcher Kopf, ein solcher Mensch, eine solche Kraft, und das muß nun plötzlich so verkrümeln, das läßt die Natur einfach zu, daß man da so wieder in die Erde reinrutscht. Ich hatte ja schon sehr früh dieses Erlebnis des verfallenden Körpers, weil ich ein Stipendium an der Zeichenschule der Ufa hatte, wo man uns, da die jungen Männer alle an der Front waren, nur so uralte Greise als Aktmodelle vorsetzen konnte. Da dachte ich, du großer Gott, wenn das dein Schicksal ist, das ist ja entsetzlich. Messen Sie mal mit einem Zirkel den Penis eines 70jährigen, frierenden, alten Herrn aus, ich meine, das war so grauenhaft, dieser Schrumpelkram, zum Verrücktwerden. Da hatte ich zum erstenmal diesen Horror vor dem Altsein, wie das alles so welkt und vertrocknet, das fand ich eine Infamie der Natur. Was hat sich der liebe Gott dabei bloß gedacht, daß er den Menschen das antut, daß er sie so schrumpeln läßt und dabei ja auch gar nicht etwa vergeistigt, denn man wird ja auch noch dämlich, das ist ja das Fürchterlichste. Wenn man nun sagen könnte, gut, der Körper schrumpelt, aber dafür kommen da jetzt die größten Geistessprünge heraus. Aber Käse! Da geht es dann wirklich nur noch um die Verdauung und darum, was es zu essen gibt. Schrecklich.

Ein Glück, daß Sie reich sind und sich mit Geld Ihre Schönheit erhalten konnten.

KNEF: Na, alt *und* arm, das fände ich nun wirklich zum Wahnsinnigwerden. Gerade Berlin, wo ich wohne, ist doch eine so überalterte Stadt. Wenn ich da sehe, wie sich diese Rentnerinnen mühsam mit ihren Wägelchen zum Supermarkt schleppen, da könnte ich heulen, also da muß ich wirklich aufpassen, daß ich nicht zu heulen anfange. Das geht mir wirklich so an die Nieren, das haut mich so völlig zusammen, daß ich manchmal, wenn ich im Auto sitze, an den Rand fahren muß, um nicht irgendwo reinzudonnern.

Das erinnert mich an ein Interview, das ich mit Zarah Leander hatte. Die sagte, sie sei stolz auf ihr Alter.

KNEF: Also, das finde ich blöde, denn die hat sich natürlich auch liften lassen, nur eben schlecht, und die hat ja auch so wahnsinnig getrunken, ich meine, ich hab' nie so getrunken, und ich bin eben auch anders erzogen, das hat mit meinem Großvater zu tun, der ein Superästhet war, der hat mir das eingehämmert, der haßte das, wenn Leute so herumludern mit ihrem Aussehen. Ich brauche Ihnen nur eine Sache über meinen Großvater erzählen, dann wissen Sie, was der für ein Ästhet war. Er hat Selbstmord gemacht mit 81 Jahren, also er hatte Tabletten gesammelt, hat sie geschluckt und hat sich, bevor er starb, ein

Tuch um den Kiefer gebunden, damit der nicht runterfällt, wenn er tot ist. So ist das, wenn einer als Ästhet stirbt. Ich bin ein großer Liebhaber der Schönheit. Ich finde Schönheit und Ästhetik etwas sehr Wichtiges, genauso wichtig wie gute Manieren. Ich mag Leute nicht, die schlechte Manieren haben.
Der Unterschied ist nur: Manieren kann man lernen, Schönheit ist Zufall.
KNEF: Das stimmt, und ich bin meinem Körper sehr dankbar, daß er so gut gebaut ist, weder zu hoch noch zu breit, mit langen Beinen, sehr guten Schultern, guten Armen, und meine Hände haben auch nie gezittert, wie die Zeitungen schrieben. Ich war mir der Schönheit meines Körpers immer bewußt, denn ich hatte einen sehr schönen Körper, einen Körper, den ich nicht pflegen mußte, der immer fabelhaft aussah, mit dem man also ungeniert nackt rumlatschen konnte, der nicht aufdringlich war, sondern einfach ästhetisch.
Ist es für so jemanden nicht um so schlimmer, die Zerstörung dieses Körpers dann erleben zu müssen?
KNEF: Doch, das war furchtbar. Als die Chirurgen da mit ihren Bäckerkitteln ankamen und sagten, Frau Knef, wir müssen Ihnen leider mitteilen, daß es ein Karzinom ist, da hab' ich wörtlich gesagt: Nu wird es albern. Da kriegte ich also wirklich eine Sauwut, und als ich dann aus der Narkose aufwachte, hab' ich meine Puderdose und alles, was ich fand, einfach an die Wand geknallt.
Was war Ihr erster Gedanke, als Sie spürten, daß Ihre linke Brust nicht mehr da war?
KNEF: Meine erste Reaktion war: Du mußt das nächste Jahr überleben. Es war weniger der Gedanke an den Verlust als das Wissen, ich muß überleben. Wenn ich das erste Jahr überlebe, habe ich noch eine Chance. Das hatten mir die Ärzte auch ganz klar gesagt.
In diesem Moment war es Ihnen also vollkommen gleichgültig, wie Sie aussahen?
KNEF: Ja. Da war nur der Gedanke: Ich will nicht sterben.

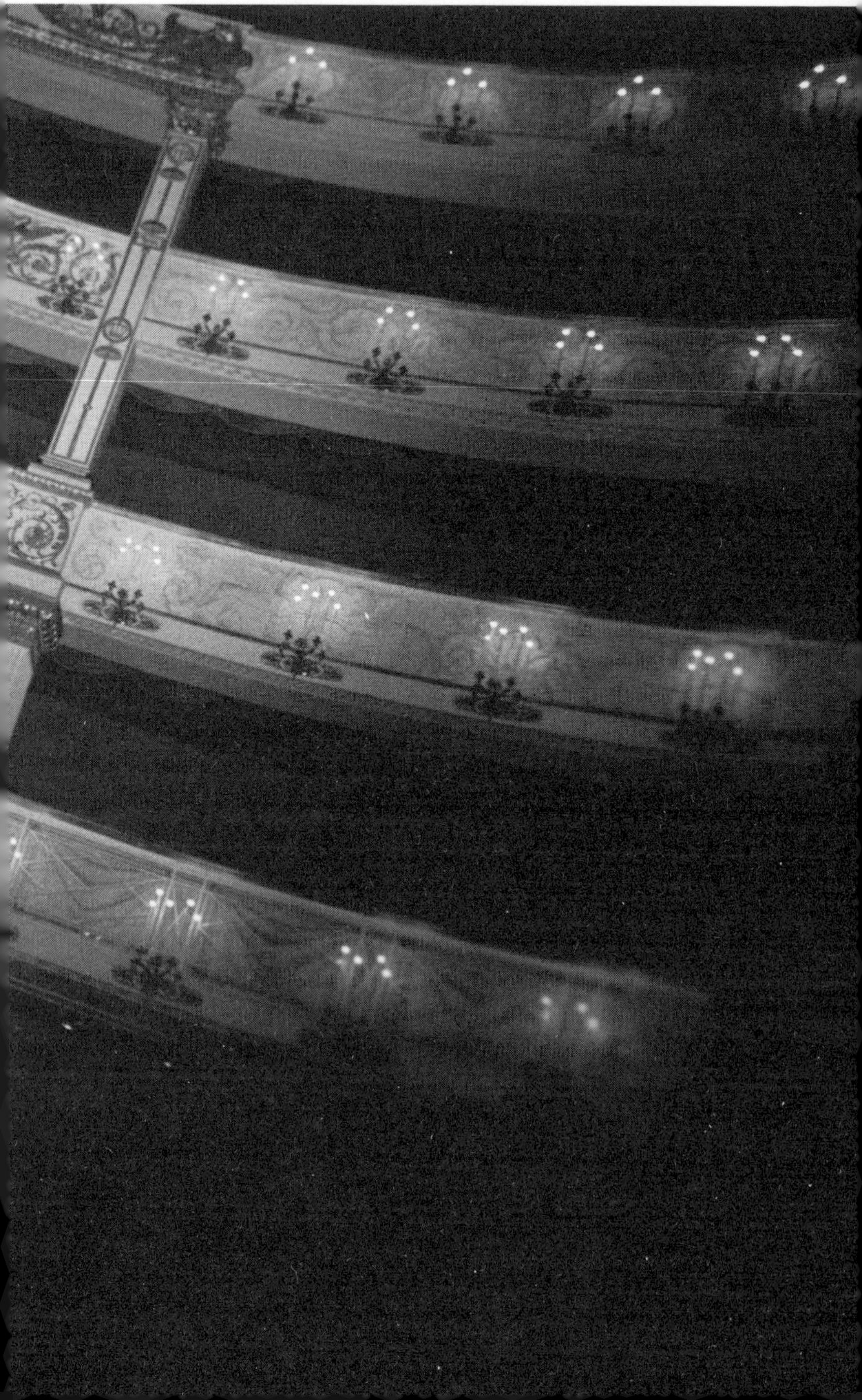

KODAK

Mein Interview mit dem spanischen Tenor Placido Domingo entstand während der Salzburger Festspiele 1980. Der Opernsänger beschränkte sich nicht allein auf das Sprechen. Er sang auch. Um mir zu beweisen, daß er das hohe C mindestens ebensogut beherrsche wie sein italienischer Rivale Luciano Pavarotti, schmetterte er eine schwierige Stelle aus Puccinis »La Bohème« auf mein Tonband. Die in dem Gespräch genannte Zahl seiner Auftritte entnahm er einem eigens dafür angelegten Verzeichnis, in dem Datum, Ort und das jeweilige Werk vermerkt sind. Das Angebot einer Zigarette lehnte er ab, nicht, wie er betonte, weil das Rauchen für seine Stimme schlecht sei, sondern weil ihm Zigaretten nicht schmecken. Mit der Stimme habe er überhaupt keine Probleme. Das einzige, was ihm Sorgen mache, sei eine während des Singens verstärkt auftretende Neigung zu Schweißausbrüchen. »Aber dagegen«, so Domingo, »gibt es ja Arm-Sprays.« Das Interview ist im Januar 1982 im STERN veröffentlicht worden. Die Zeitschrift PLAYBOY, die es bestellt und auch schon erworben hatte, fand nach einem Wechsel in der Chefredaktion, es sei darin zu viel von den hohen Tönen die Rede. Gerade das aber wollte ich zeigen: Nimmt man einem Tenor das hohe C weg, bleibt von ihm nichts mehr übrig.

Kennen Sie den Witz mit dem Mann, der, von starkem Kopfschmerz geplagt, sein Gehirn zu einem Arzt bringt, es dann aber nicht abholt mit der Begründung, er brauche es nicht mehr, bei ihm sei eine Begabung zum Tenor entdeckt worden?

PLACIDO DOMINGO: Den Witz kenne ich nicht, aber ich weiß, was Sie meinen.

Ist an dem Vorurteil etwas richtig, die Tenöre seien die Dümmsten unter den Sängern?

DOMINGO: Sicher gibt es dumme Tenöre, aber auch dumme Baritone. Allerdings ist ein Tenor, der dumm ist, dieses in besonderem Maße. Denn auf der Bühne ist er meistens der Held, und wenn er nicht genug Klugheit besitzt, diese Rolle von seinem privaten Ego zu trennen, dann hält er sich auch im Leben

für einen Helden. Hinzu kommt der Erfolg, der ihn verblendet, bis er schließlich durch alles zusammen so blöd wird, daß sein Kopf aufhört zu funktionieren. Er weiß dann nicht mehr, wo er sich in Wahrheit befindet. Er sieht die Realität nicht. In früheren Zeiten war es oft so, daß italienische Tenöre aus der Provinz direkt an die Metropolitan Opera nach New York geholt wurden. Die fanden sich plötzlich in einer Riesenstadt und hatten Riesenerfolg. Das konnten die nicht verkraften.
Ist das eine Anspielung auf Ihren Rivalen Luciano Pavarotti, der in Modena als Sohn eines Bäckers aufwuchs?
DOMINGO: Nein, ich meine niemand bestimmten. Ich betrachte mich als Freund aller Tenöre. Es gab zwar kürzlich diese Kontroverse mit Pavarotti, da stand im TIME-MAGAZINE, er habe gesagt, ich sei eine blasse Persönlichkeit mit einer unscharfen Stimme, also das war schon recht delikat, das hat mich geärgert. Aber ich will es vergessen. Ich könnte eine Menge über ihn sagen, aber ich bin nicht gerne ein Schwätzer.
Sich zur Wehr setzen heißt ja nicht schwätzen.
DOMINGO: Mister Pavarotti ist eifersüchtig. Er erträgt es nicht, daß ich jünger bin. Ich werde im Januar vierzig.[1] Er ist sechs Jahre älter. Aber ich kann ihm nicht helfen. Was er neuerdings über mich redet, ist wirklich absurd. Ich bin, wie jeder weiß, Spanier, und meine ganze Familie ist spanisch. Aber Herr Pavarotti und seine Plattenfirma behaupten, meine Mutter stamme aus Illinois, und ich sei nicht 1941, sondern 1936 geboren. Das ist natürlich kompletter Unsinn. Ich lache darüber. Wenn es ihn glücklich macht, soll er mich meinetwegen für fünfundfünfzig halten. Mir ist das egal.
Haben Sie mit ihm über die Sache gesprochen?
DOMINGO: Nein, denn ich gehe ihm aus dem Weg, seit das passiert ist. Ich meine, die Art, wie er seine Publicity macht, ist so indiskutabel, da will ich nichts mehr mit ihm zu schaffen haben. Außerdem ist ja wenig Gelegenheit, andere Tenöre zu treffen, weil mehr als eine große Tenorpartie in einer Oper kaum vorkommt.

[1] Placido Domingo wurde am 21. Januar 1941 in Madrid geboren.

Kann es sein, daß Pavarotti, der 150 Kilo schwer ist, Sie um Ihr besseres Aussehen beneidet?
DOMINGO: Daß er so fett ist, daran ist er ja selbst schuld. Wenn Sie Fotos sähen, wie er vor zwölf Jahren aussah, würden Sie staunen. Er war ganz dünn. Aber er ißt zuviel. Würde ich es so machen wie er, würde ich genauso aussehen. Ich esse sehr gerne, besonders die schweren Sachen, Soßen und Teiggerichte, und ich trinke gern Bier. Aber ich habe kein Bier mehr angerührt seit letzten November. Man muß sich disziplinieren. Ich war vor sechs Jahren auf 110 Kilo. Dann habe ich eine Diät gemacht. Jetzt wiege ich einundneunzig. Das ist immer noch problematisch. Ich möchte herunter auf fünfundachtzig, weil ich einen Film in Ägypten mache, »Aida« mit Zeffirelli[2], da muß ich schlank sein.
Braucht die Stimme als Stütze nicht eine gewisse Fülle des Körpers?
DOMINGO: Das ist nur eine Ausrede, um nicht abnehmen zu müssen. Ich singe viel besser, seit ich weniger wiege. Ich atme leichter. Man muß nicht dick sein, um singen zu können. Man muß stark sein. Man darf am Tag vor einer Vorstellung nicht bis sechs Uhr früh ausgehen oder eine Party besuchen. Ich gehe zeitig ins Bett und stehe so spät auf wie möglich.
Ist es nötig, sich sexuell einzuschränken?
DOMINGO: Mein Sexualleben ist nicht anders als das eines völlig normalen Menschen. Ein Beamter, der morgens um neun in sein Büro muß, kann auch nicht jede Nacht bei einer Frau sein. Man muß den Sex mit Vernunft betreiben.
Heißt das, Sie schonen sich, um auf der Bühne voll da sein zu können?
DOMINGO: Ich schone mich nicht. Ich bin vernünftig.
Die australische Sopranistin Joan Sutherland hat einmal gesagt, nichts sei erotischer als die hohen, kraftvollen Töne einer männlichen Stimme. Haben Sie dafür eine Erklärung?
DOMINGO: Darüber müssen Sie mit Frau Sutherland sprechen.

[2] Franco Zeffirelli, italienischer Theater- und Filmregisseur, geboren 1923

Ich denke nicht an Erotik, während ich singe. Ich denke an Liebe. Ich liebkose das Publikum mit meiner Stimme. Ich gebe Zärtlichkeit. Wollen Sie das als erotisch bezeichnen?

Wie sonst?

DOMINGO: Okay, dann ist nichts so erotisch wie ein Abend auf einer Opernbühne.

Spielt dabei die Partnerin eine Rolle, mit der Sie singen?

DOMINGO: Natürlich ist ein Unterschied, ob ich mit Montserrat Caballé[3] auf der Bühne stehe, die zwar ein wunderschönes Gesicht hat, aber einen Körper wie eine Tonne, oder mit, sagen wir, Renata Scotto, die auch körperlich eine schöne Frau ist. Ich verhalte mich entsprechend den Möglichkeiten. Als ich einmal Montserrat Caballé dabei überraschte, wie sie haufenweise Eis mit heißer Schokolade verzehrte, sagte sie, sie sei nach der Vorstellung immer so hungrig. Das ist natürlich nicht die richtige Art, schlank zu bleiben. Ich finde, man hat als Sänger heute die Pflicht, sich in Form zu halten. Denn wenn man die Jugend dazu bringen will, häufiger in die Oper zu gehen, dürfen nicht lauter dicke, alte Leute auf der Bühne herumstehen. Es gibt, auch was das Alter betrifft, eine Grenze. Ich werde noch zehn Jahre singen, dann bin ich fünfzig. Dann werde ich nur noch als Dirigent auftreten. Ich bin auf das Ende meiner Sängerkarriere gut vorbereitet, weil ich das Dirigieren studiert und auch schon ausgeübt habe. Mein Dirigenten-Debüt war 1973 an der City Opera in New York. Ich will nicht als Greis immer noch junge Helden spielen.

Auch dann nicht, wenn die Stimme noch da ist?

DOMINGO: Auch dann nicht. Ich habe letztes Jahr in Wien eine »Fledermaus« dirigiert mit Hans Beirer[4]. Der ist fast siebzig. Das finde ich furchtbar.

Aber was soll jemand machen, der nichts anderes gelernt hat als Singen?

[3] spanische Sopranistin, geboren 1933 in Barcelona

[4] österreichischer Heldentenor, vornehmlich eingesetzt in Opern von Richard Wagner

DOMINGO: Der kann ja als Konzertsänger weitermachen.
Was ist für Sie intellektuell die größere Befriedigung, zu dirigieren oder zu singen?
DOMINGO: Zu dirigieren.
Ist während des Singens der Verstand ausgeschaltet?
DOMINGO: Nein. Ich vergesse nie, daß ich mich auf einer Bühne befinde. Ich weiß immer, es ist eine Rolle, die ich zu spielen habe. Nur manchmal, wenn alles so läuft, wie ich wünsche, wenn die Stimme ganz da ist, dann kann ich für Augenblicke so vollkommen mit der Figur verschmelzen, daß der Kopf wirklich leer ist. Dann denke ich nur, was ich gerade zu sagen habe, an die Worte und an die Gefühle, die ich zum Ausdruck bringe. Es gibt Sänger, die denken immer nur daran, ob sie einen bestimmten Ton richtig herausbekommen, zum Beispiel Franco Corelli, der denkt nur an die Stimme, der kann sich überhaupt nicht verlieren. Der steht in einem Liebesduett von seiner Partnerin zehn Meter entfernt, ohne sie auch nur anzusehen. So sehr ich ihn als Sänger bewundere, als Darsteller ist er nie gut gewesen.
Vielleicht liegt das daran, daß er Angst hat, seine Stimme könnte versagen. Er hat ja über diese Angst oft gesprochen.
DOMINGO: Ich weiß. Aber ich halte das für stark übertrieben. Ich habe herausgefunden, daß die Angst vieler Sänger um ihre Stimme nicht wirklich Angst ist, sondern bloß Eitelkeit. Denn was passiert schon, wenn etwas schiefgeht? Warum sind Sänger wie Corelli so schrecklich ängstlich wegen einer einzigen Note? Ich glaube, diese Hysterie wird manchmal erfunden, um sich interessanter zu machen. Wenn jemand in jeder Sekunde alles gibt, was er hat, muß er nicht fürchten, daß ihn das Publikum fallenläßt, nur weil er einmal kein hohes C hat. Natürlich ist es schlecht, wenn man, wie Pavarotti das tut, seine ganze Publicity darauf aufbaut, diese eine Note zu haben. Denn wenn sie so jemand dann einmal nicht hat, ist es vielleicht das Ende seiner Karriere. Deshalb ziehe ich es vor, mich für einen Künstler zu halten, der nicht wegen seiner hohen Töne geliebt wird. So kann ich ganz entspannt sein. Wenn es einmal nicht so klappt an

einem Abend, wird das Publikum mir verzeihen, und wenn es mir nicht verzeiht, auch gut. Deshalb verliere ich nicht das Leben.

Nein, nicht das Leben, aber die hohen Gagen.

DOMINGO: Das stimmt nicht. Ich werde nicht dafür bezahlt, diese eine Note zu singen, sondern dafür, wie ich einen Charakter darstelle, für meine Intelligenz, meine Stimme und *auch* diese Note. Wenn jemand nur für mein hohes C zahlt, singe ich nicht.

Dann hätten Sie an der Metropolitan Opera, als Rudolf Bing dort der Chef war, nicht singen dürfen. Denn für Bing war nichts so wichtig wie eine sichere Höhe. Sie allein, so Bing, rechtfertige Spitzengagen.

DOMINGO: Ich habe an der Met vieles getan, was ich heute nicht mehr tun würde. Ich habe dort 1974 eine Vorstellung des »Troubadour« gesungen, obwohl ich eine furchtbare Erkältung hatte. Ich wollte absagen, aber man erlaubte es nicht. Man zwang mich zu singen. Das war sehr grausam, nicht wegen des Mißerfolgs, den ich glücklicherweise dann gar nicht hatte, denn das wäre nur ein Schaden für mein Selbstbewußtsein gewesen, das geht vorüber, sondern weil ich den Verlust meiner Stimme riskierte. Ich hatte zu dieser Zeit noch nicht die Kraft, nein zu sagen. Heute wäre das anders.

In einem Interview mit dem Amerikaner Alan Rich sagten Sie, an diesem Abend sei Ihnen klar geworden, daß manche Leute in die Oper gehen, so wie die alten Römer ins Kolosseum gingen, um zu sehen, wie man die Christen den hungrigen Löwen vorwarf.

DOMINGO: Das habe ich nicht gesagt. Das Zitat wurde falsch wiedergegeben. Ich habe gar keinen Grund, das Publikum für so gefühllos zu halten. Ich bin in meiner Karriere nie ausgebuht worden.

Auch nicht bei Ihrem Met-Debüt 1968, als Sie in Cilèas »Adriana Lecouvreur« für den kranken Corelli einsprangen? Darüber war zu lesen, Corellis Anhänger hätten Sie mit lautem Protest empfangen.

DOMINGO: Im Gegenteil. Als der Sprecher ankündigte, daß

anstelle von Corelli nun ich singen würde, erlebte das Haus die größte Ovation, die es je hatte. Was da geschrieben wurde, ist reine Erfindung.
Gab es an der Met überhaupt eine Claque für Corelli?
DOMINGO: Nein, eine Claque gibt es heute nur noch an der Mailänder Scala, was furchtbar ist, aber unumgänglich. Man muß eine haben, nicht um Applaus zu bekommen, sondern um gewisse Leute nicht gegen sich einzunehmen. Da gibt es einen Mann, der kommt ganz offiziell, autorisiert vom Theater, den muß man bezahlen oder ihm zumindest etwas zu trinken geben. Mich macht das verrückt. Ich sage immer: Ich will Ihren Applaus nicht. Ich will meinen Erfolg vom Publikum haben. Aber was soll ich machen? Die Claque hat Mailand ruiniert. Das Publikum hat dort gar keine Lust mehr zu klatschen, weil alle denken, warum sollen wir klatschen, wenn sowieso die Claque so viel Lärm macht? Das ist eine absolut automatische Einrichtung geworden. Diese bezahlten Leute gehen zu jedem, sogar zu einem Sänger, der da als Wozzeck auftritt, obwohl es in dieser Oper gar keine Arien gibt, denen man applaudieren könnte.
Als Sie in Hamburg Ihren ersten Othello sangen, haben Sie an die Zuschauer, die um Karten anstanden, Champagner verteilt. Könnte man das nicht als Bestechung auffassen?
DOMINGO: Nein. Das habe ich auch in München gemacht. Diese Leute stehen oft mehrere Tage. Die kommen zu jeder Vorstellung, in der ich singe. Das sind meine Freunde. Wir haben eine nette Konversation miteinander. Ich rede mit denen, beantworte Fragen. Das ist eine vollkommen harmlose Sache.
Fragen die auch, wieviel Sie verdienen?
DOMINGO: Wir sprechen über Kunst, nicht über Geld.
Wie hoch ist Ihre Abendgage?
DOMINGO: Das wechselt. Das hängt von den Umständen ab, von der Anzahl der Abende, die ich singe. Es stört sehr, darüber zu sprechen. Ich verstehe die Neugier, aber was herauskommt, ist manchmal sehr irreführend. Denn wenn man liest, Domingo kassiert 25 000 Mark für einen einzigen Auftritt, denken die Leute, das verdiene ich netto und jeden Abend, also 25 000

Mark mal 365, du lieber Gott! Die Wahrheit ist, daß ich höchstens sechzehnmal im Jahr diese Gage bekomme. Meistens singe ich für viel weniger, weil sich die Theater das gar nicht leisten können. In Belgrad habe ich den Cavaradossi in »Tosca« für 4000 Mark gesungen. Als ich in Hamburg den »Lohengrin« machte, verdiente ich 800 Mark pro Abend. Rolf Liebermann, der damals dort Intendant war, sagte, ich sei der billigste Sänger, mit dem er je zu tun gehabt habe, denn ich verlange fast gar nichts, aber das Theater sei immer voll, wenn ich singe. Ich bin dann zu ihm gegangen und habe gesagt: Seien Sie vorsichtig mit solchen Sätzen. Von da an ist meine Gage immer höher geworden. Das ist ein Marktmechanismus. Das wächst von alleine. Aber Sie dürfen nicht vergessen, dreißig Prozent gehen weg für die Steuer, zehn, manchmal fünfzehn Prozent für den Agenten, und da ich, wenn ich gastiere, nicht in einem Loch wohnen kann, ungefähr zweihundert Mark pro Tag für ein Zimmer.

Wieviel bleibt da übrig als Jahreseinkommen?

DOMINGO: Nehmen wir an, ich singe 60 Vorstellungen und bekomme pro Vorstellung 10 000 Mark netto, das ergibt 600 000 Mark, eine Menge Geld, und ich gebe zu, es macht Spaß, es zu haben.

Sie vergessen die Einnahmen, die Sie aus den Schallplatten haben.

DOMINGO: Damit verdient man fast gar nichts. Mit Schallplatten sind im Jahr maximal 40 000 Mark zu verdienen, obwohl es die Arbeit ist, die ich am wenigsten liebe. Ich singe nicht gerne in einem Studio. Ich brauche das Publikum.

Warum tun Sie es dann?

DOMINGO: Damit etwas bleibt für die Nachwelt. Wenn man ein Star ist, muß man den Menschen, die nachher kommen, eine Erinnerung lassen. Außerdem ist es eine gute Altersversorgung.

Heißt das, Sie planen schon jetzt Ihren Lebensabend?

DOMINGO: Ich bin ein Mensch, der vorausschaut.

In diesem Punkt unterscheiden Sie sich völlig von Pavarotti, über den sein Freund und Plattenproduzent Terry McEwen gesagt hat, er rechne, wie alle zu Korpulenz neigenden Menschen, nicht damit, alt zu werden. Das sei auch der Grund, warum er so aus dem vollen schöpfe.

DOMINGO: Den Tag, an dem man stirbt, kann niemand voraussehen. Es gibt in Spanien ein Sprichwort, das sagt, die zwei ungewissen Dinge im Leben seien der Tod und wann man zu essen bekomme. Wenn Sie in Spanien jemand zum Mittagessen einlädt, und Sie kommen pünktlich um eins, dann geschieht zuerst gar nichts, um zwei Uhr bekommen Sie einen Drink, um halb vier fragen Sie den Gastgeber, wann denn nun das Essen beginne, und erhalten die Antwort, das wisse er nicht, das sei genauso ungewiß wie der Zeitpunkt des Todes. Auch korpulente Menschen sind manchmal sehr alt geworden. Ich liebe das Leben, und weil ich es liebe, mache ich Pläne für den Fall, daß ich, wie ich hoffe, sehr lange lebe.

Stört es Sie, wenn ich das als spießig empfinde?

DOMINGO: Nein, denn es ist ja nicht spießig. Ich bin auf künstlerischem Gebiet vollkommen unökonomisch. Ich gebe stimmlich und gefühlsmäßig jeden Abend das letzte, früher manchmal drei Abende hintereinander. 1500 Vorstellungen in achtzehn Jahren: So viel hat vor mir noch nie jemand gesungen, nicht einmal Caruso in den 26 Jahren seiner Karriere. Ich habe über hundert Stunden auf Platten besungen und war an dreißig Opernaufzeichnungen für das Fernsehen beteiligt. Außerdem habe ich eine Reihe von Filmangeboten. Als Pavarotti das hörte, hat er sofort auch einen Filmvertrag unterschrieben. Er macht mir jetzt alles nach. Aber mir soll es recht sein. Eine gewisse Konkurrenz kann nicht schaden. Das ist wie im Spitzensport. Ein Athlet will zuerst die 5000 Meter gewinnen, dann die 10 000 Meter, dann die Marathonstrecke. Aber wenn niemand da ist, der gegen ihn antritt, wird das kaum jemand interessieren. Ich bin etwas besorgt darüber, daß heute so wenig junge Tenöre da sind, denn sehen Sie, im italienischen Fach gibt es außer Pavarotti und mir nur noch José Carreras, der zur Spitze gezählt wird, und der ist auch schon weit über dreißig.

Ist das für Sie nicht ein Vorteil?

DOMINGO: Auf diesen Vorteil kann ich verzichten. Für die Sache der Oper wäre es besser, wenn es mehr Wettbewerb gäbe.
Waren Sie schon als Kind jemand, dem es Freude machte, seine Kräfte im Wettkampf zu messen?
DOMINGO: Meine Kindheit war sehr geprägt von sportlichen Interessen. Ich wollte Fußballer oder Torero werden. Ich war Torhüter in einer Knabenmannschaft. Daß ich Musik liebte, war naheliegend, weil meine Eltern in einer Zarzuela-Truppe auftraten. Das ist eine Art spanische Operette. Aber an das Singen als Beruf dachte ich zunächst überhaupt nicht. Als eines Tages mein Freund zu mir sagte, Placido, du kannst Oper singen, antwortete ich, er solle sich nicht über mich lustig machen. Aber dann habe ich mich doch überreden lassen und bin zu einem Vorsingen in die Oper gegangen. Wir wohnten damals in Mexico City. Ich wurde sofort angenommen. In diesem Augenblick schwor ich mir: Jetzt mußt du der Größte werden. Mein Ziel war, an der Met zu singen, bevor ich dreißig sein würde, und ich sang dort mit siebenundzwanzig, und ein Jahr später hatte ich mein Debüt an der Scala. Damit hatte ich alles erreicht, was ich wollte.
Worauf kann Ihr Ehrgeiz sich jetzt noch richten?
DOMINGO: Ich möchte ein paar Opern probieren, die ich noch nicht gesungen habe, Wagner vor allem: Parsifal, Tristan.
Den Tristan hatten Sie schon für letztes Jahr angekündigt. Haben Sie Angst bekommen?
DOMINGO: Es ist noch zu früh. Ich habe die Partitur gelesen und erkannt, daß ich dafür noch zu jung bin. Ich würde riskieren, das italienische Repertoire aufgeben zu müssen. Da warte ich lieber noch ein paar Jahre.
Eine andere Lieblingsidee, die Sie hatten, war Don Giovanni.
DOMINGO: Ja, aber das war nur so ein verrückter Gedanke. Die Rolle ist ja für Bariton, nicht für Tenor geschrieben. Ich war eine Zeitlang der Meinung, daß ich mich besser als Bariton eignen würde. Ich dachte, mir fehlt die Höhe.
Es gibt Leute, die das noch heute denken.

DOMINGO: Unsinn. Ich habe als Tenor alle großen Partien gesungen. Die Italiener haben vielleicht mehr Metall in der Stimme. Wir Spanier haben ein weicheres Timbre, mehr Samt in der Mittellage. Das ist auf der einen Seite ein Nachteil, weil Sie nie müde sein dürfen. Metall klingt immer, auch wenn Sie einmal nicht so in Form sind. Auf der anderen Seite ist es ein Vorteil, weil ich mehr Spielraum habe. Ich bin variabler. Ich kann die Farbe wechseln. Das ist für die dramatischen Partien, zum Beispiel Othello, von großem Nutzen.

Als Othello brauchen Sie aber das hohe C nicht.

DOMINGO: Nein, aber ich brauche es in »Turandot«, ich brauche es in »Manon Lescaut«, ich brauche es *nicht* in »Maskenball«, aber ich singe es trotzdem. Ich könnte es singen in »Bohème«, aber ich setze es meistens einen halben Ton tiefer und singe ein H statt dessen. Ich werde es nächstes Jahr brauchen in »Norma«, und ich bin zuversichtlich, daß ich es schaffen werde. Es gibt Partituren, wo die Komponisten offengelassen haben, ob man es singt oder nicht singt. In manchen Fällen ist es Tradition geworden, die ganze Arie eine halbe Note herunterzusetzen. Caruso hat das hohe C nie gesungen. Er hat es auf manchen Platten, aber auf der Bühne hat er es weggelassen. Wissen Sie, diese Note ist so ein Symbol geworden, aber in Wirklichkeit bedeutet sie gar nichts. Kein Mensch merkt, wenn Sie einen halben Ton tiefer singen, und es gibt niemanden, der das nicht tut, eingeschlossen Herr Pavarotti, der in Amerika eine Fernsehsendung gemacht hat mit dem Titel »Der König des hohen C«, aber dann lauter Arien sang, in denen es gar nicht vorkam. Er hat es auch in »Bohème« nicht gesungen. Ich finde, man sollte nicht sagen, daß man jedes hohe C singt, und dann tut man es gar nicht.

Gibt es Partien, in denen es unmöglich ist auszuweichen?

DOMINGO: Ja, das sind die Partien, die ich nicht singe, »Wilhelm Tell« von Rossini, da sind 48 hohe Cs drin, Bellinis »Puritaner« oder »Die Regimentstochter« von Donizetti. Es gibt Opern, für die es absolut notwendig ist, das hohe C zu beherrschen. Mir ist das egal. Ich muß es nicht haben. Aber das

Merkwürdige ist, daß ich von Jahr zu Jahr besser werde. Mir passiert es in letzter Zeit häufig, daß ich während einer Vorstellung fühle, ich könnte es singen, aber dann ist es zu spät. Man muß es vorher wissen. Man muß mit dem Dirigenten vereinbaren, ob man es singt oder wegläßt, denn wenn mitten in einer wunderschönen Passage eine Note falsch kommt, zerstören Sie alles. Deshalb verzichte ich lieber einmal zuviel als einmal zu wenig.

Wer sagt Ihnen vor Beginn einer Vorstellung, ob Sie zwei Stunden später das hohe C singen können?

DOMINGO: Das sagt mir niemand. Das muß ich fühlen.

Gibt es da keine Anhaltspunkte?

DOMINGO: Nein, das ist Zufall. Was in einer Kehle vor sich geht, während Sie singen, ist sehr schwer durchschaubar, und ich habe mich auch nie besonders bemüht, es zu durchschauen. Ich weiß, was ein verdeckter und was ein offener Ton ist, aber es interessiert mich nicht, welche Muskeln ich beim Singen bewege. Es ist intuitiv. Ich möchte mir den Glauben an die Magie der Stimme bewahren. Das ist auch der Grund, warum ich mich so selten von einem Arzt untersuchen lasse. Ich mag es nicht, wenn jemand in meine Kehle hineinlangt. Manche Sänger können nur auftreten, wenn sich ein Arzt in der Nähe befindet. Die reisen immer mit ihren Ärzten, auch wenn sie vollkommen gesund sind. Ich bin das Gegenteil. Ich brauche Ruhe, sonst gar nichts. Mir genügt es, wenn ich am Tag vor einer Vorstellung viel schlafe und mit niemandem spreche.

Auch mit Ihrer Frau nicht?[5]

DOMINGO: Doch, das Nötigste, aber flüsternd.

Caruso inhalierte die Dämpfe von Salzwasser, bevor er auftrat. Was machen Sie, um sich fit zu halten?

DOMINGO: Es gab eine Zeit, da habe ich vor der Vorstellung und zwischen den Akten einen Schluck Whisky mit Zucker genommen, später dann Honig statt Zucker und wieder später

[5] Placido Domingo ist seit 1962 mit der mexikanischen Sopranistin Marta Ornelas verheiratet.

Pernod statt Whisky. Heute trinke ich Wasser. Wenn man ausgeruht ist, braucht man die Tricks nicht.
Beten Sie vor dem Auftritt?
DOMINGO: Ja, ich bete zur heiligen Cäcilia, der Schutzpatronin der Sänger. Ich bitte sie, mir die Kraft zu geben, den Genius der Musik an das Publikum weiterzuleiten. Ich trage immer ein Gebetbuch in meiner Tasche.
Glauben Sie an ein Jenseits?
DOMINGO: Ich bin mir nicht sicher.
Aber wo sonst soll die heilige Cäcilia Ihre Gebete hören?
DOMINGO: Moment, warten Sie. Ich will es Ihnen erklären. Es ist nicht so, daß ich an gar nichts glaube. Nur, ich glaube nicht an die Hölle. Ich glaube, daß der Teufel tot ist. Aber ich bin sicher, es gibt einen Himmel.
Und wohin kommen die Bösen?
DOMINGO: Nirgendwohin. Die haben keinen Platz. Die verschwinden.
Haben Sie eine Vorstellung, was mit Ihnen geschehen wird, wenn Sie tot sind?
DOMINGO: Das kann nur Gott entscheiden.
Schuyler Chapin, der bis 1975 Direktor der Met war, äußerte einmal einem Journalisten gegenüber, er halte es für ganz ausgeschlossen, über Sie einen spannenden Artikel zu schreiben. Dafür seien Sie ein zu netter Junge. Fassen Sie das als Kompliment auf?
DOMINGO: Nein, das ist Dummheit. Wenn Sie die richtigen Fragen stellen, können Sie eine Menge aus mir herausbekommen.
Welche Fragen?
DOMINGO: Fragen Sie mich nach meinen Hobbys. Ich bin ein fanatischer Golfspieler. Ich schwimme gerne. Ich spiele Tennis. Ich liebe Autorennen. Wissen Sie, was ich heute so traurig finde, ist, daß man durch die Presse so wenig erfährt über die Sänger. Da wird immer geredet über den Tod der Oper. Aber nichts geschieht, um sie lebendig zu halten. Man müßte mehr Werbung machen. Unlängst, als dieser unglaublich unge-

kämmte Sänger aus Jamaika, ich komme jetzt nicht auf den Namen, in Deutschland auftrat, wurden sofort Reporter zum Flughafen geschickt, und am nächsten Tag stand es schon in der Zeitung. Aber wenn Birgit Nilsson[6] nach München kommt, da schreibt keiner, weil man denkt, die Oper sei etwas Seriöses für die besseren Leute. Der deutsche Staat steckt Millionen in seine Opernhäuser. Ich bin überzeugt, man könnte Privatgesellschaften finden, die Opern aufführen, wenn man an diesem seriösen Image nicht so festhalten würde. Glauben Sie nicht, man müßte etwas mehr tun für die Popularisierung der Oper?
Ich glaube, das Problem liegt woanders. Bob Marley[7], von dem Sie sprechen, macht die Musik von heute. Opern, die modern und gleichzeitig populär sind, sucht man vergeblich.
DOMINGO: Das stimmt. Deshalb habe ich mich auch immer geweigert, moderne Opern zu singen. Die einzige Ausnahme war 1966 »Don Rodrigo« von Ginastera zur Eröffnung der neuen City Opera in New York. Aber das konnte auch nur passieren, weil ich die Partitur nicht rechtzeitig gelesen hatte. Ich mag diese moderne Musik nicht, zum Beispiel Alban Bergs »Lulu«. Da gibt es die schönsten Passagen während des Szenenwechsels, aber sobald die Sänger auftreten, ist auf einmal die Melodie weg. Ich frage mich: Warum soll man dann überhaupt singen? Ich hatte ein Angebot für Schönbergs »Moses und Aaron«. Ich sage ganz ehrlich, als die Aufführung abgesagt wurde, war ich erleichtert. Finden Sie es sinnvoll, diesen Sprechgesang mitzumachen? Das ist vielleicht etwas für Masochisten. Als man Cesare Siepi, den berühmten Bassisten, fragte, was er gegen die Komponisten von heute hätte, antwortete er: Was haben die gegen uns? Aber es gibt ja ein großes Repertoire alter Opern, die man aufführen könnte. Es ist so viel geschaffen worden, was nicht gespielt wird.
Glauben Sie, daß die Menschen von heute etwas anfangen

[6] schwedische Sopranistin, geboren 1918 bei Malmö

[7] Reggae-Sänger aus Jamaika, erlag am 9. Mai 1981 im Alter von 36 Jahren einem Gehirntumor

können mit den Inhalten dieser Opern?
DOMINGO: Ich bin ganz sicher. Ich habe die Erfahrung gemacht, daß junge Leute diese Geschichten lieben. Es ist nicht nötig, Opern zu schreiben über das wirkliche Leben, denn das Leben ist so kompliziert und so schwierig, da will man nicht auch noch im Theater daran erinnert werden. Die Menschen wollen keine Opern über Terrorismus oder Krebs oder Drogensucht. Die wollen diese ganz simplen, alten Dreiecksgeschichten über Liebe und Eifersucht, und da ist es auch ganz egal, in welchem Milieu sich das abspielt. Das kann ruhig überholt sein. Jeder Mensch braucht von Zeit zu Zeit die Verzauberung, um den Alltag vergessen zu können, und diese Verzauberung gibt ihm die Oper.
Sie meinen, die Oper als eine Art Ersatztrip?
DOMINGO: Ja, aber auf diesen Trip kann man getrost gehen, weil er niemandem schadet. Wenn Sie das mit einem Open-air-Konzert irgendeiner Popgruppe vergleichen, da kommen 100 000 Menschen, aber die hören gar nicht der Musik zu, sondern rauchen Hasch oder nehmen Drogen. Ich bin nicht gegen diese Musik, aber gegen das, was sie auslöst. Wenn Musik berauschend ist, finde ich das sehr nützlich, aber wenn sie dazu führt, daß man Rauschgift nimmt, ist sie gefährlich. Ich habe es nicht nötig, irgendwelche Rauschmittel zu nehmen, denn ich habe genügend Aufregungen auf der Bühne. In meinem Privatleben bin ich so, wie ich heiße, placido domingo, ein ruhiger Sonntag. Ich versuche aus dem Leben etwas Positives zu machen. Es gibt auch auf dem Theater sehr böse Menschen. Es gibt Kollegen, die kommen zu einem und erzählen, ein anderer Tenor sei beim Publikum durchgefallen. Darauf antworte ich, daß mich das nicht interessiert. Ich werde nicht besser, wenn ein anderer schlecht ist. Ich freue mich, wenn jemand Erfolg hat, weil ich weiß, wie wichtig er für mich selbst ist.
Können Sie beschreiben, was Sie empfinden, wenn im Zuschauerraum der Jubel losbricht?
DOMINGO: Das ist phantastisch. Ich finde es schade, daß heute in manchen Programmheften steht, man solle die Vorstellung

nicht mit Applaus unterbrechen. Besonders in Amerika ist das üblich. Ich versichere Ihnen, kein Sänger fühlt sich gestört, wenn ihm das Publikum nach einer Arie Ovationen bereitet. Früher, zu Verdis Zeiten, ist es vorgekommen, daß eine bestimmte Stelle bis zu dreimal wiederholt werden mußte. Natürlich hängt es davon ab, ob der Sänger die Kraft hat, eine Arie zweimal zu singen. Ich habe es erst kürzlich in Wien wieder gemacht als Cavaradossi, und ich schwöre Ihnen, es gab keine Wahl. Ich habe fünf Minuten gewartet, aber der Jubel wollte kein Ende nehmen. Ich mußte es tun. Seit Caruso und Gigli hat es eine solche Begeisterung in Wien nicht mehr gegeben. Ich mußte weinen vor Rührung.

Konnten Sie trotzdem weitersingen?

DOMINGO: Ja, ich habe gelernt, meinen Atem unter Kontrolle zu halten, auch wenn ich weine, seit mir in Madrid während einer Aufführung von Ponchiellis »La Gioconda« vor lauter Tränen die Stimme wegblieb. Ich habe auch in Salzburg geweint bei »Hoffmanns Erzählungen« und natürlich in »Traviata«. Praktisch weine ich jeden Abend. Ich muß auch als Zuschauer jedesmal weinen. Manchmal ist es nur eine Geste, manchmal ein Paukenschlag, manchmal das Cello, das meine Gefühle zur Explosion bringt. Ich bin sehr sentimental veranlagt. Die Rollen, die ich am meisten liebe, sind die, in denen ich wirklich leide, zum Beispiel Don José in »Carmen« und natürlich Othello.

Leiden Sie auch außerhalb des Theaters?

DOMINGO: Sehr selten. Man kann das nicht fortsetzen im gewöhnlichen Leben.

Was würden Sie tun, wenn Sie dahinterkämen, daß Ihre Frau ein Verhältnis mit einem anderen Mann hat? Als Don José müßten Sie sie ermorden.

DOMINGO: Ich bin eine zivilisierte Person, ich würde sie nicht ermorden. Ich würde ihr vergeben oder mich scheiden lassen. Die Geschichten, die ich auf der Bühne erlebe, haben mit der Realität nichts zu tun. Wir haben ja heute die freie Ehe. Deshalb halte ich es für wichtig, daß die jungen Leute mehr in die Oper gehen, damit sie sehen, wie streng in früheren Zeiten die

Bräuche waren, und ihre Freiheit nicht dazu verwenden, alles kaputtzuschlagen. Ich mußte bis zu meinem 21. Lebensjahr jeden Abend um acht Uhr daheim sein. Ich durfte nicht ausgehen. Meine Eltern waren meistens auf Reisen, aber ich hatte eine sehr strenge Tante, die hat mich fast täglich verprügelt. Trotzdem liebte ich sie. Man darf den Kindern nicht alles durchgehen lassen.

Stimmt es, daß Sie schon mit sechzehn Jahren geheiratet haben?

DOMINGO: Ja, stimmt. Das war meine erste Ehe. Mit siebzehn wurde ich Vater.

Wie war das möglich bei einer so strengen Erziehung?

DOMINGO: Das war ganz normal. Dieses Mädchen ging mit mir in dieselbe Schule. Ich dachte, ich sei verliebt. Aber es war dann doch nicht die große Liebe. Schon nach einem Jahr sind wir auseinandergegangen. 1959 lernte ich meine zweite Frau kennen. Mit der bin ich noch heute zusammen.

Sind Sie ein treuer Gatte?

DOMINGO: Meine Frau sagt, wenn ich sie betrüge, dann betrügt sie auch mich. Sie könnte, wenn sie wollte, jede Nacht einen anderen haben. Also halte ich mich zurück, weil ich weiß, was auf dem Spiel steht.

Macht Ihnen das Schwierigkeiten?

DOMINGO: Es ist nicht immer einfach, denn wenn man einen öffentlichen Beruf hat, lebt man wie in einem Schaufenster, und die Fans sind ja meist weiblich. Die schreiben Briefe, bitten um Autogramme, schicken Blumen oder andere Gegenstände. Ich habe eine ganze Kollektion von Schals aus allen möglichen Ländern, weil sich die Leute Sorgen um meine Kehle machen. Manchmal bekomme ich auch Gedichte. Etwas sehr Amüsantes ist mir in Wien passiert. Da kamen drei junge Mädchen in meine Garderobe und fragten, ob sie mich nach der Vorstellung allein treffen könnten. Ich bat meine Frau um Erlaubnis. Sie war einverstanden. Also habe ich die Mädchen getroffen, aber alles, was geschah, war, daß sie mir ein paar Lieder vorsingen wollten.

Hatten Sie mehr erwartet?

DOMINGO: Ich hatte gar nichts erwartet. Ich erzähle das nur, um Ihnen ein Beispiel zu geben, was ich mit meinen Fans so alles erlebe.

Genießen Sie es, verehrt zu werden?

DOMINGO: Ich bin da sehr vorsichtig. Natürlich ist es nett zu hören, daß man auf der Bühne ein Gott ist. Früher, wenn einer gut boxen konnte, hieß es gleich: ein neuer Joe Louis. Heute ist er ein Muhammed Ali. Ein guter Tenor, sagt man, singt wie Caruso. Aber das sind nur Worte. Das hat nichts zu bedeuten.

Könnten Sie sich vorstellen, daß man in hundert Jahren über einen Tenor sagt, er singt wie Domingo?

DOMINGO: Nein, ich glaube, Caruso wird bleiben. Die Voraussetzungen, ein Mythos zu werden, sind heute nicht günstig. Wenn Caruso irgendwo auftrat, war das für die ganze Stadt ein Ereignis. Heute steht auf dem Programmzettel ganz oben der Regisseur, dann der Dirigent, aber die Sänger werden nur aufgezählt in der Reihenfolge ihres Erscheinens. Da schreiben die Kritiker sechs Spalten über eine Opernpremiere, aber nur fünf Zeilen über die Sänger. Je ausgefallener eine Inszenierung ist, desto mehr wird geschrieben. Ich habe einmal in einer »Othello«-Inszenierung gesungen, da sollte der Jago zu mir eine homosexuelle Beziehung haben. Für die Journalisten wäre das sehr interessant gewesen. Aber ich hätte mich sehr gestört gefühlt, denn ich liebe Frauen, nicht Männer. Also hatte ich mit dem Regisseur eine Auseinandersetzung, und die Sache wurde bereinigt. Ich meine, wenn der Jago schwul ist, dann darf er es mir nicht zeigen, sonst haue ich ihm eine herunter.

Haben Sie noch mehr solche Geschichten auf Lager?

DOMINGO: Im Moment nicht. Aber wenn Sie mir ein paar Tage zum Nachdenken geben, fällt mir bestimmt noch was ein.

Kennen Sie die Anekdote über Franco Corelli, der während einer Aufführung von »Turandot« Birgit Nilsson ins Ohr biß, weil sie im Duett mit ihm den Ton länger gehalten hatte?

DOMINGO: Ich habe noch nie eine Sopranistin gebissen.

FRIEDRICH DÜRRENMATT

Die in meinem Interview mit Friedrich Dürrenmatt gefallenen Äußerungen über die Kollegen Grass, Frisch und Hochhuth sind nach der Veröffentlichung in PLAYBOY am 20. Dezember 1980 in mehreren deutschsprachigen Zeitschriften nachgedruckt worden, was zur Folge hatte, daß der Schriftsteller von seinem Anwalt verbreiten ließ, das ganze Interview sei eine Fälschung. Später milderte er diese Behauptung. Ich hätte, so Dürrenmatt, im Lärm des Restaurants, in dem wir zu Abend aßen, manches falsch mitbekommen. Dem englischen Journalisten Hugh Rank gegenüber erklärte er, die Äußerungen seien von mir ohne sein Wissen auf Band aufgenommen und gegen seinen Willen verwendet worden. Wahr ist, daß ich die betreffenden Sätze ohne jede Lärmbeeinträchtigung und nicht nur mit Wissen, sondern dem ausdrücklichen Einverständnis Dürrenmatts habe aufnehmen können. Der Dramatiker hatte mir von dem ihm persönlich bekannten Wirt des Lokals sogar einen kleinen Tisch bringen lassen, damit ich mein Tonbandgerät besser plazieren könne. Jedesmal, wenn ein neues Band eingelegt werden mußte, wartete er mit dem Sprechen so lange, bis ich die Aufnahmetaste betätigt hatte. Um so überraschender kam für mich sein Dementi. Am 23. Dezember rief er mich an und erklärte, besonders seine Bemerkung über Günter Grass sei ihm peinlich, da ihm Grass eben erst sein Buch »Kopfgeburten« mit einer freundlichen Widmung habe zukommen lassen. Als ich ihn fragte, was ich, da die Sache nun einmal publiziert sei, noch tun könne, sagte er, ich solle mir weiter keine Gedanken machen, wünschte frohe Weihnachten und lud mich ein, ihn in seinem Haus in Neuchâtel, wo wir die Unterhaltung begonnen hatten, wieder einmal zu besuchen. Nach solchen Worten habe ich den wochenlang anhaltenden Aufruhr, insbesondere den von Dürrenmatt im SPIEGEL erhobenen Vorwurf, ich hätte mich bei ihm fälschlich als Mitarbeiter der ZEIT ausgegeben, verhältnismäßig gelassen ertragen können. Am 2. Januar 1981 veröffentlichte die ZEIT, wie vereinbart, ein von mir verfaßtes Porträt des Dichters. Das aus Platzgründen seinerzeit nur verkürzt abgedruckte PLAYBOY-Interview erscheint hier erstmals in voller Länge.

Sie gelten als der seit Brecht bedeutendste deutschsprachige Bühnenautor, werden aber in letzter Zeit fast nur noch verrissen. Ist das kein Widerspruch?
FRIEDRICH DÜRRENMATT: Nein, wieso? Das ist doch ganz wurst. Das passiert jedem. Nehmen Sie Beethoven, das beste Beispiel. Der war nach der fünften Sinfonie abgeschrieben. Bei den Quartetten, da saßen die Leute und sagten: Was ist denn nur mit dem Beethoven los? Den hat man doch zuletzt wie einen Trottel behandelt.
Lesen Sie, was die Kritiker über Sie schreiben?
DÜRRENMATT: Fast nie. Mich mit den Kritikern auseinanderzusetzen, das kann ich mir schon aus gesundheitlichen Gründen nicht leisten. Das ist eine vollständig unnütze Sache. Das Komische ist, daß einen diese Leute dann immer besuchen wollen. Der Kritiker Hensel zum Beispiel fragte furchtbar besorgt bei mir an, ob er vorbeikommen dürfe. Darauf sagte ich: Warum nicht? Der hatte gedacht, ich schmeiße ihn raus. Aber das Peinliche war, daß ich seine Kritiken gar nicht gelesen hatte. Oder Joachim Kaiser: Der rief sehr gequält an, und dann kam er und holte sich einen Rat über Weine, ganz zaghaft.
Die schlimmsten Verrisse bekamen Sie für Ihr Stück »Der Mitmacher«, das 1973 in Zürich uraufgeführt wurde. Friedrich Luft nannte es »kindisch«, Reinhart Baumgart »eine Mischung aus Strindberg und Millowitsch«, und Günther Rühle fand darin nur noch Zynismus, Menschenverachtung und »eine Häufung von Leichen«.
DÜRRENMATT: Ich weiß gar nicht, warum mir immer nachgesagt wird, daß ich die Menschen verachte. Das hat auch Ludwig Marcuse einmal behauptet, ein Mann, den ich sehr schätze.
Vielleicht deshalb, weil in Ihren Stücken, die Sie als Komödien ausgeben, reihenweise Menschen umgebracht werden.
DÜRRENMATT: Aber das stimmt doch gar nicht. Das ist ein reines Gerücht. Ich habe viel weniger Leichen als Shakespeare, weil ich zum Beispiel nie Schlachten beschrieben habe. In »Herkules und der Stall des Augias« ist überhaupt keine Leiche, in »Play Strindberg« auch nicht. Das Stück »Der Meteor« hat vier

Leichen, gut, aber das ist doch mäßig. In meiner Bearbeitung des »Titus Andronicus« kommt sogar ein Neger, der bei Shakespeare stirbt, mit dem Leben davon. Da habe ich mich also zurückgehalten. Aus mir einen Komödien-Eichmann zu machen, das geht nicht. Aber ich brauche ja meine Stücke nicht zu verteidigen. Ich habe mich nie darum gekümmert, was andere über mich sagen.
Hoffen Sie auf das Verständnis der Nachwelt?
DÜRRENMATT: Ich hoffe gar nichts. Ich weiß doch nicht, ob unsere Kultur überhaupt weitergeht. Der Gedanke, über den eigenen Tod hinauszuschreiben, ist für mich genauso abstrus wie der Gedanke an das Nichts. Das Nichts ist einfach eine denkerische Fehlleistung wie auch die Ewigkeit, weil das abstrakte Begriffe sind, die aus dem Mathematischen kommen. Ich schreibe nicht für die Ewigkeit, sondern um Geld zu verdienen. Das meiste, was ich geschrieben habe, war Brotarbeit. Ich habe ja in allen Sparten geschrieben, Hörspiele, Kabarett, Kriminalromane, was Sie wollen.
Haben Sie auch die Theaterstücke nur zum Geldverdienen geschrieben?
DÜRRENMATT: Natürlich spielte das auch bei den Stücken eine gewisse Rolle. Den »Besuch der alten Dame« habe ich in einer finanziellen Zwangslage geschrieben. Die Urfassung war völlig anders, aber die wäre für das Theater nicht brauchbar gewesen. Deshalb habe ich es dann umgeschrieben. Ursprünglich war das eine sehr groteske Geschichte. Da fährt ein Bauer, der in Amerika sehr viel Geld gemacht hat, mit einem riesigen Cadillac durch ein verschneites Bergtal in das Dorf, wo er herstammt, und will die Bewohner beschenken. Aber dann sieht er in der Wirtsstube den Mann, der ihm, als er jung war, sein Mädchen ausgespannt hat, und nun verlangt er aus einer Laune heraus, die Leute sollen diesen Mann töten, dafür bekämen sie die Millionen. Die Dorfbewohner sind sofort einverstanden, aber als sie den Mann dann erschlagen wollen, gibt es eine Mondfinsternis, so daß sie Angst haben, die Welt gehe unter, und auf die Knie fallen und beten. Aber als der Mond dann wieder hervorkommt, schlagen sie doch zu. So etwas hätte man auf der Bühne gar nicht

darstellen können. Deshalb habe ich den reichen Bauer in die alte Dame verwandelt, die heimkehrt, um an ihrem Geliebten, der sie vor vielen Jahren hat sitzenlassen, Rache zu nehmen. Also die hat ein Motiv. Das war in der ursprünglichen Fassung nicht da.

Ist Ihnen das plötzlich so eingefallen, oder haben Sie es in Hinblick auf die dramatische Wirkung, die Sie erreichen wollten, ganz bewußt konstruiert?

DÜRRENMATT: Das kann man gar nicht so trennen. Die Phantasie hat ja ungeheuer viel mit Logik zu tun. Wenn Sie zwei sehr starke Konzepte haben, kann aus denen sprungartig eine logische Verbindung entstehen. Das kann man rein physikalisch erklären. Das ist wie Elektrizität, wenn Sie eine positive und eine negative Ladung zusammenschließen. Der Einfall ist ein Sprung, den Sie machen.

Also keine Erleuchtung von oben?

DÜRRENMATT: Nein, nicht von oben. An so etwas habe ich nie glauben können.

Trotzdem haben Sie sich einmal als einen religiösen Menschen bezeichnet.

DÜRRENMATT: Ja, sicher. Aber was heißt religiös? Wenn Sie das Religiöse begrifflich erfassen wollen, ist es schon weg. Ich glaube, die größte Erkenntnis des Christentums ist die, daß Gott der Mensch ist. Aber da kommen wir jetzt ganz schwer ins Philosophieren. Darüber habe ich mit meinem Vater, der Pfarrer war, sehr oft gesprochen. Das war unser dauerndes Thema. Mein Vater hatte furchtbare Angst vor dem Sterben. Das konnte ich nicht begreifen. Er hatte Angst vor diesen Höllenvorstellungen, obwohl er ein ungeheuer gütiger Mensch war und ein ganz strenger Abstinenzler. Am Schluß wurde das langsam lustig. Jede Weihnacht geschah immer das gleiche, daß er sagte, es sei seine letzte Weihnacht. Aber er ist dann 84 Jahre geworden und ganz sanft gestorben. Auch meine Mutter ist unglaublich alt geworden, fast neunzig. Die größeren Konflikte hatte ich eigentlich mit meiner Mutter, weil mich ihre Idee einer ständigen Verbindung mit dem Himmel wahnsinnig störte, diese Art von bäurischer

Frömmigkeit. Sie war ja Bauerstochter. Wenn ich Erfolg hatte, dann sagte sie immer, das käme daher, daß sie gebetet hatte. Sie war da vollkommen naiv. Mein Vater war mehr ein gelehrter Typ. Der hat nur ein einziges Mal versucht, mich zu überreden, Pfarrer zu werden, und als ich ablehnte, war die Sache für immer erledigt.

Stimmt es, daß Sie als Kind den Wunsch hatten, Oberst zu werden?

DÜRRENMATT: Nein. Das hat ein Freund meines Vaters gesagt, als er meine Zeichnungen sah. Ich habe als Kind furchtbar gern Schlachten gezeichnet und bin mit einer Bohnenstange als Lanze herumgegangen. Meine Phantasie war ganz bildhaft. Eine typische Geschichte ist, wie mir meine Mutter einmal ein Buch gezeigt hat: Da war der Tod abgebildet in Gestalt eines Gerippes, und als ich sie fragte, was das sei, sagte sie, um mich nicht zu erschrecken, das sei Kaiser Wilhelm. Monate später fuhren wir einmal nach Bern, dort gab es ein großes Warenhaus, das hieß »Kaiser«, und als meine Mutter sagte, sie gehe zum Kaiser, fing ich an, laut zu brüllen und schrie ununterbrochen: »Ich will nicht zum Kaiser Wilhelm.« Da hatte ich also noch immer dieses Gerippe vor Augen.

In welchem Alter war das?

DÜRRENMATT: Da muß ich so drei Jahre gewesen sein.

Haben Sie so früh schon begriffen, was Sterben bedeutet?

DÜRRENMATT: Nein, das kam später. Das habe ich zum erstenmal in der Metzgerei des Dorfes begriffen, in dem ich aufwuchs. Da sind wir immer zuschauen gegangen, wenn die Tiere geschlachtet wurden. Als ich vor einigen Jahren einer Leichenöffnung beiwohnte, war da der gleiche Geruch wie in dieser Metzgerei. Da sah ich das plötzlich wieder ganz deutlich vor mir. Ich bin dahintergekommen, daß sich die Motive, die ich in meinen Erzählungen und Stücken verwende, auf ganz bestimmte Urerlebnisse zurückführen lassen. Das Schreiben besteht ja aus Rückspiegelungen. Das erste Grundmotiv, das ich gefunden habe, ist das Labyrinthische, das heißt in einer Welt leben zu müssen, die ich niemals durchschauen werde, mit der ständigen Angst, daß hinter der nächsten Ecke der Minotaurus hervorspringt. Ich fürchtete mich als Kind zum Beispiel vor dunklen Orten. Wenn Gäste kamen, mußte ich immer oben im Estrich schlafen, da hatte ich ein Pfadfindermesser unter dem Kissen. Aber eigentlich war diese Angst ein ganz tolles Gefühl, beinahe erotisch. Ein anderes Urerlebnis, das ich hatte, war ein Unfall. Da wurde ich bereits in der Zeitung als tot gemeldet. Ich war mit dem Rad in ein Motorrad gefahren, und ich weiß noch, ich lag da am Boden und wiederholte dauernd die Worte: Ich will nicht sterben. Also es gab bei mir schon sehr früh eine Todesangst, andererseits aber auch eine große Faszination für alles, was mit dem Sterben zu tun hat. Ich kann mich noch genau an den Tod meiner Großmutter erinnern und wie sie aufgebahrt wurde. Das hat mich ungeheuer beeindruckt. Ich war ja durch den Beruf meines Vaters dauernd von Leichen umgeben. Wenn meine Eltern etwas miteinander besprechen mußten, gingen sie auf dem Friedhof spazieren. Wir Kinder spielten dann immer in den frisch ausgehobenen Gräbern.

Ein anderes Thema, das Sie häufig behandelt haben, ist Gerechtigkeit und Vergeltung. Sind Sie als Kind oft verprügelt worden?

DÜRRENMATT: Ach, wissen Sie, als Sohn eines Dorfpfarrers sind Sie natürlich eine Verlockung. Es gab da eine bestimmte Bande von Jungen, für die war es besonders reizvoll, den Pfarrerssohn zu verprügeln. Die haben mir aufgelauert, wenn ich zur Schule ging. Ich habe dann immer tollere Schleichwege erfunden. Das Merkwürdige ist, daß die Namen dieser Kerle fast überall in meinen Büchern vorkommen. Ich hatte sie längst vergessen, da finde ich plötzlich in einem Kriminalroman, den ich vor vielen Jahren geschrieben habe, einen Polizisten, der genauso heißt wie eines dieser Bandenmitglieder. Dummerweise gibt es auch einen Theaterkritiker mit diesem Namen. Der meint nun, das sei auf ihn gemünzt, was natürlich ganz blöd ist.

Sind Sie auch von Ihrem Vater geschlagen worden?

DÜRRENMATT: Nein, nie. Mein Vater war vollkommen gewaltlos. Das Gefühl der Rebellion, das ich als mein zweites

Grundmotiv ansehen möchte, ist viel mehr durch die Schule entstanden. Die Schule war für mich etwas Entsetzliches, dieses Gehorchen-Müssen, das habe ich als fortwährende Bedrückung empfunden. Daraus ist dann auch das Motiv der Rache entstanden. Die erste, unreflektierte Form der Rebellion ist ja die Rache. Man will sich für etwas rächen, was einem in der Kindheit angetan wurde.

Wollen Sie damit sagen, daß die Idee der Revolution nicht auf politische, sondern auf private Beweggründe zurückgeht?

DÜRRENMATT: Ja, das ist bei Marx doch ganz deutlich. Das Verrückte bei Marx ist seine Herkunft. Der Vater stammte aus einer streng orthodoxen Rabbinerfamilie, ist aber zum Luthertum übergetreten und war dann ein treuer, preußischer Staatsbeamter. Auf der einen Seite haben Sie bei Marx den Widerstand gegen das Jüdische, der sich darin äußert, daß er den Erlösungsgedanken in eine scheinbar politische Lehre verdreht hat, auf der anderen Seite den Aufstand gegen das Preußentum, das der Vater verkörpert. Die Idee der Weltverbesserung ist die sublimierte Rache an seinem Vater. Das Politische war nur Vorwand. Deshalb war es auch auf die Realität nicht übertragbar. In dem Moment, wo eine Idee zur Ideologie wird, ist sie schon zum Scheitern verurteilt, denn man kann sich ja nicht verallgemeinern. Letzten Endes kann man nur über sich selbst etwas sagen.

Ist die Verzweiflung über dieses Scheitern die Ursache des Terrorismus?

DÜRRENMATT: Nein, denn die Terroristen sind doch gar nicht verzweifelt. Ich meine, was ist Verzweiflung? Das ist doch eigentlich ein Gefühl der Lähmung. Wenn ich verzweifelt bin, dann gehe ich in das Unbegreifliche. Das ist wie das schwarze Loch. Dann kann ich auch keine Bomben mehr schmeißen.

Nein, aber der Ausweg aus der Verzweiflung sind eben die Bomben.

DÜRRENMATT: Ich weiß nicht. Verzweiflung ist eine Aussage, die sehr schwer zu machen ist, weil sie rein subjektiv ist. Das ist eine Frage der Glaubwürdigkeit. Der Terrorist lebt in einer

rauschhaften Welt. Er sucht das Abenteuer. Das ist wie im Krieg. Das Erschreckende am Krieg ist ja, daß er für die, die ihn mitgemacht haben, immer noch das tollste Erlebnis ist, das sie hatten. Auf diese Weise wird dann immer alles erträglich. Das Schwierigste, was zu ertragen ist, ist ja die Langeweile. Indem Sie etwas tun, sind Sie schon nicht mehr in der Verzweiflung.
Sind Sie jemals in eine Situation geraten, in der Sie nichts mehr tun, auch nicht mehr schreiben konnten?
DÜRRENMATT: Ja, das war, als ich meinen ersten Herzinfarkt hatte. Was mich daran am meisten erstaunt hat, war, daß ich überhaupt keine Angst verspürte. Das war das Erlebnis einer vollkommenen Gleichgültigkeit. Ich habe mir alle Diagnosen gestellt, man kennt sich ja heute total aus in diesen Dingen. Der ganze linke Arm war gelähmt. Aber ich habe nichts unternommen. Ich weiß noch, ich hatte so einen kleinen Hund bei mir. Nebenan schlief meine Mutter. Das Wahnsinnige ist, daß ich, um mich abzulenken, irgendein Buch, das mich gar nicht interessierte, gelesen habe. Erst als die Schmerzen ganz grausam wurden, habe ich meinen Sohn angerufen und mich zum Arzt fahren lassen. Aber das war natürlich auch keine Verzweiflung im philosophischen Sinne. Ich weiß eigentlich gar nicht, ob es das überhaupt gibt. Gut, ich habe einmal ein ganzes Drama verbrannt, weil ich es nicht mehr gut fand, und ich habe auch andere Dinge zerrissen, die ich geschrieben hatte. Aber das nenne ich nicht Verzweiflung.
Natürlich nicht, denn da waren Sie ja mit der Vernichtung Ihrer Werke beschäftigt.
DÜRRENMATT: Ja, eben. Für mich ist »Verzweiflung« einfach ein zu romantisches Wort. Das ist wie Beethoven im Sturm. Oder nehmen Sie Richard Wagner. Den habe ich auch noch nie leiden können. Meine Frau sagt immer, das sei die beste Musik zum Reinemachen. Beim Staubsaugen legt sie am liebsten den Walkürenritt auf, ganz laut. Im Gymnasium haben wir einmal die Venusbergmusik mit Gesang gemacht, so tatatata tari tara, Stimmen statt Instrumente. Das ist für mich die ideale Puffmusik. Da stelle ich mir den Wagner als Mime vor, wie er seine Cosima,

die für ihn viel zu groß war, erotisch beackert. Das ist ein Wagnerischer Geschlechtsverkehr. Komischerweise sind ja die größten Wagner-Fans die Franzosen. Das ist eine Frage der Mentalität. Für einen Schweizer ist das einfach viel zu pathetisch. Uns fehlt auch dieser Hang zum Genialen. Wir haben hauptsächlich die Uhr entwickelt, dann die chemische Industrie, Valium, DDT und vor allem das LSD. Der Schweizer sieht das Leben mehr von der praktischen Seite. Man macht Kinder, man baut ein Haus, man pflanzt Bäume, die muß man dann wieder umlegen. So ist das. Als ich letzte Woche wieder in dem Dorf war, wo ich geboren wurde, habe ich einen Schulfreund getroffen, mit dem ich immer die Rinder gehütet hatte, der saß auf seinem Traktor, weißhaarig wie ich, und als ich ihn fragte, wie viele Kinder er habe, sagte er zwölf, und dann zeigte er auf einen Knaben und sagte, das sei sein sechzehnter Enkel. Da kam ich mir ganz beschissen vor, denn ich habe drei Kinder und erst zwei Enkel.

Sind Ihnen die Kinder wichtiger als Ihre Bücher?

DÜRRENMATT: Nein. Meine Frau wollte unbedingt Kinder. Es ist unglaublich, wie groß das Bedürfnis der Frauen ist, Kinder zu haben. Kinder sind ja für die Frau viel wichtiger, als der Mann es je sein kann. Die sind einfach viel mehr ein Teil von ihr. Für den Mann sind Kinder etwas völlig Abstraktes. Ich bin bei der Geburt meiner Kinder dabeigewesen. Für mich war das eine ungeheure Groteske, wie da ein Wesen herauskommt aus einem anderen Wesen. Das ist ganz surrealistisch. Das kann eine Frau nie so erleben. Die erlebt es mit Schmerzen und einer Art Wut. Der Mann ist Zuschauer. Der erlebt es als ein Naturereignis, eine Verrücktheit, auch bei Tieren. Ich bin auch jedesmal fasziniert gewesen, wenn in unserem Dorf ein Kalb zur Welt kam.

Waren Sie stolz darauf, Vater zu werden?

DÜRRENMATT: Ja, ungeheuer, beim ersten Kind, da wird man ja größenwahnsinnig. Meine Frau war viel ruhiger. Bis unmittelbar vor der Geburt haben wir uns Witze erzählt, weil meine Frau, als die Wehen einsetzten, dachte, es sei nur eine

Magenverstimmung. Ich habe sie dann mit Zwang ins Spital bringen müssen.

Wie wichtig ist Ihre Frau für das Schreiben? Ist sie die Muse, die Ihren Geist beflügelt?

DÜRRENMATT: Da ärgert sie sich immer, wenn ich das sage. Sie ist mein täglicher Gesprächspartner. Ich entwickle sehr viel im Sprechen. Sie hört zu. Manchmal hat sie auch Einwände, aber sie ist eher musikalisch gebildet. Sie spielt Klavier. Ich interessiere mich mehr für Philosophie. Ich habe ja Philosophie studiert. Gegenwärtig beschäftige ich mich wieder mit Leibniz, mit dem Problem, inwiefern kann man von der Mathematik her eine Metaphysik errichten, aber nicht im Hegelschen Sinne. Ich bin ein großer Antihegelianer. Ich muß immer lachen, wenn ich sehe, wie die Studenten heute gleich mit Hegel anfangen. Ich habe den Hegel an die Wand geknallt, weil ich ihn nicht verstanden habe. Meine erste Gymnasiallektüre war »Der Einzige und sein Eigentum« von Max Stirner. Dann kam Nietzsche, dann Schopenhauer. Von Schopenhauer wurde man neugierig auf Kant, und erst nach Kant kam Hegel.

Sind das die Dinge, über die Sie sich mit Ihrer Frau unterhalten?

DÜRRENMATT: Ja, auch. Aber das Philosophieren ist doch mehr eine Sache der Männer. Es gibt ja kaum Frauen unter den Philosophen, weil Frauen ganz anders denken. Die Frau hat das Denken im männlichen Sinne nicht nötig. Sie hat auch die Kunst viel weniger nötig, das Hervorbringen von Werken. Sie ist viel mehr an den Leib gebunden, denn sie ist biologisch der Boden. Der Mann ist in gewissem Sinn überflüssig, eine ungeheure Verschleuderung der Natur. Das ist sein Manko, das er ausgleichen muß durch geistige Arbeit. Ich bin gerade dabei, darüber etwas zu schreiben. Zehn Minuten von hier gibt es eine der größten Samenbanken der Welt, die besitzt ungefähr 500 Stiere, die kommen zu fünfzig Stück jeden Tag an eine Kette, werden an Gestelle, die sie für Kühe halten, herangeschoben und angezapft. Die merken gar nicht, daß das keine Kühe sind, sondern bloß Beutel, die 38 Grad Wärme, also die Temperatur einer Vagina, haben, da fahren sie einmal rein und wieder raus, das geht blitzschnell, und das ergibt eine Samenzahl von etwa 3,6 Milliarden. Zur künstlichen Befruchtung einer Kuh braucht man aber nur 2,7 Millionen, so daß mit der Flüssigkeit einer einzigen Ejakulation über tausend Kühe besamt werden können. Das wird in einem Laboratorium mikroskopisch sortiert, das machen Mädchen, schön geschminkt, die bringen das zu einer Maschine, wo es dann zu kleinen Stäbchen gepreßt wird. Diese Stäbchen kommen in ein Bad aus flüssigem Stickstoff und werden bei minus 145 Grad eingefroren. Da gibt es einen Katalog, in dem wird jeder Samenspender genau beschrieben. Nach acht Monaten wird so ein Stier abgeschlachtet, aber noch fünfzig Jahre nach seinem Tod werden mit seinem Samen Kühe befruchtet. Die Bauern brauchen sich heute gar keinen Stier mehr zu halten. Die männlichen Kälber kommen gleich in die Fleischverwertung.

Glauben Sie, man wird das eines Tages auch auf Menschen anwenden?

DÜRRENMATT: Warum nicht? Da gibt es dann eine Aktion, wo Sie ganz billig Dürrenmatt kaufen können oder Max Frisch. Das können Sie dann auch miteinander mischen.

Aber ein Mann ist doch kein Stier. Er kann sich verweigern.

DÜRRENMATT: Das gelingt nicht. Der Mann ist immer verführbar. Gut, er kann sich sterilisieren lassen. Aber viel naheliegender ist es, daß die Verweigerung von den Frauen ausgeht, weil die Frau die Gescheitere ist.

Das erinnert mich an einen Satz, den Sie 1948 geschrieben haben. Da heißt es, wenn alle Frauen siebzig Jahre lang nicht mehr gebären wollten, dann könnte die Natur von vorne anfangen.

DÜRRENMATT: Ja, das wäre doch jetzt mit der Pille ganz einfach. Außerdem besitzt die Frau erotische Fähigkeiten, die der Mann nicht hat. Mit Hilfe der Liebeskunst käme sie ganz leicht um das Kinderkriegen herum.

Aber das will sie doch gar nicht. Die Frau ist doch, wie Sie selbst sagen, viel mehr diejenige, die den Wunsch hat, sich fortzupflanzen, während der Mann, der begriffen hat, daß man gegen

die Bevölkerungsexplosion etwas tun muß, seinen Geist einsetzen könnte, damit nicht so viele Kinder geboren werden.
DÜRRENMATT: Moment, nein, in der Sexualität hört bei mir der Geist auf. Die Sexualität hat der Mensch mit dem Tier gemeinsam. Was ihn vom Tier unterscheidet, ist die Erkenntnis des Todes. Die erste große Entdeckung des Menschen war die, daß er sterben muß. Das hat das Tier nicht. Damit begann eigentlich die Philosophie. Stellen Sie sich einmal vor, der Mensch der Urzeit, dieser Raubaffe, der viel schwächer war als die Tiere, nach denen er jagte, erlangt plötzlich dieses Bewußtsein des eigenen Todes. Was das für eine Hemmung bedeutet, können Sie sich ja denken. Über diese Barriere kam er nur mit Hilfe der Metaphysik, also indem er alles beseelte und die Seele für unsterblich erklärte. Die Sexualität war nie das Problem, denn sie ist ja gerade die Erlösung von diesem Todesbewußtsein, weil sie das Denken ausschließt. Die Sexualität ist das größte Erlebnis des Augenblicks. Deshalb ist sie eben das Problemlose an sich.
Ja, wenn sie funktioniert.
DÜRRENMATT: Natürlich. Aber das wird doch erst schwierig im Alter oder wenn man verklemmt ist. Nietzsche sagt, alle Lust will Ewigkeit. Das ist ein typisch verklemmter Gedanke, weil ja das Denken an die Zeit, also auch die Ewigkeit, im Augenblick der Lust gar nicht da ist.
Sehen Sie einen Zusammenhang zwischen künstlerischer Produktivität und sexueller Verklemmung?
DÜRRENMATT: Sicher ist da ein Zusammenhang. Bei mir ist an die Stelle dieser Verklemmung meine Krankheit getreten, das ständige Wissen, daß mein Körper krank ist. Ich bin seit über dreißig Jahren schwer zuckerkrank, und ich weiß, es ist unheilbar. Man soll mir keine Märchen erzählen. Wahrscheinlich habe ich es schon 1942 bekommen als Folge einer infektiösen Gelbsucht. Also ich muß damit leben. Das ist meine Verklemmung. Wenn ich nicht krank wäre, würde ich vielleicht gar nicht schreiben. Man braucht eine Bremse, um den Motor in Gang zu halten. Ein totales Triebleben tötet die Phantasie. Das ist

eine Sache der Ökonomie. Gerade in der Zuckerkrankheit ist Ökonomie eine wichtige Komponente, weil Sie es sehr oft satt haben, dauernd Diät zu halten. Plötzlich fangen Sie an zu fressen. Da überfällt Sie eine ungeheure Lebensgier. Da sind Sie auf einmal wie Falstaff, und da ist es Ihnen auch ganz egal, ob Sie damit Ihr Leben riskieren. Sie können ja nicht dauernd so eingeschränkt leben. Ich darf fast nichts essen, keine Kohlehydrate, kein Brot, keine Kartoffel, keinen Reis, keine Süßigkeiten. Mit dem Rauchen habe ich schon vor zehn Jahren aufhören müssen. Wein darf ich nur in gewissen Mengen trinken. Die Gefahr des Weines liegt darin, daß ich in den Unterzucker gerate. Ich schwanke ständig zwischen zwei gleich großen Gefahren, dem Koma wegen zuviel und dem Koma wegen zuwenig Zucker. Beides habe ich schon erlebt. Bei einem Flug nach New York bin ich einmal in den Unterzucker gekommen. Nachher hat meine Frau mir erzählt, was ich alles aufgeführt hatte. Man wird total überdreht, und man weiß nichts. Man verliert das Gedächtnis. Ich bin in die Pilotenkabine gestürzt, und als man mich mit einer Spritze beruhigen wollte, habe ich die Ärzte gegen die Wand geschmettert. Das Umgekehrte, wenn Sie zuviel Zucker haben, ist eine vollständige Lähmung. Ich habe schon drei Herzinfarkte erlitten. Aber ich möchte über meine Krankheit nicht so viel reden.

Warum nicht?

DÜRRENMATT: Ach herrje, das wird dann so medizinisch. Ich bin doch jemand, der seine Erlebnisse ständig verwandelt. Ich schreibe ja nicht über mich, sondern erzeuge Bilder. Ich bin ein Bildererzeuger. Die Erlebnisse sind nur das Material oder das Benzin für die Maschinerie, die mich ausmacht. Ein Schriftsteller ist eine Verwandlungsmaschine, die sich anreichert und abstrahlt. Da kommen wir wieder auf die Ökonomie. Ich darf nur so viel erleben, wie ich in der Lage bin zu verwerten. Ich erkläre das am liebsten am Beispiel der Sonne. Eine Sonne ist so lange stabil, solange der Druck des Gases, das den Drang hat, sich auszudehnen, und die Schwerkraft ein Gleichgewicht bilden. Wenn der Gasdruck siegt, explodiert die Sonne, und

wenn die Gravitation siegt, fällt sie in sich zusammen, das ist ganz einfach. So gibt es auch beim Menschen zwei einander entgegengesetzte Bestrebungen, eine Bestrebung der Vitalität, die keine Grenzen will, so daß man mit jeder schönen Frau, die man haben kann, schlafen möchte, und eine Bestrebung, die einen zusammenhält, damit man produktiv bleibt.
Haben Sie neben Ihrer Ehe Frauengeschichten?
DÜRRENMATT: Schaun Sie, ich bin seit 34 Jahren verheiratet. Natürlich habe ich hin und wieder Frauengeschichten, aber sehr selten, weil mich das einfach zerreißen würde. Das ist eine Frage des Wesens, also was man für ein Mensch ist. Eheschwierigkeiten deprimieren mich in einem Maße, daß ich das auf die Dauer gar nicht aushalten könnte. Wenn ich einen Seitensprung gemacht habe, habe ich immer sofort mit meiner Frau darüber gesprochen. Ich könnte das gar nicht verheimlichen. Da gibt es dann, sagen wir mal, einen Krach. Aber das ist irgendwie auch befreiend für beide.
Henry Miller hat behauptet, die Ehe sei der Tod der Liebe.
DÜRRENMATT: Ach, der Miller war, glaube ich, ein großer Romantiker. Denn was heißt Liebe? Die Liebe ist, wenn Sie so wollen, ein Bauelement. Wenn Sie darauf aus sind, sich eine Behausung und ein geordnetes Leben zu schaffen, müssen Sie eine Grundlage haben. Für mich ist auch typisch, daß ich seit 1952 immer am selben Ort bin. Das hängt mit meiner Arbeit zusammen. Ich muß mich einrichten. Ich kann zum Beispiel auf Reisen nicht schreiben. Da gibt es einfach Notwendigkeiten. Nehmen Sie Kant, der fast überhaupt nie gereist ist.
Wann haben Sie sich entschlossen, Schriftsteller zu werden?
DÜRRENMATT: Das kann ich genau datieren. Das war am 5. Januar 1945. Ich war Hilfssoldat in einem Schweizer Grenzbataillon. Deutschland war praktisch besiegt, also man wußte, daß nichts mehr passieren würde. Der Krieg war entschieden. Rundherum waren Trümmer. Von jenseits der Alpen hörte man das Dröhnen der Bombenangriffe. Aber man stand da herum in dieser Schweiz, die ganz unversehrt war und aus der man nicht rauskam. Man lebte doch hier wie in einem Gefängnis. Die

Situation war grotesk. Da stellte sich mir die Frage: Was kann ich diesem Weltgeschehen entgegensetzen? Nun hatte ich zufällig gerade Geburtstag und hatte mein erstes Fondue gegessen und dazu Weißwein und Schnaps gesoffen, das kam mir, als ich schlief, plötzlich hoch wie eine Fontäne, und da saß ich nun in einem verkotzten Zimmer, die übrige Welt war voller Leichen, aber ich hatte dem nichts entgegenzuhalten als mein Gekotze. Ich hatte ja nichts erlebt. Die Schweiz war doch nie in Gefahr gewesen. Das Problem der Schweiz war eine Armee, bei der nie etwas geschah, nicht weil Hitler etwa Angst gehabt hätte, uns anzugreifen, das ist ja Blödsinn, sondern weil die Schweiz Trümpfe hatte, vor allem die Tunnels, das waren die Verbindungsstraßen für Kohle und Stahl nach Oberitalien, die brauchte Hitler, die hätten ihm nichts genützt, wenn sie gesprengt worden wären. Deshalb hat er die Schweiz in Ruhe gelassen. Aber diese Chance des Verschont-Seins wurde hier von niemand begriffen, sondern man hat sich zum Heldenvolk stilisiert und gesagt, die Schweizer Armee habe einen Angriff verhindert. Das kam mir alles so absurd vor, und da habe ich eben den Entschluß gefaßt, diese Welt, die ja nur in meiner Phantasie existierte, schreibend in den Griff zu bekommen.
Hatten Sie vorher noch nichts geschrieben?
DÜRRENMATT: Doch, ich hatte schon immer geschrieben, aber erst 1945 beschloß ich, das als Beruf zu machen. Ich wollte ja eigentlich Maler werden. Mein Ehrgeiz lag immer im Zeichnen. Aber meine Zeichnungen waren nicht so, wie das damals modern war. Das waren sehr groteske, ganz aus der Phantasie gestaltete Bilder. Als ich 1937 mit dem Fahrrad nach Deutschland reiste, über Tuttlingen, Ulm nach München, war dort gerade die Eröffnung der deutschen Kunstausstellung. Da sah ich zum erstenmal die Bilder der Expressionisten, die auf mich einen irrsinnigen Eindruck machten, denn die hatten große Ähnlichkeit mit meinen eigenen Bildern. Aber die hingen in der Abteilung, wo die sogenannte entartete Kunst ausgestellt wurde. Da stand ich also völlig fassungslos mir selbst gegenüber, aber nun war ich entartet. Man hatte mir auch zu Hause immer

gesagt, was ich male, das seien völlig verrückte Sachen. Ich sah nicht, wie ich mit so etwas je zu Geld kommen sollte. Aber ich habe es trotzdem immer weiter betrieben, und es ist heute noch so, daß ich eher auf das Schreiben verzichten könnte als auf das Malen.

Sind Sie heute nicht reich genug, um das Schreiben aufgeben zu können?

DÜRRENMATT: Doch. Ich habe es nicht mehr nötig, für Geld zu schreiben.

Warum tun Sie es dann?

DÜRRENMATT: Hören Sie, das ist natürlich eine naive Frage. Es macht ja auch Spaß zu schreiben.

Dann war also die Notwendigkeit, Geld zu verdienen, nicht der einzige Antrieb?

DÜRRENMATT: Nein, aber es war eine Erleichterung. Wenn Sie Termine haben, die Sie einhalten müssen, das nimmt Ihnen die Hemmungen, weil Sie sich Hemmungen dann gar nicht mehr leisten können. Geld verdienen zu müssen, ist immer ein Vorteil, weil es Ihnen einen gewissen Schwung gibt.

Sind Sie je auf der Frankfurter Buchmesse gewesen?

DÜRRENMATT: Nie. Ich weiß nicht einmal, was das ist.

Das ist eine ungeheure Anhäufung von Büchern. Allein im letzten Jahr sind dort 86 000 Neuerscheinungen vorgestellt worden. Ein Schriftsteller mit Hemmungen könnte angesichts einer solchen Masse auf den Gedanken kommen, mit dem Schreiben ganz aufzuhören.

DÜRRENMATT: Sie meinen den Gedanken an die Sinnlosigkeit? Den habe ich immer öfter, je älter ich werde. Ich schreibe gerade an einem Theaterstück über einen Schriftsteller, der sich sagt, es sei gar nicht nötig zu schreiben. Der verbreitet nur das Gerücht, daß er schreibe, und damit es auch echt wirkt, beschäftigt er eine Sekretärin, der er aufträgt, sie solle schreiben, was ihr gerade einfällt. Seine Frau, die über den Betrug informiert ist, geht mit den Kritikern, die er einlädt, ins Bett, damit sie ihn loben. Auf diese Weise wird der Mann sehr berühmt. Als die Sekretärin dann stirbt und man den Schrank öffnet, in dem sie ihre Schriften versteckt hat, kommt ein ungeheures literarisches Werk zutage. Die Ehefrau, die nun glaubt, der Mann habe ihr etwas vorgelogen und die ganze Zeit im geheimen geschrieben, erschießt ihn. Am Schluß erscheint der Schriftsteller als Geist und bietet der toten Sekretärin sein Grab an.

Haben Sie schon einen Termin für die Uraufführung?

DÜRRENMATT: Nein. Ich weiß gar nicht, ob ich es fertigschreibe. Ich glaube, das Theater ist eine Form, die ich verloren habe. Da gab es eine Zeit, in der mich das sehr interessiert hat. Aber das ist jetzt vorbei. Ich habe keine Verbindung mehr zum Theater. Das heutige Publikum sucht etwas, was ich nicht biete. Für mich ist Theater immer auch Welttheater, metaphysisches Gleichnis. In der bildenden Kunst können Sie das bei Michelangelo finden. Aber wer will denn so etwas heute noch sehen? Die Idee des Welttheaters findet heute auf der Bühne nicht statt. Das ist eine Sache, die wahrscheinlich passé ist.

Interessieren Sie sich dafür, was die anderen schreiben?

DÜRRENMATT: Ich bin immer froh, wenn ich nicht lesen muß, was die Kollegen schreiben. Ich verschicke auch nie meine Bücher. Günter Grass hat mir sehr höflich den »Butt« versprochen, aber er hat ihn dann nie geschickt, also brauchte ich ihn auch nicht zu lesen. Der Grass ist mir einfach zu wenig intelligent, um so dicke Bücher zu schreiben. Von Walser habe ich auch noch nie etwas zu Ende gelesen, außer »Das blaue Pferd«.

Sie meinen »Das fliehende Pferd«?

DÜRRENMATT: Ja, ich vergesse immer die Titel. Ich finde, man soll seine Kollegen mit den eigenen Schriften verschonen. Von Böll habe ich »Doktor Murkes gesammeltes Schreiben« gelesen, weil er mir das geschickt hat, oder heißt es »gesammeltes Schweigen«? Ich weiß nicht. Von Hochhuth kenne ich nur den »Stellvertreter«. Der Hochhuth ist ein ganz merkwürdiger Mensch. Er war kürzlich bei mir und wollte ein Interview machen. Da hatte er so ein Tonbandgerät. Aber auf dem war dann nichts drauf. Ein paar Tage später rief er mich an und fragte,

ob ich einen Apparat hätte, der seinen Apparat geheim auslöscht. Ich glaube, er hat einen Verfolgungswahn. Aber ich will nichts Böses über ihn sagen. Ich hatte eigentlich nie richtig Umgang mit Leuten, die aus dem gleichen Metier sind. Ich habe da eine merkwürdige Scheu. Ich habe eine Sekunde lang Thomas Mann gesehen und mit Bert Brecht über nichts als über Zigarren gesprochen. Ich hatte eine ganz tolle Havanna, die bot ich ihm an, aber Brecht sagte, er rauche ausschließlich Brasil, die sei viel stärker. Darauf sagte ich, die stärkste Zigarre sei die Havanna, die Brasil sei leicht. Da fiel er aus allen Wolken und hat dann noch Leute hinzugezogen. Er wollte das gar nicht glauben. Für ihn brach ein Weltbild zusammen. Die starken Männer in seinen Stücken rauchen doch immer Brasil. Das hat ihn so tief getroffen, daß er über gar nichts anderes reden wollte. Er war zur Premiere meines Stückes »Romulus der Große« nach Basel gekommen, aber er wollte dann auf das Stück gar nicht eingehen.
Kennen Sie Beckett?
DÜRRENMATT: Nein, was macht denn der? Der muß ja uralt sein. Schreibt der überhaupt noch? In seinem letzten Stück hört man, glaube ich, nur noch einige Schritte, dann geht der Vorhang zu, und jemand hält einen Vortrag über die Bedeutung des Stückes. Wenn der so weitermacht, wird beim nächstenmal der Vorhang gar nicht mehr aufgehen. Ich sollte einmal in Mexiko mit ihm eine Sendung im Fernsehen machen. Auch Ionesco war eingeladen. Aber irgendwie sind dann alle unterwegs steckengeblieben, so daß keiner dort ankam. Den Ionesco hatte ich schon vorher in Zürich kennengelernt, 1956. Da saß er immer in den Proben, als »Der Besuch der alten Dame« das erste Mal aufgeführt wurde, und dann kam er noch ein paarmal zu mir. Er hat doch die Ostschweiz so gerne, weil es dort diesen leichten Rosé gibt, den er bevorzugt. Er ist ja ein riesiger Trinker. Der kann zehn Flaschen hintereinander trinken. Da sitzt er dann in Sankt Gallen und säuft und säuft. Ich habe ihn noch nie ohne Rausch gesehen. Irgendwie ist er ein Clown. Seine Einakter sind ganz gut. Aber ich glaube, jetzt schreibt er nicht mehr, jetzt säuft er nur noch. Mit Sartre bin ich einmal in Moskau gewesen, da

haben wir auch ständig gesoffen, das war sehr lustig, obwohl wir einander sonst gar nicht verstanden haben. Der Sartre hat sich doch immer so kolossal in Dinge verbissen. Der war ganz humorlos. Der einzige, mit dem ich wirklich gut konnte, war Thornton Wilder. Wenn der einem in Volltrunkenheit auf die Schulter klopfte, sank man zusammen. Aber die komischste Begegnung, die ich hatte, war Zuckmayer in München. Da saß ich im Hotel »Vier Jahreszeiten«, etwas abseits saß Zuckmayer, und plötzlich erhob er sich und kam mit einer ungeheuer süßen Weinfahne zu mir herüber, stellte sich vor meinen Tisch und sagte: »Sie halten meine Stücke für Scheiße, und ich halte Ihre Stücke für Scheiße.« Darauf sagte ich: »Herr Zuckmayer, das haben Sie sehr gut formuliert.« Am nächsten Morgen trafen wir uns im Lift. Er starrte mich eine Weile an und sagte dann ganz formell: »Herr Dürrenmatt, habe ich mich gestern abend ungebührlich benommen?« Darauf ich: »Aber nein, Herr Zuckmayer, Sie waren ganz groß in Form.« Und er: »Wissen Sie, ich verehre Sie unermeßlich.« Das war wahnsinnig komisch.

Sind Sie noch mit Max Frisch befreundet?

DÜRRENMATT: Ja, ja, doch. Wir hatten ein paar kleine Verstimmungen, aber das ist nicht mehr wichtig.

Welche Verstimmungen?

DÜRRENMATT: Ach, er ist doch so ungeheuer verletzbar. Es gab diese Sache, da hatte ich dem Schauspieler Schröder zu seinem 50. Geburtstag in einem Brief gratuliert und eine Kritik beigefügt über »Andorra«, in aller Eile geschrieben, weil ich dieses Stück einfach nicht für gelungen halte, und das hat der Frisch dann erfahren. Er ist ein flotter Kerl, aber was er schreibt, ist manchmal ganz furchtbar. Er ist ein merkwürdiger Autor der Fehlleistungen. Nehmen Sie »Biedermann und die Brandstifter«, wo er die Brandgefahr als Symbol für die existentielle Bedrohung gesetzt hat. Das ist ein Stück, das einfach nicht zutrifft, denn in der Schweiz ist doch jedermann brandversichert. Was mich an Frisch so stört, sind diese Unwahrheiten, auch in den Romanen, zum Beispiel »Montauk«. Das hat er als autobiografisches Werk ausgegeben. Aber wenn Sie ihn persönlich kennen, dann schütteln Sie nur den Kopf. Da stimmt einfach gar nichts. Er hat mir doch jede Frau vorgestellt, die er hatte, und geschworen, Gott möge ihn verfluchen, wenn er sie jemals betrüge. Das ist einfach grotesk. Ich glaube, jetzt ist er gerade wieder geschieden. Dieser Romantizismus in der Liebe ist mir ganz fremd, diese ungeheure Selbstquälerei, das könnte ich gar nicht.

Wissen Sie, daß er für den Nobelpreis nominiert war?[1]

DÜRRENMATT: Nein, keine Ahnung. Ich wünsche ihm, daß er ihn kriegt. Er hat das wahrscheinlich sehr nötig. Er braucht einfach diese Bewunderung.

Sie nicht?

DÜRRENMATT: Im Gegenteil. Mich hat das immer gestört. Meine peinlichste Erinnerung an den Ruhm ist die Premiere von »Frank der Fünfte«. Da haben die Leute geklatscht, als ich die Theaterloge betrat, bevor das Stück überhaupt anfing. Das störte mich ungeheuer. Da wurde ich ganz verlegen. Ich empfinde überhaupt das Publikum immer als störend.

Ganz egal, ob es pfeift oder jubelt?

DÜRRENMATT: Ja, das ist völlig egal. Ich schreibe ja für mich, nicht für die Leute.

[1] Literatur-Nobelpreis 1980, verliehen an den Polen Czeslaw Milosz

ERNST HERHAUS

Der Anstoß zu meiner Begegnung mit Ernst Herhaus ist nicht von mir ausgegangen. Der Schriftsteller, der hauptsächlich durch Bücher über sein Alkoholikerschicksal bekannt ist, wollte mich sprechen. Er erhoffe sich, so sagte er, von einem Gespräch mit mir die Befreiung aus der Sackgasse, in der er sich mit seiner Arbeit befände. Ich habe von Anfang an versucht, diese Hoffnungen, die mir übertrieben erschienen, zu dämpfen. Dennoch erreichten die Vertraulichkeiten des mir bis dahin weder persönlich noch durch seine Schriften bekannten Mannes ein so bedrohliches Ausmaß, daß ich während eines gemeinsamen Frühstücks die Unterhaltung kurzerhand abbrach und die Heimreise antrat. Herhaus hatte behauptet, er habe in den zwei Tagen unseres Zusammenseins solchen Einfluß auf mich gewonnen, daß ich, wenn er es wolle, jederzeit Selbstmord begehen würde. Schon bei der Begrüßung hatte er den Versuch unternommen, mich von einer geheimnisvollen Wesensverwandtschaft zu überzeugen. Die Ähnlichkeit unserer Gesichtszüge sei, wie er mir anhand eines Jugendfotos, das in seinem Arbeitszimmer an der Wand hing, beweisen wollte, unübersehbar. In seinem Tagebuch verzeichnete er unser Treffen als eine entscheidende Wende in seinem Leben. Er würde, so schrieb er, ab sofort seine Besuche bei einer Frankfurter Selbsthilfegruppe der »Anonymen Alkoholiker« einstellen, keine neuen Frauenbekanntschaften machen und keine Telefongespräche mehr führen, sondern sich einzig und allein dem dichterischen Werk, das er zu schreiben vorhabe, widmen. Als ich meinen Zweifel zum Ausdruck brachte, ob er die zu einem so grundlegenden Sinneswandel nötige Willensstärke besitzen würde, reagierte er, sichtlich gereizt, mit jener für mich nicht mehr tragbaren Bemerkung, seine Kraft reiche aus, mich zum Selbstmord zu treiben. Abends rief ich ihn noch einmal an und beschwor ihn, die Besuche bei den »Anonymen Alkoholikern«, denen er seine Genesung verdanke, unter allen Umständen fortzusetzen. Der hier abgedruckte, zum erstenmal im Juni 1981 in der ZEIT veröffentlichte Bericht beruht zu einem großen Teil auf Erkenntnissen, die ich durch die Ehefrau des Schriftstellers, Eleonora

Herhaus, gewonnen habe, mit der ich auch kurz Gelegenheit hatte, allein zu sprechen. Außerdem habe ich einige in den autobiografischen Büchern »Kapitulation«, »Der zerbrochene Schlaf« und »Gebete in die Gottesferne« gemachte Äußerungen herangezogen.

Mit sieben Jahren bekam er von einer Großtante den ersten Schnaps. Mit zweiundzwanzig begann, was Alkoholiker makaber als »Karriere« bezeichnen: ein unaufhaltsamer und doch völlig bewußter, ja zielstrebiger Abstieg. Das Ziel ist der Selbstmord. Denn erst, wenn der Trunksüchtige buchstäblich tot ist, kann er aufhören zu trinken. Am 17. November 1973 war Ernst Herhaus am Ziel. Mit poetischem Überschwang, der ihn wohl erst viel später, an der Schreibmaschine, erfaßte, hat er den Todesaugenblick festgehalten: »Ein Schneesturm in mir rollte auf mich zu. Wenn er meine Herzgegend erreichte, würden sie nur noch meinen Leichnam finden.« So steht es in seinem Buch »Kapitulation«, in dem er sich bis zur Peinlichkeit selbst entblößt hat, denn, so Herhaus, »nur wer ganz nackt ist, ist wirklich machtlos«. Das Eingeständnis der Machtlosigkeit ist für den Alkoholiker die einzig mögliche Rettung. Der Aufwand, den der schon während seiner Trinkzeit durch Romane bekannt gewordene Autor zur Selbstrettung nötig hatte, war ungeheuer. Nicht nur sich selbst, auch seine Frau, zahlreiche Freunde und Liebhaberinnen, die ihm bei der Rückkehr ins sogenannte normale Leben behilflich waren, hat er öffentlich ausgezogen. Im zweiten Band seiner Trilogie über Alkoholismus, »Der zerbrochene Schlaf«, sind mit feierlicher Genauigkeit die erotischen Abenteuer mit einer Frankfurter Studentin beschrieben, an der nichts fiktiv ist, nicht einmal der fremdländische Name. »Tülym tat es mit mir, vollkommen träge und seufzend und dann machtvoll aufholend. Aus mir redete dabei schambefreite Schmutzsprache, säuische Prosa der Lust aus der tiefsten Ebene, der Schweinsebene, wo die Genesung wogt und harrt. Dann kam es uns und kam und kam und kam. Mir war zumute wie in einer Erlösung.«

Erlöst war Herhaus von einer schrecklichen Sorge. Schlimmer noch als das Saufen war für ihn die zunächst verschwiegene, dann zugegebene, schließlich überwundene Angst, ohne Rausch mit keiner Frau mehr schlafen zu können. Mehr als achtzehn Monate lang, nachdem er an jenem 17. November zum erstenmal das Glas hatte stehenlassen, hat er immer nur sein sexuelles Versagen feststellen können. »Eier taub, Flöte verstimmt«, schrieb er ins Tagebuch. Nicht einmal Onanieren klappte. Für einen Mann, der sein Erfolgsgefühl fast ausschließlich daraus bezieht, schwer zu erobernde Frauen ins Bett zu bekommen, war das eine katastrophale Erfahrung. Daß sie ihn nicht rückfällig gemacht hat, glaubt Herhaus »höherer Macht« zu verdanken. Seine an keine bestimmte Konfession gebundene Frömmigkeit erreicht, seit er von der Flasche weg ist, mönchische Dimensionen. Mit klösterlicher Enthaltsamkeit ist das allerdings nicht zu verwechseln. Die von Herhaus beim Beten bevorzugte Stellung ist der Geschlechtsakt. »Wenn ich bete, kriege ich einen Steifen. Die Sexualität mit einer Frau ist für mich wie ein Sturz in die Gegenwärtigkeit Gottes.« Seine Ehefrau, Eleonora Herhaus, kann damit nicht gemeint sein. Mit ihr hat er zum letztenmal 1965 geschlafen. Was dann geschah, ist nur schwer zu erklären. Herhaus: »Nach sechs Jahren voll großer, intensiver, wundervoller Geilheit war die Leidenschaft plötzlich vorbei.« Als er es unlängst, nach einer Amerikareise, mit Eleonora noch einmal versuchte, konnte sie das Lachen nicht unterdrücken. Der Krampf war zu komisch. Komik und Sex aber sind für Ernst Herhaus unvereinbare Dinge. Der Sex ist ihm heilig.
Das Ende der Impotenz war der erste Schritt seiner Auferstehung. Denn tot, wenn auch nicht im streng medizinischen Sinne, war er am Tiefpunkt der Sucht tatsächlich gewesen, »ein wandernder Friedhof« oder »ein Toter, der vergeblich auf sein Begräbnis wartet«. Vier Tage und drei Nächte »mit Gliederzittern, Kotzen, Schwitzen und Hosenscheißen« dauerte der Entzug. Was danach kam, war aber noch längst nicht Genesung. Nach heutigem Stand der Forschung ist Alkoholismus eine nicht

heilbare Krankheit. Daß einer aufhört zu trinken, bedeutet wenig. Er bleibt, so Herhaus, »in den Mauern der Trunksucht«. Das Bild ist kein Produkt dichterischer Erfindungsgabe. Herhaus vergleicht seine Krankheit mit der Gefangenschaft der heiligen Juliana von Norwich, die sich, um Gott besser dienen zu können, freiwillig hat einmauern lassen und bis zu ihrem Tod, 1413, aus ihrer Zelle nicht mehr herauskam. Mit ihrem Erlebnisbericht, »sechzehn Offenbarungen von der göttlichen Liebe«, wurde sie zur ersten Schriftstellerin Englands. Auch Herhaus hat seine in der Sucht gemachten Erfahrungen aufgeschrieben. Veröffentlicht ist bis jetzt nur ein Bruchteil. Das meiste, so sagt seine Frau, ist nicht brauchbar, »dummes, besoffenes Geschwätz, zwischendurch mal ein Satz, der ganz gut ist, aber im großen und ganzen nur wirres Gefasel«. Herhaus ist da ganz anderer Ansicht: »Ich habe zehn Lebenswerke, wofür ein deutscher Autor Veitstänze der Befriedigung aufführen würde, in Abfalltonnen verschwinden lassen.« Sein Selbstbewußtsein ist ungebrochen. Schon träumt er wieder von alten Zeiten, als er splitternackt und im Vollrausch einen Kaffeehausbesucher, der ihn als »obszöner Geselle« beschimpfte, mit den Worten abkanzelte: »Sie wissen nicht, wen Sie vor sich haben. In zwanzig Jahren bin ich der beste deutsche Erzähler nach Thomas Mann.« Aber er weiß auch: Ein Alkoholiker, der träumt, programmiert seinen Rückfall.

Gemessen am Einfallsreichtum, den Quartalssäufer entfalten, um das zum Trinken nötige Geld aufzutreiben, ist das Leben eines Alkoholikers nach der Entwöhnung der reinste Stumpfsinn. Das einzige, was er schaffen muß: Tag für Tag das erste Glas stehenlassen. Zuviel Phantasie ist dabei eher störend. Für den vom Phantasieren besessenen Herhaus erwies sich das als ein nur schwer erträglicher Zustand. Solange er trank, war er ein in einschlägigen Kreisen hochgeschätzter Geschichtenerzähler. Mit überschäumender Fabulierlust erbettelte er sich oft mehr, als er brauchen konnte. In München vermietete er Parksträucher an Liebespaare. In Frankfurt bot ihm der Philosoph Max Horkheimer hingerissen das Du an. In Wien war er Stammgast im »Hotel

Sacher«. Stets trug er Krawatte und Stecktuch. Erst ganz zuletzt, als er, bewußtlos vom Saufen, statt Bier Brennspiritus einnahm, zerbrach auch die Schale. »Alkoholismus«, sagt er, »ist natürlich eine privilegierte Krankheit. Alkoholiker sind Kontaktaristokraten. Deshalb haben sie auch immer die tollsten Weiber. Da kommt eine Ruine, ein Stück gefrorene Scheiße, und dann hat der eine Freundin, da fällst du um. Ich kenne tausend dumme Säufer, aber keinen einzigen Alkoholiker, der nichts im Hirn hat.« Der Unterschied ist ihm wichtig. Für die Wissenschaft liegt aber gerade darin das Rätsel. Warum wird ein Alkoholiker nach dem ersten Schluck suchtkrank, während ein anderer selbst nach der schlimmsten Besäufnis gesund bleibt?

Bei Rauschgiften ist die Lage weit klarer. Spätestens nach dem fünften Heroinschuß ist auch der Widerstandsfähigste süchtig. Das Gift im Alkohol, genaugenommen das beim Abbau entstehende Azetaldehyd, löst nur unter bestimmten Umständen Sucht aus. Welche Umstände das sind, weiß bis jetzt keiner. Mit psychologischen Erklärungsversuchen kommt man nicht weiter. Das soziale Milieu, aus dem die rund zwei Millionen bundesdeutschen Alkoholiker stammen, ist auf keinen gemeinsamen Nenner zu bringen. Herhaus hatte es gut in der Kindheit. Als er, siebzehnjährig, dem Vater ankündigte, er wolle Schriftsteller, später gar, er wolle der neue Messias werden, ließ dieser es gelten. Auch für die Mutter stand außer Frage, daß der Sohn ein Genie wird. Herhaus: »Da gab es für mich nur die Wahl, entweder du wirst es, oder du gibst dir die Kugel.« Eine dritte Möglichkeit hatte er zunächst nicht in Betracht gezogen. Sie wurde sein Schicksal. Nach mehreren vergeblichen Versuchen, sich totzusaufen, schrieb er 1966, als er für längere Zeit abstinent blieb, seinen ersten Roman, »Die homburgische Hochzeit«. Zwar war das noch nicht die Erfüllung der Prophezeiung, ein Thomas Mann zu werden, aber immerhin, die Kritik reagierte beeindruckt. Plötzlich war Herhaus im Fernsehen. Auf der Frankfurter Buchmesse spazierte er neben Günter Grass durch die Stände. Berauscht vom Erfolg, begann er wieder zu trinken. Der zweite Abstieg sollte ihn endgültig an jene Grenze

bringen, wo er entweder tot war oder reif fürs Geniale.
Der Verfall hatte Methode. Nach einer Aufstellung des amerikanischen Suchtspezialisten Ellis Morton Jellinek gibt es dreißig Phasen, die ein Alkoholiker durchmacht, bevor er im Delirium landet. Hastiges Trinken und Schuldgefühle gehören zum Vorstadium. Kritisch wird es, wenn eine Neigung zu aggressivem Verhalten, innerer Zerknirschung und Selbstmitleid überhand nimmt, chronisch bei Zittern am Morgen und wiederholten Gedächtnislücken. Herhaus hat keine einzige Station ausgelassen. Seine Aggressivität ging bis zu Mordgelüsten, der inneren Zerknirschung machte er Luft, indem er die Frau schlug. Anfangs hatte sie noch Elan genug, sich zur Wehr zu setzen. Herhaus: »Da gab es eine irre Szene in Coburg. Eleonora nahm eine eiserne Pfanne und schlug sie mir mit der Kante über den Schädel. Ich hatte eine acht Zentimeter lang klaffende Wunde, das fand ich ungeheuer erotisch. Solche Auseinandersetzungen sind exaltiert, gewalthaft, göttlich und reuelos.« Später, als die Prügeleien Gewohnheit wurden, wehrte sich die Frau nicht mehr. Heute muß sie sich sagen lassen, daß ihr Aushalten falsch war. Gescheiter wäre gewesen, sie hätte den Mann, der nur noch ein Wrack war, im Stich gelassen. Von einer Leidensgenossin, Mitglied einer Gruppe von Alkoholikerfrauen, erfuhr sie, einem Suchttrinker sei, wenn überhaupt, nur dadurch zu helfen, daß man ihm die Flasche hinstellt. »Hilfe durch Nichthilfe« nennt man das in der Alkoholikersprache. Eleonora folgte dem Ratschlag. Herhaus kam auf den Nullpunkt, imitierte Tierlaute, redete mit Laternenmasten, verlobte sich mit einer Schnapsbraut. Daß er das überleben würde, war nicht zu erwarten. In achtzig von hundert Fällen gehen solche Experimente letal aus.
Die von der Medizin nicht zu beantwortende Frage nach den Ursachen der Sucht ist philosophisch ganz leicht zu klären. Der Süchtige, überzeugt von der Sinnlosigkeit allen Daseins, will seinem Leben ein Ende setzen. Ekel vor sich selbst wird zum Lebensekel. Immer wieder spricht Herhaus von Todessehnsucht. Unzählige Male hat er Anlauf genommen, sich umzubringen. Einmal, in seinem Heimatort Ründeroth, kam ihm eine

sechzehnjährige Dorfschöne dazwischen, mit der er es hinter einem Busch trieb: »Mit säuischem Genuß heilte sie mich vom Fluchtplan in gewaltsamen Tod.« Ein anderes Mal stand plötzlich ein imaginärer Engel an seiner Seite. Man stelle sich vor, Herhaus hatte den Strick bereits angebunden. Da sprach der Engel: »Ich stehe bei dir, um dich mit der Notwendigkeit eines viel ernsteren Sterbens vertraut zu machen.« Worte voller Geheimnis. Was sie bedeuten, konnte der Lebensmüde zunächst nur erahnen. Heute ist er ganz sicher: Die göttliche Vorsehung hat ihn zum Dichter berufen. Nicht durch das Saufen soll er ans Ende kommen, sondern durch Schreiben. Herhaus: »Schreiben ist für mich eine Art von hochorganisierter, systematischer Selbstvernichtung.« Seine Frau sieht es weniger drastisch: »Er schreibt einfach drauflos wie eine Sekretärin.« Früher hätte er einen solchen Satz bestimmt übelgenommen. Jetzt bleibt er gelassen. Er weiß ja, sein Chef sitzt im Himmel. Wer das nicht ernst nimmt, der kann erleben, wie der kleine Mann zu seiner Höchstform aufläuft: »Über das, was ich schreibe, wird erst entschieden, wenn ich den Arsch schon lange zugemacht habe. Daß ich fünfzig Jahre nach meinem Begräbnis aktueller sein werde als diese ganzen Jungs und Mädchen, die jetzt ihre Adamsäpfel vorstrecken, darauf kannst du Gift nehmen.«
Soweit so gut, nur: Herhaus, Jahrgang 1932, hat das Werk, von dem er sich Nachruhm erwartet, noch nicht einmal angefangen. Was bisher vorliegt, das gesteht er ganz offen, reicht nicht aus, ihn unsterblich zu machen. Seinen »Roman eines Bürgers« hat er schon beim Erscheinen für mißlungen gehalten. Anders als so berühmte Säufer wie Villon, Poe, Joseph Roth oder Fallada, ist er durch das Trinken nicht nur gesellschaftlich, sondern auch literarisch ins Abseits geraten. Seit sieben Jahren besucht er regelmäßig eine Selbsthilfegruppe der »Anonymen Alkoholiker«, Abkürzung: AA, wo ohne jede ärztliche Unterstützung das alkoholfreie Leben geprobt wird. Die Regeln, nach denen das abläuft, erinnern an den Drill einer militärischen Übung. Die Welt außerhalb der Truppe ist Feindland. Nichtalkoholiker werden bei den Treffen nicht zugelassen. Wer nicht süchtig ist,

gilt als Teil jener Gesellschaft, die die Sucht produziert. Man bleibt unter sich, ein exklusiver Zirkel von Notgefährten, die sich mit ständig wiederholten Durchhalteparolen und Erfolgsmeldungen über die ohne Alkohol durchgestandenen Tage bei Laune halten. AA, 1935 von zwei Amerikanern gegründet, existiert heute in neunzig Ländern. In der Bundesrepublik gibt es etwa 600 Gruppen. Die Strategie war von Anfang an defensiv. Zwar hat man sich gegen andere Therapiemethoden stets abgesichert, aber bekämpft hat man keine. Für Ernst Herhaus, der den Kampf braucht, um nicht einzuschlafen, war das zu wenig. Schon in seinem Buch »Kapitulation« hat er den Ärzten und Analytikern, die der Sucht mit Psychotherapie und Tabletten zu Leibe rücken, ein Stalingrad angekündigt. Während eines sechswöchigen Aufenthaltes in einer Frankfurter Klinik, in der er naturgemäß nicht als Genie, sondern als ganz gewöhnlicher Psychopath eingestuft wurde, entwarf er den Schlachtplan.

Nun ist er angetreten. Nun packt er aus, und das klingt folgendermaßen: »Ist Willy Brandt Alkoholiker? Sind Rudolf Augstein und Franz Josef Strauß suchtkrank? Hängt das Schweigen der Länderkammern, des Bundestages und der Medien über die Geldgeschäfte der Weißkittelindustrie damit zusammen, daß in den allerobersten Ämtern Alkoholiker sitzen? Hat dieses Schweigen zu den Schweinereien der Arzneimittelhersteller damit zu tun, daß jeder Angst hat, verraten zu werden? Weigern sich deshalb Regierungen und Parlamente, den Lobbys der Weißkittel ganz hart vor die Knochen zu treten?« Wenn Ernst Herhaus in Fahrt kommt, dann hält ihn nichts mehr. Nur: Ein Wutausbruch darf es nicht werden, sonst verliert er die Selbstkontrolle, was zur Folge hätte, daß er wieder anfängt zu saufen. Auch Humor ist gefährlich. Ein warnendes Beispiel ist Kettenernst, den sie in der Truppe so nannten, weil er sich hatte anketten lassen, um den Entzug durchzuhalten. Herhaus: »Er hatte fünfzehn Jahre nicht mehr getrunken, ein sturer Hund. Er hatte seinen Witz und seinen Humor wiedergefunden. Dann ist er eines Tages nicht mehr zur Truppe gekommen, hat zwei Flaschen Bier gesoffen und ist total durchgebrochen. Jetzt hockt

er wieder voll drin in der Scheiße.«
Die Sucht ruht nie. Wer sich von der Truppe entfernt, ist schon verloren. Aber auch wer ihr treu bleibt, hat nicht viel zu gewinnen. Sein einziger Gedanke ist die Angst vor dem Rückfall, sein einziges Thema: der Alkoholismus. Seit Herhaus zu AA geht, hat er nichts anderes publiziert als seine Krankengeschichte. Er hat seine Schulden bezahlen können, 35 000 Mark, und er schreibt gerade das vierte Buch über sein Leben. Abends, vor dem Einschlafen, betet er: »Gott, halte mich fest in der Selbsthilfe mit anderen Alkoholikern, solange ich lebe.« Aber er sagt auch: »Vielleicht bin ich zu feige, mich abzunabeln.« Und: »Ich gehe nicht mehr zur Truppe.« Ist Ernst Herhaus von Gott verlassen? Vor fünf Jahren schrieb er: »Früher, als Säufer, wollte ich in der Literatur ein ganz Großer werden. Jetzt altere ich unbetrunken und weiß, daß ich nie ein ganz Großer sein kann.« Den Satz hat er längst wieder zurückgenommen. Herhaus heute: »Ich träume davon, ein Buch zu schreiben, das jedes erzählerische Erzeugnis nach 1945 einfach zu Schrott macht.« Größenwahn? »Ach was, Größenwahn! Ich werde doch ein Buch schreiben können wie den ›Zauberberg‹ von Thomas Mann. Ich fühle doch, ich habe es im Gedärm.« Wenn er so redet, kann ihm nur noch Juliana helfen. In einer an sie gerichteten Bitte, die er 1977 in seine Gebetssammlung aufnahm, heißt es: »Bewege mein Gemüt aufs neue mit deiner Demut, Holdselige.«